마음의
숲을
걷다

수많은 생각을 멈추고
우울과 불안을 다스리는
여덟 가지 감정 레시피

마음의 숲을 걷다

Back to
Sanity

스티브 테일러 지음 — 윤서인 옮김

피피에

외계인 인류학자가 우리를 관찰한다면

16세기에 세계 탐험에 나서서 곳곳을 식민지로 삼기 시작한 유럽인은 '원주민'을 신기한 듯이 관찰하고 그들의 문화를 글로 남겼다. 현대 인류학자들은 지금도 세계의 두메산골로 들어가서 아직 서구 문화를 접하지 않고 전통적인 생활 방식을 지키는 부족을 관찰하고 기록하곤 한다.

그런데 반대로 한번 생각해보자. 원주민은 자신을 관찰한 '문명인'과 자신의 문화를 정복한 문명인의 문화에 대해 어떻게 생각할까? 한 걸음 더 나아가, 다른 행성의 외계인 인류학자가 지구의 인간을 관찰한다면 어떤 보고서를 남길까?

1932년에 심리학자 카를 융Carl Jung은 1932년 뉴멕시코에서 북미 원주민 추장 마운틴 레이크Mountain Lake를 만났다. 북미 원주민 부족을 정복한 유럽인들을 어떻게 생각하느냐는 융의 물음에 추장은 이렇게 비판했다. "백인들은 항상 뭔가를 원합니다. 항상 불안하고 산만하죠. 그들이 무엇을 원하는지 우리는 도무지 모르겠어요. 백인을 이해할 수가 없습니다. 그들은 모두 미친 것 같아요."

유럽인의 행태를 이해할 수가 없어 어리둥절해한 원주민은 마운틴 레이크만이 아니었다. 많은 원주민이 유럽인의 소유욕을 일종의 광기라고 여겼다. 북미 원주민 부족인 수족Sioux 추장 시팅 불Sitting Bull은 이렇게 말했다. "소유에 대한 그들의 애정은 하나의 병이다. …… 그들은 우리들의 어머니인 대지를 자신의 것이라 주장하고 울타리를 둘러쳐서 이웃을 밀어낸다."

원주민들은 자연과 단절되어 있고 자연을 존중하지 않는 유럽인들의 태도에도 충격을 받았다. 유럽인과 원주민의 세계관 차이를 예리하게 관찰한 수족 추장 루터 스탠딩 베어Luther Standing Bear는 이렇게 썼다.

> 원주민은 인간과 주위 환경 사이에 조화로움을 추구한다. 백인은 환경을 지배하고 싶어 한다…… 원주민에게 이 세상은 아름다움으로 가득한 곳이다. 백인에게 이 세상은 죄악과 추악함으로 가득하여 다른 세상으로 갈 때까지 견디어야 하는 곳이다.

다시 말해서 원주민들은 우리에게 어떤 문제가 있다고, 심지어 우리가 미쳤다고까지 생각하는 듯하다. 원주민 인류학자가 우리의 역사를 연구한다면 추가 증거를 무진장 찾을 수 있을 것이다. 끊임없는 전쟁, 부와 권력의 불균형, 다른 계층과 다른 계급과 여성에 대한 잔인한 억압, 끝 모르는 잔혹성과 폭력과 탐욕, 그리고 지구 환경을 파괴하는 자멸적 행위 등 그 증거가 한둘이 아니다. 원주민 인류학자는 세상을 병들게 하는 오늘날의 극단적인 빈부 차도 목격할 것이다. 세계에서 가장 부유한 세 사람의 재산이 가장 가난한 48개국 국민들의 전 재산을 합친 것보다 많다. 8억 명에 가까운 지구인이 영양실조로 고통을 겪고 있지만 한쪽에서는 지나치게 먹어서 비만을 걱정하는 사람이 수백만 명에 달한다. 이것이 우리의 현실이다.

이보다 더 미친 짓이 무엇이겠는가?

우리는 정상이라고 믿지만 사실은

이 책은 인간의 이러한 광기를 탐구하려고 시도한다. 우리는 왜 자연과, 다른 인간과, 심지어 자기 자신과도 사이좋게 지내지 못하는 것일까? 왜 인간의 역사는 온통 전쟁과 갈등과 억압이라는 우울한 사건으로 얼룩진 걸까? 우리가 환경을 파괴하고, 결과적으로 우리 인간 종種을 파괴하는 짓을 멈추지 못하는 이유는 무엇일까? 마운틴 레이크의 말처럼, 왜 우리는 항상 불안하고 산만할까? 부와 권력과 성공이 행복을 가져다준다는 보장도 없는데 그것을 더욱더 많이 쌓으려고 안달하는 사람이 그렇게 많은 이유가 대체 무엇일까? 목표를 이루어도 만족은 잠시뿐이고, 곧바로 다시 불안해져서 훨씬 더 많이 성취하려는 욕망이 솟구치는 이유는 또 무엇일까?

내가 생각하는 우리의 근본적인 문제는 바로 우리 마음에 실제로 어떤 문제가 있다는 것이다. 우리 인간들은 정신장애를 앓고 있다. 이 장애가 개인으로서, 그리고 집단으로서 우리 인간이 저지르는 문제의 근원이다. 지금 우리는 제정신이 아니다. 다들 조금씩 미쳐 있다. 하지만 태어날 때부터 그 광기가 내재되어 있어서 우리는 그것을 알아채지 못한다. 이 정신장애를 나는 '인간의 광기human madness'라는 의미에서 '휴머니아humania'라고 부른다. 때로 '에고 광기ego-madness'라고 부르기도 한다. 에고의 발달 이상과 오기능으로 인해 휴머니아가 생기기 때문이다. 이 책에서 에고는 자기만의 생각과 경험에 골몰한 채 자신의 마음 공간에 홀로 갇혀 있는 '나', 다시 말해서 우리에게 개별적인 존재라는 느낌을 부여하는 '자아 체계self-system'를 의미한다.

〈정신질환 진단 및 통계 편람DSM, Diagnostic and Stantistical Manual of Mental Disorders〉은 미국 정신의학계에서 사용하는 진단 매뉴얼로서 정신장애나 심리 장애를 "현재의 고통과 관계가 있는…… 또는 고통을 증가시킬 위험이 높은 임상적으로 중요한 행동 양식 또는 심리 증상"으로 정의한다.

휴머니아 역시 만연한 심리 증상이자 행동 양식으로서 임상적으로 당연히 중요해 보인다. 휴머니아는 고통과 괴로움의 원인으로 평소에 우리의 마음이 부조화 상태에 있음을 의미한다. 불행하게도 우리는 그 상태가 정상이라고 믿는다. 불교의 사성제 중 첫 번째 진리는 고성제苦聖諦, 다시 말해서 인간의 삶 자체가 고통이라는 것이다. 이 고통은 마음에서 시작된다. 이 책에서 심리적 부조화라고 이르는 이 내면의 고통이 우리에게는 지극히 정상이어서 우리는 그것이 존재하는 줄도 모른다. 완전히 귀에 익어서 더 이상은 의식하지 않는 배경 소음과 비슷하다. 하지만 심리적 부조화는 우리에게 수많은 영향을 끼친다. 그것은 우리가 항상 자신의 밖으로만 주의를 돌리고 삶을 끝없는 활동과 오락으로 채우게 강요한다. 마약 중독자가 끝없이 마약을 주입하는 것과 똑같다. 심리적 부조화는 또한 우리가 결코 만족하지 못하게 만든다. 게다가 우리의 인간관계에도 불화를 일으킨다. 그리고 부, 성공, 권력 같은 외적 요인에서 행복과 만족을 찾게 몰아붙인다. 뒤에서 설명하겠지만 인류 역사에 만연한 갈등과 억압과 폭력의 원인도 바로 이 심리적 부조화 때문이다.

하지만 그 파괴적인 힘에도 불구하고 휴머니아는 뿌리가 깊지도 않고 영구적이지도 않다. 사실 그것은 우리 마음의 얇은 표층에 존재할 뿐이다. 평소 심리적 부조화가 말끔히 사라져서 편안하고 행복하고 조화로운 느낌이 드는 순간을 누구나 정기적으로 경험한다. 그 순간에는 바쁘게 움직여야 한다는 압박에서 벗어나고 쾌락 추구 성향과 소유욕이 사라진다. 우리는 자신의 안에, 그리고 지금 이 순간에 편안하게 머문다.

이때 우리는 '존재의 조화로움harmony of being'을 경험한다. 우리 자신이 조용하고 이완되어 있으며 주변이 고요할 때 우리의 존재는, 우리의 마음은 대개 그렇게 조화로운 상태에 이른다. 예를 들어 시골길을 산책하고 있을 때, 말없이 손작업을 하고 있을 때, 음악을 듣거나 악기를 연주할 때, 명상이나 요가나 성행위가 끝난 뒤에 그러하다. 평소에 끝없이 떠오르던 온갖 생각이 잦아든다. 혼자 동떨어진 느낌 대신 자신이 주위 환경과 다른 사람들과 서로서로 연결되어 있는 느낌이 든다. 이 순간에 우리는, 적어도 일시적으로, 온전한 정신으로 돌아간다.

이 조화로움과 온전한 정신은 우리 내부에 항상 존재한다. 파도가 거칠어도 바다 저 밑은 항상 고요한 것과 마찬가지다. 문제는 마음의 표층에 자리한 부조화에 가로막혀서 그 밑으로 들어가지 못한다는 것이다. 안으로 들어가서 존재의 조화로움을 경험하지 못하고 밖으로 떠밀려 나와 활동과 오락에 열중한다. 그렇기 때문에 현재에 사는 것도 만족을 얻는 것도 불가능하다.

휴머니아와 이별하기

이 책에는 두 가지 목표가 있다. 첫째는 우리가 겪고 있는 정신장애인 휴머니아를 검토하고 그 특징과 원인을 알아보는 것이다. 의사가 질병을 조사하고 진단하는 과정과 비슷하다. 인간의 특징으로 규정할 수 있는 여러 가지 이상행동도 자세히 설명할 것이다. 먼저 인간 개인의 병리적 행동에는 끊임없는 활동과 주의 산만, 물질주의, 권력욕 등이 있으며, 인간 집단의 병리적 행동으로는 전쟁, 환경 파괴, 교조주의적 종교 등이 있다. 휴머니아가 어떻게 그런 병리적 행동을 야기하는지 그 과정도 설명한다. 이 부분은 조금 암울할 수도 있다. 하지만 병을 치유하기 위해서는 휴머니아에 관해 되도록 자세히 알아야 한다는 점을 명심하라.

둘째 목표는 휴머니아 치유이다. 2부 9장부터 12장이 이 정신장애에서 벗어나는 방법을 단계적으로 알려준다. 여기에는 효과가 입증된 특별한 훈련과 생활 방식이 소개된다. 일상에서 실천할 수 있는 이 방법들은 우리가 병든 마음을 치유하고 더욱 조화로운 마음 상태에 이르게 도와준다. 그리하여 우리는 자신의 내부에, 그리고 현재에 머물기 시작하고 온전한 정신을 되찾을 수 있다.

그러면 행복과 만족이 당신을 비껴가더라도, 온갖 걱정과 후회와 자책으로 괴로워서 모든 게 '엉망진창'이라는 느낌이 들더라도, 삶이 견딜 수 없이 고통스러워서 차라리 처음부터 태어나지 않았으면 좋았을 거라고 생각하더라도 당신은 그런 느낌과 생각이 단지 휴머니아 증상일 뿐이며 치유 가능하다는 사실에 조금은 안도할 수 있다.

휴머니아는 우리의 삶을 개선해주지 않는다. 우리에게 더 많은 만족을 제공하지도 않는다. 이 에고 광기 때문에 우리가 지구를 파괴하지 않고 다른 종을 해치지 않고 서로 싸우지 않고 올바로 살아가기란 불가능하다. 수많은 원주민이 알고 있었듯이, 우리의 만성 불안과 극단적인 물질주의의 끝은 자기 파멸이다. 조화로운 마음 상태에서 자기 자신과 사이좋게 살 수 있을 때에야 우리는 비로소 이 지구와, 다른 종과, 다른 인간과 사이좋게 지낼 수 있다.

차례

1부

인간의 불안과 충동

1장

우리는 왜 날마다 바쁠까

유럽과 북미 같은 부유한 지역에 살고 있는 사람들은 어떻게 보면 인류 역사상 최고의 행운아다. 고작 몇 세대 전까지도 인간의 평균 수명은 기껏해야 30, 40살 정도였다. 전체 인구의 약 3분의 1이 성인이 되기 전에 사망했다. 살아남은 사람들도 대부분 극도의 가난과 추위와 굶주림에 시달렸고, 그로 인해 죽었다. 또한 끊임없이 치통(19세기에는 '인간이 겪는 모든 고통의 3분의 1은 치통이다'라는 속담까지 있었다), 천연두, 결핵 등 지금은 거의 박멸된 다양한 질병에 걸렸다. 시력이 좋지 않은 사람은 죽을 때까지 뿌옇게 흐린 시야로 살아야 했다. 팔이 부러지면 남은 인생을 불구자로 살 수밖에 없었고 홍역이나 결핵으로 어린 자식을 잃는 일도 부지기수였다.

그러나 지금, 21세기에 사는 우리는 이 문제들에서 대체로 벗어났다. 인간의 기대 수명이 비약적으로 늘어나서 일부 국가에서는 80살에 이르렀고, 대다수는 늘어난 그 수십 년을 비교적 안락하게 보낸다. 집에 난방이 되고 찬장에는 먹거리가 쌓여 있으며 병에 걸려도 대단히 효과가 좋은 치료를 받는다. 적어도 대부분의 유럽 국가와 캐나다에서는 그러하다. 안타깝게도 미국은 그 수준에 조금 못 미친다.

현대인은 자유로운 최초의 인간이라고도 말할 수 있다. 우리 대다수가 물질적인 측면에서 자유를 누린다. 가난과 굶주림으로부터 살아남기 위한 육체적 싸움에서 대체로 벗어나 있는 것이다. 또한 우리는 사회적인 측면에서도 자유를 누린다. 우리가 태어난 사회적 공간과 신분에 묶이지 않는다는 점에서 그러하다. 자신이 태어난 마을에서 한 발짝도 벗어나지 못하고 일생을 소작농으로 살아갈 필요가 없다. 현대사회는 신분 이동이 상당히 자유롭기 때문이다. 우리는 지적인 측면에서도 자유를 누린다. 겨우 200년 전만 해도 교육과 지식은 극소수의 특권이었지만 지금은 대부분의 사람들이 접할 수 있다.

그렇다면 우리는 당연히 인류 역사상 가장 행복한 인간이어야 한다. 그렇지 않겠는가? 우리는 조상들이 단지 꿈만 꿀 수 있었던 자유와 번영과 건강을 만끽해야 하고 언제나 즐거워야 한다.

하지만 상황은 그렇게 돌아가지 않았다. 사실 우리는 조상들보다 더 불행하다고 할 수 있다. 우리가 누리는 자유는 겉보기와 달리 축복이 아니었다. 우리는 늘어난 수십 년 동안 즐겁고 감사한 마음으로 살기는커녕 오히려 갖가지 심리 장애를 앓으며 보내고 있다. 마약 중독이나 우울증, 섭식 장애를 겪거나, 그렇지 않더라도 전반적으로 불안, 권태, 불만에 빠져서 '뭔가 문제가 있어, 이게 아니야.'라는 느낌을 안고 산다. 우리는 자유를 버거워하며 자신에게 주어진 여유 시간을 TV 시청 같은 오락으로 채운다.

유명한 심리학자 에이브러햄 매슬로^{Abraham H. Maslow}는 인간의 욕구가 단계를 이루고 있다는 욕구단계론을 제시했다. 우리는 특정한 하위 욕구를 충족시켜야만 그 위 단계의 욕구를 추구할 수 있다. 다시 말해서 제일 먼저 음식과 주거에 관한 욕구를 충족시킨 후에야 애정과 자존에 관한 욕구 충족을 고려하기 시작한다. 그런데 여기에는 부정적인 면도 있다. 생리적 욕구를 충족시켜서 그다음 단계인 정서적, 심리적 안정 욕구로 올라갈 때 우리는 지금까지 결코 드러나지 않았던 여러 가지 심리적 문제에 직면한다. 생존하는 문제에만 열중해서 미처 알아채지 못하다가 그것이 해결되자 자신의 심리적 부조화와 마주치는 것이다. 우리의 행복을 가로막는 것이 바로 이 심리적 부조화다.

심리적 부조화 상태에서 자기 자신과 함께 사이좋게 사는 것이 절대 불가능해 보인다. 오랫동안 온통 밖에만 주의를 기울이며 살아오다가 이제야 겨우 안으로 눈을 돌려 자신을 들여다보니 마음이 혼돈 그 자체다. 심리 장애라는 벌레들이 우글거리는 커다란 상자의 뚜껑이 열린 것이다.

오락

당신은 일을 마치고 집에 돌아와 현관문을 연다. 스트레스가 극심한 하루였다. 집은 텅 비어 있고 고요하다. 그 빈 공간과 적막함이 조금 불편해서 당신은 들어서자마자 라디오부터 켠다. 그런 다음 샌드위치를 만들어 식탁에 앉는다. 라디오가 켜져 있지만 뭔가 빠진 느낌이 든다. 그저 식탁에 앉아 말없이 샌드위치를 우물거리며 창밖을 보거나 먼 산을 물끄러미 바라보는 것만으로는 뭔가 허전하다. 당신은 무엇에든 주의를 쏟고 싶은 충동을 느낀다. 우리에게는 어떤 것에든 주의를 기울이려는 강박적인 충동이 존재한다. 그래서 당신은 잡지를 옆에 놓고 휙휙 넘기면서 샌드위치를 먹는다.

외부의 대상에 주의를 기울이려는 이러한 충동은 철저히 본능적이어서 우리는 그것을 좀체 알아채지 못한다. 우리의 주의는 언제나 외적 대상에 초점을 맞추고 그것을 따라다니는 한 줄기 빛과 같다. 그 빛이 흐려지고 어디에든 고정되지 않으면 우리는 불안과 결핍을 느낀다. 따라서 특별히 어떤 것에 주의를 기울이지 않고 있을 때 우리는 항상 주변을 두리번거리며 주의를 사로잡을 수 있는 대상을 찾는다. 그 대상은 주로 책이나 신문, TV, 인터넷이다.

우리는 더욱 공공연한 대상에 주의를 쏟으려는 충동을 자주 느낀다. 저녁에 놀러 나갈 돈이 없는 당신은 집에 틀어박혀 '지루해' 한다. 특별한 목적 없이 그저 어슬렁거리는 것은 생각할 수도 없다. 할 일 없이 돌아다니면 오히려 기분만 더 나빠질 것이다. 시간이 흘러 밤이 되면 당신은 우울해진다. 그래서 친구에게 전화를 걸어 수다를 떨고 남은 시간에는 DVD를 보고 메일을 보낸다.

당신은 장시간 지하철을 타고 출근한다. 이때도 마찬가지다. 특별히 하는 일 없이 그저 창밖을 보며 시간을 보낸다면 당신은 즉시 불안을 느낀다. 온갖 것에 관해 걱정할지도 모른다. 지하철이 늦을지도 모른다든지, 오늘 있을 회의나 모임이 엉망으로 끝날 거라든지, 배우자와의 관계가 어긋나고 있다든지 하는 걱정에 휩싸인다. 그래서 당신의 마음을 사로잡을 수 있는 오락거리 여러 개를 반드시 갖춰놓는다. 책과 신문, 노트북, 휴대폰을 꼭 갖고 다니는 것이다. 할 일이 없는 빈 시간이 생기는 모든 상황에서 똑같은 일이 일어난다. 한 예로, 병원에서 진료를 기다릴 때도 그렇다.

바로 이런 이유로 TV가 그렇게 인기가 있는 것이다. TV는 주의를 확실히 사로잡는 강력한 대상으로 우리가 계속 외부에 주의를 기울이게 만드는, 지금까지 고안된 최고의 방법 중 하나다. 미국인은 일주일에 평균 28시간 TV를 시청한다. 하루에 4시간씩 자신의 밖으로 주의를 돌리고 TV 쇼라는 대체 현실alternative reality에 빠져 있는 것이다.

나는 TV 자체를 비난하지 않는다. 사실, 유익하고 흥미로운 TV 프로그램도 많다. 수많은 이들이 다양한 시간대에 다양한 이유로 TV를 본다. 정보를 얻거나 재미를 느끼려고 TV를 보는 것이다. 하지만 그 네모난 화면을 들여다보는 주된 이유는 자기 자신에게서 달아나기 위해서다. 이 점은 의심할 여지가 없다.

그 대체 현실이 만족스럽다 해서 일주일에 30시간을 TV쇼에 빠져 지낼 것인가? 컴퓨터 게임 같은 또 다른 대체 현실에 빠져 지낼 것인가?

활동

바쁘게 살다 보면 언젠가는 마침내 느긋하게 쉴 수 있는 때가 있으리라고 확신하는 사람들이 많다. 오랫동안 열심히 일한 뒤, 성공하거나 부자가 되어서 드디어 행복해지고 이제는 쉴 자격이 있다고 느끼며 고된 노동의 결실을 음미할 거라고 믿는다.

하지만 이번에도 역시 상황은 뜻대로 돌아가지 않는다. TV 같은 오락에 의지하는 것과 똑같이 우리는 활동에 의지한다. 활동은 우리가 자신의 밖으로 주의를 돌리는 또 하나의 방법이다.

대학을 졸업하고 얼마 뒤, 나는 한 건설 회사의 연금 부서에서 임시 사무직으로 일을 했다. 그 시기에 따분한 일을 수없이 하며 여러 회사를 전전했지만 그곳의 업무만큼 지루한 일은 없었다. 연금부에는 선반이 빼곡한 작은 방이 하나 있었고, 선반마다 오래된 연금 신청서를 보관해둔 박스가 수십 개 놓여 있었다. 그 회사에서 그때까지 근무한 직원들의 연금 신청서가 한 장도 빠짐없이 박스에 들어 있었다. 내가 할 일은 그 신청서를 알파벳순으로 분류하는 것이었다. 연금 신청서는 수천 장이었고, 그 일을 하는 데 꼬박 두 달이 걸렸다.

임시직 동료 중에 지미라는 노인이 있었다. 그곳에서 언제부터 일하셨냐는 나의 질문에 그는 이렇게 대답했다. "두어 달 되었지. 자네처럼 임시직 취업 알선소에서 소개받아 왔어. 나는 예순여섯 살이야. 보험 회사에서 정규직으로 일하다가 1년 전에 퇴직했지." 나는 또다시 물었다.

"그런데 왜 이 일을 하시는 거죠? 퇴직하신 지도 얼마 안 되는데요?"

"아무것도 할 일이 없는 게 싫었거든. 나는 바쁘게 지내는 게 좋아."

그의 대답이었다.

당시에 나는 그가 대단하다고 감탄했다. 내가 지미였다면 늦잠을 자거나 책을 읽거나 시골길을 산책하거나 새로운 취미를 익힐 터였다. 갑갑한 사무실에 도로 틀어박힌다는 건 꿈도 못 꿀 일이었다.

힘들고도 단조로운 일거리에서 겨우 놓여났는데 그 지겨운 사무실로 다시 돌아가는 사람들이 있다. 돈이 필요한 것도 아닌데 그렇게 한다. 그 이유가 무엇일까?

얼마 전에 내 친구가 배우자와 결별한 뒤 잠시 부모님과 함께 살면서 겪은 일을 들려주었다. 그는 어머니가 바닥부터 천정까지 날마다 쓸고 닦는 것을 보고 깜짝 놀랐다고 했다. 그의 눈에는 먼지 한 톨 얼룩 한 점 보이지 않는데도 어머니는 단 하루도 청소를 거르지 않았다. 진공청소기로 날마다 카펫을 털어내고 바닥과 가구 표면을 빠짐없이 닦고 또 닦았다. 그의 어머니는 전업주부도 아니었다. 오후에는 파트타임으로 일을 했다. 그러나 정오부터 근무하기 때문에 오전에는 기꺼이 집안일을 했다. 어느 날 그가 물었다.

"오늘도 청소를 하세요? 또 청소할 필요가 있어요?"

어머니는 이렇게 대답했다.

"너는 아무 일도 안 하고 빈둥거리는 게 좋을지 모르지만 나는 바쁘게 일하는 게 좋단다."

당신에게도 이와 비슷한 경험이 있을 것이다. 우리는 활동을 하지 않는 것, 할 일이 없는 빈 시간을 좋아하지 않는다. 그렇기 때문에 그 시간을 채우려고 이런저런 활동을 찾는다. 그중 꼭 필요한 활동도 있겠지만 어떤 활동은 사실 필요가 없다.

이런 점에서 보면 우리를 '휴먼 비잉human being'이라고 부르는 것은 사실 부적절하다. 우리 인간의 주요 특징 중 하나는 존재하기be란 불가능하다는 것이기 때문이다. 오히려 '휴먼 두잉human doing'으로 불려야 마땅하다. 원주민 인류학자라면 우리를 '뭐라도 해야만 하는 사람들' 또는 '홀로 있는 것이 불가능한 사람들'로 부를 것이다.

무위無爲의 위험

나는 '바쁘게 활동하려는' 우리의 충동을 폄하하려는 것이 아니다. 사실 우리는 선택의 여지가 별로 없다. 주의를 항상 밖으로 돌리기 위해 우리는 열심히 활동해야 한다. 자신의 밖에 초점을 맞추지 않으면 매우 부정적인 결과가 빚어질 수 있기 때문이다.

내가 아는 한 여성은 아무 일도 하지 않는 것을 잠시도 견디지 못했다. 주의를 기울일 대상이 하나도 없어서 잠깐 혼자서 조용히 있어야 할 때면 그 여성은 불안해하기 시작했다. 잠자코 앉아 있는 것이 불가능해 보였다. TV를 켜놓았는데도 가만히 있지 못했다. 그녀는 책이나 신문을 결코 읽지 않았고, 음악을 듣는 일도 없었다. 그런 활동은 지나치게 정적이어서 그녀의 주의를 사로잡을 강력한 대상이 되지 못했다.

그 여성은 직업이 교사여서 할 일이 아주 많았기 때문에 학기 중에는 문제가 별로 없었다. 자유 시간은 주로 쇼핑이나 친목 모임으로 아주 쉽게 채울 수 있었다. 진짜 문제는 방학 때였다. 1년 중 그 12주 동안은 바쁠 일이 없었다. 그 기간에 그녀는 절망하고 안절부절못했다. 눈빛에 그것이 확연히 드러났다. 공포와 혼란에 휩싸인, 길 잃은 어린아이 같은 눈빛이었다. 그녀에게 활동은 산소처럼 필수적이었다. 하루에 여섯 시간씩 일하지 않으면 몸과 마음이 조금씩 허물어지기 시작했다. 쇼핑과 외출, 모임 등 일거리를 만들어 바쁘게 지내려고 했지만 그것만으로는 충분하지 않았다. 이 여성은 걸핏하면 화를 내고 공격적으로 변했다. 며칠 뒤에 어김없이 병이 났는데, 보통 독감이나 목감기에 걸려 호되게 앓았다. 그 여성 내부에 괴물이 한 마리 들어앉아서 그녀가 외부에 주의를 기울이지

우리는 활동을 하지 않는 것,
할 일이 없는 빈 시간을 좋아하지 않는다.
그렇기 때문에 그 시간을 채우려고 이런저런 활동을 찾는다.

않을 때마다 불안과 공포를 일으키는 것 같았다.

내가 극단적인 예를 들었지만 누구나 이런 특성을 어느 정도는 갖고 있다. 그리고 그 특성은 우리가 긴 시간 동안 할 일 없이 혼자 있을 때 얼마간 부정적인 영향을 끼친다.

열혈 음악 애호가이자 전직 음악가로서 나는 한 가지 사실에 흥미를 항상 느껴왔다. 팝 뮤지션들이 마약과 알코올, 그 밖의 심리적 문제에 빠지는 일이 너무 흔하다는 점이다. 지난 40년을 돌아보면 주요 팝 뮤지션들의 거의 전부가 마약이나 알코올 중독 문제를 겪었고, 그 정도가 다른 이들보다 심각했다. 엘비스 프레슬리, 지미 헨드릭스, 짐 모리슨, 재니스 조플린, 에릭 클랩튼, 엘튼 존, 데이빗 보위, 커트 코베인, 마이클 잭슨, 휘트니 휴스턴, 에이미 와인하우스가 대표적이고, 그렇게까지 유명하지 않은 수많은 뮤지션도 예외가 아니었다. 일부 뮤지션은 다행히 약물 중독에서 벗어났지만 그로 인해 사망한 사람이 한둘이 아니다. 어느 시점에서든 코카인, 헤로인, 알코올, 그 밖의 마약으로 문제를 겪지 않은 팝 뮤지션이 — 특히 1970년대부터 — 실제로 매우 드물다.

그들이 중독에 쉽게 빠지는 이유가 몇 가지 있다. 팝 스타는 팬을 통해 에고를 끊임없이 확인받으며 자신이 특별하고 중요한 사람이라고 생각한다. 마약은 자신이 특별하고 중요하다는 느낌을 지속시켜준다. 따라서 코카인처럼 에고를 고양시키는 마약이 그들을 유혹하는 것이다. 마약에 손을 대는 또 다른 이유는 팬들의 환호를 받는 시간이 지나고 찾아오는 결핍감과 공허함을 채우기 위해서다.

또한 팝 뮤지션들은 콘서트를 할 때 고도의 흥분을 경험한다. 그러다 흥분 모드에서 한순간에 평범한 일상으로 옮겨가는 갑작스런 변화 역시 그들에게 공허감을 남긴다. 그들은 마약 흡입을 통해 그 고도의 흥분과 자극을 유지하려고 애쓴다. 당연히 돈도 한 가지 요인이다. 팝 스타들은 보통 현금을 무진장 갖고 있어서 마약을 사는 데 문제가 없다. 끝으로, 남들보다 내성적이고 감성이 풍부한 그들에게는 헤로인 같은 진정제가 인기에 대한 끝없는 부담과 고독을 차단할 수 있게 도와주는 역할을 한다.

하지만 그렇게 많은 팝 뮤지션이 마약과 알코올 중독에 쉽게 빠지는 주된 이유는 아주 단순하다. 그들은 끊임없이 이동하고 빈둥거리고 빈 시간이 많은, 무료하고 비체계적인 삶을 산다. 팝 스타는 우리들보다 여가 시간이 훨씬 많다. 아침마다 정시에 일어나 출근하고 사무실에서 여덟 시간씩 갇혀 일해야 할 필요가 없다. 어쩌면 이런 생활이 축복으로 보일지도 모른다. 하지만 독립적이고 스스로 동기를 부여하는 사람이 아닌 한, 자유 시간이 많고 체계가 없는 삶은 재앙일 수 있다. 아침에 눈을 떴는데 해야 할 일이 하나도 없고 예정된 활동도 없는 나날이 이어진다면 어떤 느낌이 들겠는가? 콘서트 투어나 녹음 작업이 끝나면 다음 번 콘서트나 녹음 작업까지의 그 긴 시간 동안 빈둥거리고 지루해하는 것 외에 무엇을 하겠는가?

나는 음악가로 지낸 4년 동안 겪은 이 끝없는 빈 시간을 생생하게 기억한다. 비좁고 더러운 밴에 갇혀서 몇 시간을 시달려 공연장으로 이동하고 일 없이 기다리다가 겨우 사운드 체크를 하는데 정작 공연 자체는 두어 시간이면 끝이 난다. 스튜디오에서 어슬렁거리고 음향감독이 와서 드럼 사운드를 조정하기를 기다리고 밴드의 다른 멤버가 자신의 연주 부분을 녹음하는 동안 무작정 기다리는 시간이 한도 끝도 없이 이어진다. 실제로 1980년대 후반에, 유명한 로큰롤 밴드 〈롤링스톤스〉의 드러머인 찰리 와츠는 25년간의 연주 생활이 어떠했냐고 묻자 이렇게 대답했다. "5년은 일하고 20년은 빈둥거렸어요."

이론상으로 나는 그 빈 시간을 생산적으로 보낼 수도 있었을 것이다. 사실, 책을 읽거나 글을 쓰거나 명상을 하며 생산적으로 보낼 때도 있었다. 하지만 불안하고 지루하고 심란해서 도무지 정신을 집중할 수 없을 때가 더 많았다. 다른 이유도 있었지만 그 4년간 내가 우울증을 앓고 내 인생에서 오직 그 기간에만 술고래로 살았다는 것은 우연이 아니다.

뮤지션들의 문제는 그들의 생활이 그다지 활동적이지 않아서 외부에 주의를 기울이지 못한다는 것이다. 따라서 그들의 주의는 내부로 향한다. 그들은 자신의 내부에 존재하는 심리적 부조화와 직면하는데, 이것이 불만, 권태, 불안, 심지어 우울증까지 일으킨다. 그런 부정적인 감정에서 달아나기 위한 방법으로 그들은 마약과 알코올을 선택한다.

이런 문제를 겪고 있는 사람은 비단 팝 스타만이 아니다. 영화배우들 사이에서도 약물 남용이 흔하며 최상류층 부자가 비슷한 곤경에 빠진 사례가 적지 않다. 이 문제는 금수저를 물고 태어난 사람들에게 특히 심각한 듯하다. 한 예로, 영국에서는 귀족층이 마약 문제를 일으키는 비율이 높다. '특권을 타고난' 젊은 귀족들이 헤로인이나 코카인 소지 혐의로 체포되고 치료를 받으러 입원하거나 마약 중독으로 사망하는 사례가 비일비재하다.

유명한 예로는 1999년에 다발성 장기 손상으로 사망한 브리스톨 후작이 있다. 재산이 3천만 파운드(약 520억 원)가 넘었던 그는 그 거액을 이용해서 불행을 몰아내려고 했다. 호화 파티를 자주 열고 클래식 카 수십 대와 개인용 헬리콥터, 세계 곳곳에 여러 채의 집과 별장을 소유했다. 하지만 그의 내면에는 항상 지독한 불만이 자리 잡고 있었다. 거기서 벗어나기 위해 그는 결국 마약에 손을 댔다. 마약은 44살의 그를 살해했다. 하지만 그가 죽은 뒤 어떤 기자가 간단히 지적했듯이, 그의 사인死因은 '권태'였다.

또 다른 비극적인 사례의 주인공은 콘스탄틴 니아르코스Constantine Niarchos이다. 그리스 선박 재벌 스타브로스 니아르코스Stavros Niarchos의 아들로 재산이 10억 파운드(약 1조 7천억 원)에 달했음에도 그는 만성 우울증과 낮은 자존감으로 괴로워했다. 30대 중반에 그는 등반을 시작했다. 처음에는 등반에 수반되는 새로운 목적감과 자기 훈련으로 안정감을 얻는 듯했다. 하지만 에베레스트 산에 오른 지 겨우 2주 뒤, 그는 코카인을 다량 복용하여 자살했다.

이런 점에서 보면 초부유층이 우리들보다 더 행복하지는 않다는 연구 결과가 그리 놀랍지 않다. 심리학자 솔로몬Solomon과 그린버그Greenberg, 피진스키Pyszczynski는 논문에서 이렇게 말했다.

> 돈이 극도로 많은 사람들이, 통념과 달리, 돈이 더 적은 이들보다 사실상 더 행복한 것은 아니며, 통계상으로 그들은 우울증과 그 밖에 정신 질환에 걸리는 경향이 더 많다. [1]

이 말이 좀체 믿기지 않을 것이다. 돈이 남아돌고 여가 시간이 넘치는 부자들이 어떻게 그렇게까지 불행할 수 있을까? 어쨌든 그들은 우리를 짓누르는 대출금과 각종 청구액 등 골치 아픈 돈 문제에서 완전히 벗어나 있다. 언제든 원하는 것은 무엇이든 살 수 있고 가고 싶은 곳은 어디든 갈 수 있고 하고 싶은 일은 무엇이든 할 수 있다.

그러나 이 문제 역시 주요 원인은 빈 시간이 지나치게 많다는 것이다. 굳이 일할 필요가 없는 사람들은 그 많은 빈 시간을 특별히 할 일이 없이 혼자서 보낸다. 우리와 달리, 그들은 하루에 꼬박 여덟아홉 시간씩 일을 하느라 자신의 밖에 주의를 기울일 필요가 없다. 그 결과, 안으로 주의를 돌리고 엄청난 양의 심리적 부조화와 불만을 감지한다.

이것은 비단 팝 스타와 부유층만의 문제가 아니다. 무수한 실업자가 비슷한 문제에 직면한다. 조사에 따르면, 실업자는 직장인보다 훨씬 더 불행하며 자살률이 더 높고 알코올 중독, 마약 중독, 정신 질환에 더 많이 걸린다. [2] 물론 그 이유가 단지 활동이 적고 비체계적인 생활 때문만은 아니다. 적은 수입, 낮은 사회적 지위, 적은 사회적 접촉 등 다른 요인과도 관계가 있다. 그러나 너무 많은 빈 시간이 주요 원인 중 하나인 것은 분명하다. 나의 동료 지미처럼, 퇴직자들 역시 비슷한 문제를 자주 겪는다. 업무에 따르는 압박감과 데드라인에서 벗어나 즐겁고 홀가분한 것도 잠시, 그 짧은 '신혼여행'이 끝나면 그들은 환멸을 느끼고 심지어 우울해지기 시작한다.

내 아버지의 친구는 하루하루 날짜까지 꼽으며 퇴직하는 날을 학수고대했다. 아버지에게 전화를 걸어 이렇게 말하곤 했다. "앞으로 79일 남았어. 시간이 빨리빨리 가주면 정말 좋겠어!" 공장의 경리부장으로 근무한 그의 업무는 스트레스가 심하고 할 일이 산더미였다. 그래서 집에서 빈둥거리고 정원을 가꾸고 여름에 크리켓 경기를 구경하며 시간을 보낼 날을 고대하고 있었다. 하지만 퇴직을 하자 그는 활기를 잃었다. 두어 주밖에 안 지났는데도 시간이 써도 써도 남아돈다고 불평하기 시작했다. 연금을 넉넉히 받기 때문에 돈이 문제가 되지는 않았다. 진짜 문제는 혼자서 무엇을 해야 할지 모른다는 것이었다. 이제는 아버지에게 전화를 걸어 이렇게 말했다. "자넨 지금 하는 일이 지긋지긋할 거야. 하지만 일을 그만두면 반드시 무척 그리워질 걸세." 천만다행히 그는 6개월 후 다른 회사에 계약직으로 채용되었다.

이상하게 들리겠지만 TV와 영화, DVD, 신문, 잡지, 컴퓨터 게임 등의 오락 산업을 성장시키는 주요 동력은 내부에 안주하지 못하는 우리의 무능력이다. 현대 문화는 우리의 주의를 외부로 돌려놓는 다양하고도 효과적인 방법을 제공한다. 그 수가 어찌나 많고 그 힘이 어찌나 강력한지 가히 두려울 정도다. 17세기의 프랑스 수학자이자 철학자 블레즈 파스칼은 이렇게 말한다. 인간이 "불행한 유일한 이유는 자신의 방에 조용히 머무는 법을 모르기 때문이다. 인간은 시끌벅적한 삶을 무엇보다 좋아하며, 그렇기에 감옥살이가 가장 두려운 형벌이다." 파스칼은 인간이 지닌 근본적인 불행을 정확하게 인식하고 있었다. 그 불행의 충돌질에 인간은 전쟁, 무도회, 사냥, 도박 같은 그 시대의 다양한 오락을 끝없이 찾아다닐 수밖에 없었다.[3]

그러나 21세기를 사는 우리는 굳이 밖으로 나가 사냥을 하거나 전쟁을 벌일 필요가 없다. 우리에게는 '자기 방에서' 접할 수 있는 오락이 무궁무진하기 때문이다. 그것의 대다수는 소셜 네트워킹, 이메일, 문자 메시지, 컴퓨터 게임 등 인터넷을 이용한 오락이다. 생각에 몰두하거나 홀로 조용히 있기를 원하는 사람은 그저 컴퓨터나 아이팟의 전원을 *끄기만* 하면 된다. 사실 요즘에는 홀로 있을 시간을 찾기가 어렵다. 파스칼의 시대와 달리, 지금은 감옥살이도 그다지 두려운 형벌이 아니다. 현대의 죄수들은 몇 가지 오락을 즐길 수 있기 때문이다. 파스칼의 말에 따르면, 세상에서 가장 큰 특권을 누리는 자는 왕이다. 왕은 "왕의 주의를 밖으로 돌려서 그가 자기 성찰을 하지 않게 만들 궁리만 하는" 사람들에게 둘러싸여 있기 때문이다.[4] 이런 의미에서 보면 우리는 실제로 왕과 똑같은 특권을 누리는 셈이다.

이번에도 이상하게 들리겠지만 세계 경제를 발전시키는 수많은 경제 활동 역시 아무것도 하지 않고 고요히 있지 못하는 우리의 무능력에서 생겨난다(생존하기 위해 장시간 일해야 하는 개발도상국의 수십억 국민은 당연히 여기에 포함되지 않는다). 만약 다수의 사람들이 고요히 있는 능력을 얻는다면, 그리하여 오락에 대한 욕구가 사라진다면 오락 산업은 순식간에 훨씬 더 축소되고 많은 영화배우와 프로선수가 실업자가 되거나 수입이 대폭 줄어들 것이다. 무수한 경제 활동 역시 곧바로 중단될 것이다. 노동 시간도 감소한다. 사람들이 꼭 필요한 만큼만 일을 하고 단지 밖으로 주의를 돌리기 위해 일거리를 찾지는 않을 것이기 때문이다. 그 결과, 세계 경제는 위기에 처할 것이다. 하지만 이것은 그리 심각한 문제가 아니다. 존재하는 능력을 갖춘 사람들은 필요 없는 물건은 사지 않기 때문이다.

바쁘게 활동하려는 욕구는 사회적 조건화의 결과이기도 하다. 경제 성장을 위해 정부는 국민들에게 끊임없는 활동을 부추겨야 한다. 자본주의 체제는 시간을 상품화하고, 우리는 '생산적인' 활동으로 시간을 보내야 한다고 배운다. 하지만 그 욕구에는 더 뿌리 깊은 원인이 있다. 쉬지 않고 활동하려는 충동은 명백히 심리적 욕구이기도 하다.

그러한 충동은 지극히 자연스럽고 정상으로 보인다. 따라서 독자들은 지금 내가 어째서 그것을 문제로 간주하는지 의아할 것이다. 하지만 생각해보자. 왜 우리는 언제나 자신의 밖에 주의를 기울여야 하는 것일까? 왜 인간은 바쁘게 활동해야 한다는 충동을 느껴야 하는 걸까? 왜 그렇게 많은 사람들이 방구석에 웅크리고 앉아 일주일에 28시간이나 TV 화면을 들여다봐야 하는 걸까?

반드시 필요하고 자신과 타인에게 더없이 유익한 활동도 물론 많다. 예를 들어, 소설을 쓰거나 컴퓨터 프로그램을 개발하거나 옷을 디자인하거나 체스를 두는 등, 창조적인 마음 상태와 도전적인 과제에 집중하고 있을 때 우리는 '능동적인' 열중을 경험하고, 그러한 열중 상태는 대단히 긍정적일 수 있다. 그런 활동들은 우리의 정신적 에너지를 한곳에 집중시키고 더욱 기민하고 활기찬 느낌을 부여한다. 또한 평소에 수다스럽게 떠드는 우리의 생각을 잠재우고 우리에게 자신의 마음을 지배하고 있다는 느낌을 안겨준다. 미하이 칙센트미하이Mihaly Csikszentmihalyi는 이 능동적인 열중 상태를 '몰입'이라고 부르며 몰입의 긍정적인 효과를 저서 『몰입: 미치도록 행복한 나를 만난다』에서 소개했다. 이런 유형의 활동은 우리를 현재에서 떼어놓지 않는다. 오히려 우리가 더욱 현재에 충실히 존재하게 해준다. 능동적인 열중 상태는 우리가 심리적 부조화로부터 달아나게 두지 않고 그것을 치유할 수 있게 해준다. 이런 종류의 활동은 뒤에서 자세히 다룰 것이다.

지금 나는 긍정적이지도 않고 해야 할 필요도 없는 활동에 대해 말하고 있다. 우리에게 부정적인 영향을 끼칠 수도 있고 아무 이유 없이 그냥 하는 활동에 대해서. 하지만 안타깝게도 '몰입'은 그렇게 흔한 경험이 아니다. 우리는 평소 수동적인 열중 상태에 더 많은 시간을 소비하는데, 그 상태에서는 진정한 도전도 없고 열심히 집중할 필요도 없다. TV를 보거나 인터넷 검색을 할 때 우리는 정신적 에너지를 집중하지 않는다. 따라서 미치도록 행복한 나를 만나지 못한다고 생각하는데 사실은 그 반대다. 두세 시간 동안 TV를 보고 나면 정신적 에너지가 고갈된 느낌이 들고 좌절감과 불안감이 피어오를 가능성이 더 크다.

아무것도 하지 않음inactivity, 즉 무위가 이런 문제들을 일으키는 이유는 무엇일까? 빈 시간이 너무 많고 오랫동안 혼자 있을 때 어째서 우리는 자주 망가지는 것일까? 그것은 바로 심리적 부조화 때문이다. 우리의 '마음 공간mind-space' 밖에 주의를 기울이지 않을 때 우리가 머무는 곳이 무척 불편하다는 것이 문제다. 우리의 '정신psyche', 즉 내부에 존재하는 의식이 너무 불쾌한 장소여서 우리는 그곳에 잠시도 머물려고 하지 않는다.

부모가 시도 때도 없이 싸우는 집이 있다고 하자. 집안에는 싸늘한 냉기가 흐른다. 집에 들어설 때마다 어린 딸은 적대감을 감지한다. 그 적대감이 언제든 공격적인 행동으로 폭발할 수 있음을 딸은 안다. 말을 걸 때마다 부모는 짜증을 내고 윽박지르고 쏘아붙인다. 부모는 서로에 대한 증오로 똘똘 뭉쳐서 딸을 위해서는 1초도 할애하지 않는다. 그로 인해 딸은 되도록 집 밖에서 시간을 보내려고 한다. 친구집에 가거나 공원이나 쇼핑몰을 돌아다닌다. 딸은 꼭 필요할 때, 그러니까 밥을 먹고 잠을 자야 할 때만 집에 들어온다.

이 비유에서 집안에 감도는 적대감은 휴머니아가 일으킨 심리적 부조화라고 할 수 있다. 적대감이 어린 딸을 집 밖으로 내몰듯, 심리적 부조화는 우리를 자신의 밖으로 내몬다.

2장

한순간도 조용할 틈이 없는 마음

휴머니아 요소는 두 가지다. 그 두 요소는 우리에게 수없이 영향을 끼치고 수많은 결과를 초래한다. 2장에서는 휴머니아의 두 가지 요소와 다양한 부작용을 검토할 것이다. 첫 번째 요소는 '에고 분리ego-separateness' 또는 '에고 고립ego-isolation'이며, 두 번째 요소는 '인지 부조화cognitive discord' 이다.

에고 분리

워릭 대학교 신입생이던 18살 때 나는 정말로 무서운 일을 경험했다. 친구 대런이 마리화나를 피우자며 자기 방으로 나를 불렀다. 그 전에 마리화나 쿠키를 먹은 적이 있었는데, 정신이 몽롱하고 몸이 나른해져서 어린아이처럼 낄낄거리며 굉장히 즐거운 시간을 보냈다. 나는 이번에도 그런 느낌을 받을 거라고 생각했다. 하지만 이 경험은 쿠키를 먹은 것과는 완전히 딴판이었다. 이 마리화나가 상당히 독했던 게 분명했다. 고작 두세 모금 빨았을 뿐인데 이상한 느낌이 들었기 때문이다. 모두 일곱 명이 둘러앉아 마리화나를 돌려 가며 피우고 있었다. 그런데 갑자기 분위기가 묘해졌다. 순간 긴장감이 감돌았다. 아무도 입을 열지 않았고 다들 화가 난 표정이었다. 나는 즉시 깨달았다. 언짢은 분위기의 원인은 바로 나였다. 그 아이들은 내가 그곳에 있는 것을 못마땅해 했다. 그들은 다들 서로 아는 사이였고 모두 같은 기숙사에 살았다. 하지만 그곳에서 내가 아는 사람은 같은 수업을 듣는 대런뿐이었다. 아마도 나의 억양이 문제였을 것이다. 그 아이들은 전부 영국 남부 지방 출신이었는데, 나는 억양이 강한 북부 영어를 쓰고 있었다. 나는 그들의 패거리에 속하지 않는 게 분명했다.

다정한 말이나 농담이라도 한마디 해서 그 숨 막히는 긴장감을 풀어내고 싶었다. 하지만 말이 나오지 않았다. 나의 내부에 갇힌 느낌이었다. 내 생각을 말로 바꿔주는 메커니즘이 멈춰버렸다. 생각과 말을 이어주는 고리가 끊어진 것 같았다. 대런의 방에 앉아 있는 시간이 영겁처럼 느껴졌다. 불안하고 불편하고 불청객이라는 느낌이 점점 더 강해졌다. 드디어 나는 간신히 일어나 대런에게 말했다.

"가야겠어."

"괜찮아?"

"응, 괜찮아. 그만 갈게."

나는 기숙사의 홀을 지나 학생 회관을 가로질러 걸었다. 그곳은 술을 마시고 웃고 떠드는 아이들로 가득했다. 고립감이 밀려들었다. 두려움을 견딜 수가 없었다. 그곳에서 나는 철저히 혼자였고, 내 마음 공간에 갇혀

버렸다. 마음 공간에 그렇게 홀로 갇힌 채 나 자신이 의식을 지닌 개별적인 존재라고 느끼며 나를 정말로 알 수 있는 사람, 내가 경험하는 것을 함께 경험할 수 있고 내가 느끼는 것을 함께 느낄 수 있는 사람은 단 한 명도 없다는 생각을 했다. 뼛속까지 외로웠다. 끝이 안 보이는 허공으로 둘러싸인 고독한 행성이 된 느낌, 나와 다른 사람들 사이에 결코 건널 수 없는 간극이 놓여 있는 느낌이었다. '내'가 살고 있는 마음속 공간은 작고 어두운 감방처럼 비좁고 갑갑했다.

나는 인간으로서 내가 처한 가혹한 현실, 모든 사람이 어떻게든 외면하려고 하는 끔찍한 진실을 마주하고 있었다. 그것을 받아들이는 것은 불가능해 보였다. 다른 사람들도 마찬가지였다. 우리는 모두 자신의 내부에 갇혀 철저히 고립되어 있는 익명의 개체들이었다. 우리는 모두 마음 공간에서 달아나려고 안간힘을 쓰고 있었다. 내부의 그 빈 공간을 잊기 위해 우리는 술을 마시고 수다를 떨고 TV를 보고 있었다.

두세 시간이 지나자 마리화나의 영향이 조금씩 사라졌다. 하지만 고립감은 그 후로도 몇 달 동안 조금 완화된 수준으로 남아 있었다. 사람들과 함께 있을 때마다 우리는 각자 고립된 개체라는 생각이 줄곧 떠올라서 나는 열심히 수다를 떨고 몸을 움직여 그들과 나 사이에 놓인 간극을 없애려고 했다. 하지만 우리가 서로를 진정으로 아는 것은 절대 불가능했다. 우리는 각자의 마음 공간에 늘 홀로 갇혀 있었다. 바다 한가운데서 연기를 피워 소통하려고 애쓰는 외딴 섬들처럼.

이 경험을 마리화나로 인한 환각 증상이라고 여길 수도 있을 것이다. 하지만 나는 그렇게 생각하지 않는다. 사실 그 경험은 우리가 이미 알고 있는, 적어도 십대 중반부터 내가 알고 있었던 진실이 확연히 드러난 것일 뿐이다. 마리화나로 인해 나는 우리 인간의 마음 상태에 관한 한 가지 진실을 예리하게 통찰할 수 있었다. 설사 의식하지는 못하더라도 사람들은 그 진실을 알고 있다. 그 진실은 바로 우리는 모두 '에고 분리' 또는 '에고 고립' 상태로 존재한다는 것이다.

분리

지구상에는 우리와 달리 개별적인 존재로 살지 않는 것처럼 보이는 사람들이 있다. 호주 원주민이나 폴리네시아 토착민 같은 원주민들이 그렇다. 그들의 개체감sense of individuality은 우리들의 것보다 약한 듯하다. 그들의 정체성에는 자연과 타인이 포함된다. 그들은 고정된 이름을 갖지 않는 경우도 흔하다. 살아가면서 이름이 바뀌기도 하고 부족의 다른 일원의 이름이 포함되기도 한다. 어떤 원주민들은 성이나 이름 대신 두 사람의 관계를 알려주는 호칭을 사용한다. 예를 들어, 아기가 태어나면 어머니의 이름은 '아무개의 어머니', 아버지의 이름은 '아무개의 아버지'로 바뀐다.[1]

또한 원주민의 정체성은 그들이 살고 있는 땅과 하나로 묶여 있다. 남태평양에 위치한 피지 출신의 인류학자 라부부A. Ravuvu의 말에 따르면 피지 원주민들은 자신의 땅을 '확장된 자기self'로 여긴다. 피지인들에게는 자신의 땅을 떼어주는 것이 자신의 '생명'을 떼어주는 것과 마찬가지다.[2] 그래서 콜롬비아의 우와U'wa 부족이나 브라질의 카이오와Kaiowa 부족은 조상 대대로 살아온 땅을 빼앗긴다면 집단 자살을 하겠다고 위협했던 것이다. 문화인류학자 헤이즐 마커스Hazel Markus와 시노부 기타야마Shinobu Kitayama가

지적했듯이, 미국인과 유럽인들은 '독립적인 자기'로 살아가는 반면, 원주민들은 '상호 의존적 자기'로 살아간다.[3]

그리고 대다수 원주민들은, 적어도 여전히 전통 방식대로 생활하는 원주민들은 최고의 평등주의자이다. 그들에게는 개인 소지품이 거의 없다. 개개인이 땅을 조각내어 소유하지 않으며 사냥하거나 채집한 음식은 무엇이든 공유한다. 인류학자들의 말처럼, 원주민들에게는 '소유물'이나 '재산'을 뜻하는 단어나 '소유하다'라는 의미의 동사가 없다.[4] 자신을 분리된 개체로 여기지 않으므로 개인 소유라는 개념은 그들에게 아무 의미가 없다. 자신의 정체성에 타인이 포함된다면 자신의 재산과 음식을 타인의 것과 구분할 필요가 있겠는가?

어린아이들 역시 분리감을 갖지 않는다. 아이들은 자신과 자신의 경험을 구분하지 않는다. 자신이 하고 있는 행위와 '나'는 따로 떨어져 있지 않으며 자신의 경험을 분석하지 않는다. 어린 시절이 그렇게 즐거운 이유 중 하나가 바로 그것 때문이다. 어린아이들은 '여기' 또는 '저기'를 구분하지 않은 채 주변의 모든 것과 연결되어 있다고 느끼며 모든 경험에 몰입한다. 분리감은 우리가 청소년기에 들어섬에 따라 천천히 발달해서 십대 후반에 확고해진다. 그 시기에 에고는 하나의 구조물로 발달하며 '내면성 innerness'을 일으키고 주위에 '벽을 쌓아 우리를 고립'시킨다.

우리의 개체감은 전통을 따르는 원주민이나 어린아이들보다 더욱 강하다. 에고 경계선이 더욱 뚜렷하고 확고하다. 에고 경계선은 나와 세상이 별개라는 이원성duality을 조장한다. 나는 마음 공간에 갇힌 채 '여기'에 있는 반면, 나를 제외한 우주와 타인은 모두 '저기'에 있다. 그 결과, 우리는 평등을 추구하려는 욕구가 약하고 대신 자신을 위해 부와 재산을 축적하려는 욕구가 강하다.

이 강한 개체감이 바로 주요 심리 장애를 야기한다. 또한 근본적인 외로움도 초래한다. 원주민들은 세상과 서로 연결되어 있다고 느끼지만, 우리는 세상과 단절되어 있다고 느낀다. 우리는 세상에 참여하는 대신 언제나 세상을 관찰하고, 세상의 일부가 되는 대신 멀리서 세상을 방관한다. 우리는 말이나 글, 몸짓으로 타인과 소통할 수 있다. 하지만 그들이 우리를 진정으로 알거나 우리의 생각과 감정을 공유하는 것은 절대 불가능하다. 우리의 마음 공간은 그들의 접근을 항상 금지한다.

이 '에고 고립'은 불완전감도 야기한다. 전체에서 떨어져 나온 조각처럼, 우리는 세상으로부터 분리되어 늘 부족하다고 느낀다. 우리의 내부에는 커다란 구멍이 하나 있다. 태어나자마자 어미와 떨어져서 항상 애정과 관심을 갈구하는 아기 고양이처럼, 우리는 결핍감을 보상하기 위해 그 구멍을 메우는 일에 삶을 소비한다.

'다시 태어난 크리스천Born-again Christian'이라는 말이 뜻하는 바가 이것과 가깝다. 그들은 우리의 내부에 '하느님 형상의 구멍'이 있다고 말한다. 그러나 나의 관점에서는 종교도 그 구멍을 메워주지 못한다. 종교가 주는 위안은 성공이나 부가 주는, 결과적으로는 불완전한 위안과 결코 다르지 않다. 이런 이유로 원주민 추장 마운틴 레이크는 백인은 항상 뭔가를 원한다고 말한 것이다. 우리는 불완전한 자신을 완성하기 위해 항상 뭔가를 원한다.

이런 외로움과 불완전함 때문에 우리는 이 세상이 내 집처럼 참으로 '편안하다'고 느끼지 못하고 다소 떠돌고 있는 느낌을 받는다. 줄곧 세계 곳곳을 돌아다녀서 더 이상은 어디에도 안주하지 못하는 떠돌이 같다.

전통을 지키는 원주민들은 세상을 우호적이고 자애로운 곳으로 여기지만 우리에게 이 세상은 냉정하고 심지어 악의적으로까지 보인다.

죽음에 대한 두려움

에고 고립이 일으키는 또 다른 심리적 문제는 죽음에 대한 극심한 두려움이다. 우리는 고립된 에고의 관점에서 일생을 살아가며 에고를 섬긴다. 에고의 욕망을 채워주거나 에고가 일으키는 고립감과 결핍감을 보상하는 일에 시간을 소비한다. 우리는 신념을 세우고 인간관계를 맺고 경력을 쌓고 희망과 야망을 좇는다. 모두 에고를 위해서다. 그러므로 이렇게 절대 권력을 지닌 에고가 언젠가 죽을 것이라는 생각은 당연히 우리를 두렵게 한다. 원주민의 정체성에는 공동체와 땅이 포함되므로 그들에게는 개인의 죽음이 그렇게 중대한 사건이 아니다. 죽은 후에도 그의 일부는 공동체와 땅을 통해 계속 살아서 존재할 것이다. 하지만 우리의 정체성은 전적으로 에고와 묶여 있기 때문에 나 자신이 죽으면 모든 것이 죽는다. 과거와 미래의 모든 것, 성취한 모든 것과 모든 야망, 모든 소유물과 지위가 사라진다. 지진이 나서 눈 깜짝할 새에 땅 밑으로 사라진 웅장한 궁전처럼 흔적도 없이 흩어진다.

설사 의식하지 않아도 죽음에 대한 이런 두려움은 항상 마음 뒤켠에 숨어서 불안을 조장하고 우리의 연약한 에고가 일으킨 불확실감과 무가치감을 심화시킨다. 사람들이 그 불안을 다루는 방법은 다양하다. 어떤 이들은 자신이 죽으면 에고는 지상에서의 삶과 달리 고통이 전혀 없는 아름답고 새로운 세상에서 영생을 누릴 거라고 애써 확신한다. 또 어떤 이들은 단순히 죽음을 잊으려고 애쓰며 죽음에 관한 생각이나 대화를 피하고 영원히 살 것처럼 행동한다. 영국처럼 대체로 비종교적인 국가에서 죽음은 금기 주제이다. 누군가가 죽음을 언급하면 보통 긴 침묵이 이어지다가 불쑥 다른 주제로 넘어간다.

에고 고립은 이런 식으로 심리적 부조화를 야기한다. 우리의 마음 공간을 머물기에 불편한 곳으로 만든다. 주의를 사로잡을 오락이나 활동이 하나도 없이 혼자 있을 때 우리는 외로움과 불완전함을 느낀다. 그리고 마음 저 밑에서 스멀거리는 불안을 감지한다. 자신이 느끼는 불편함의 근원이 그 불안이라는 것을 실제로 깨닫지는 못하더라도 그러하다.

'수다스런 사고'

이제 실험을 하나 해보자. 이 책을 내려놓고 눈을 감는다. 조금 후, 당신은 마음속에서 여러 가지 생각이 시끄럽게 오가는 것을 알아차릴 것이다. 그 생각들이 흘러가는 대로 내버려두고 그저 관찰하라. 어디로 흘러가든 개의치 말고 그 끝없는 흐름을 그저 지켜보아라.

마음을 휘도는 생각의 흐름을 2분 정도 내버려두어라. 그런 다음, 눈을 감았을 때 처음 떠오른 생각이 무엇이었는지 그 첫 번째 생각을 돌이켜보라. 그리고 그 생각부터 맨 마지막 생각까지 하나하나 되짚어보라.

마음에 떠오른 그 생각들이 얼마나 각양각색인지, 얼마나 엉뚱한 곳을 헤집고 다녔는지 확인하고 나면 당신은 기가 막힐 것이다. 그 생각들은 이곳에서 지구 반대편으로 순식간에 날아가기도 하고, 20년 전으로 돌아갔다가 3년 후로 앞질러가고 넉 달 전에 읽은 소설에서 지난주에 읽은 시로, 오늘 아침 라디오에서 들은 노래로, 중학교 친구로, 신문에 실린 유명 인사에게로 정신없이 옮겨 다녔을 것이다.

차 안에서 CD로 음악을 듣다가 당신은 이렇게 중얼거릴지도 모른다. '이 노래는 이 소절이 제일 좋아. 다시 들어야지' 그리고는 그 곡을 처음부터 다시 듣는다. 그리고 얼마 뒤, 당신은 그 소절이 이미 지나갔음을 깨닫는다. 그 소절이 흘러나왔지만 주의를 기울이지 않아서 제대로 듣지 못했다. 어쩔 수 없이 그 곡을 다시 처음으로 돌린다. 그리고 보통 두세 번째 시도에서야 당신은 그 음악에 온전히 주의를 기울인다.

음식을 먹을 때도 이런 일이 일어난다. 당신은 제일 좋아하는 음식을 앞에 놓고 또는 초콜릿 바를 손에 들고 침을 삼킨다. 그런데 서너 입 먹고 나면 더 이상은 그 음식이나 초콜릿 바를 의식하지 않는다. 계속 먹고는 있지만 실제로 맛을 음미하지는 않는 것이다.

위의 두 상황에서 문제는 당신의 마음을 오가는 '수다스런 생각thought -chatter'이 음악과 음식에 기울인 주의를 빼앗아 갔다는 것이다. 과거의 기억, 걱정 근심, 미래에 대한 상상으로 이루어진 끝없는 생각의 흐름이 당신의 주의를 사로잡은 것이다. 음악을 듣거나 음식을 먹기 시작한 지 1, 2초 만에 그 무작위 연상들이 당신의 마음을 휘저으며 주의를 사로잡아서 소리나 맛에 대한 감각 경험은 거의 인식되지 않는다.

운전을 할 때도 비슷한 일이 일어난다. 매일 오가는 출근길에서 어떤 지점에 이르렀는데 당신은 방금 전 1, 2분 동안의 일이 하나도 기억나지 않는다. 차선을 바꾸고 샛길로 들어서고 빨간불에 멈춰서고 좌회전을 했지만 이 모든 행위를 무엇을 하고 있는지 전혀 의식하지 못한 채 행한 것이다. 이것은 무서운 일이다. 어떻게 자신이 무엇을 하는지 알아채지 못하고 무의식적으로 운전을 한 것일까? 만일 누군가 도로로 뛰어들었거나 자동차가 갑자기 끼어들었다면 어떻게 되었을까? 다행히 당신은 운전에 아주 능하고 그 길이 익숙해서 신문을 보며 음식을 먹듯이 완벽하게 운전을 할 수 있다.

이 경우에는 당신의 주의가 수다스런 생각에 완전히 골몰하는 일이 벌어진 것이다. 당신은 아예 '다른 곳'에 가 있었다. 당신에게 운전은 이제 자동 행위이고, 따라서 그 일에 의식적으로 주의를 기울일 필요가 없다. 그러므로 몽상과 추억에 모든 주의를 집중할 수 있다.

수다스런 생각의 가속도는 엄청나다. 한번 시작되면 그것을 멈춰 세우는 일은 불가능에 가깝다. 예전에 나는 그 수다스런 생각 때문에 미칠 것 같을 때가 있었다. 밤중에 자려고 누웠는데 서너 시간 동안 뒤척이기만 할 뿐 도저히 잠에 들 수 없었다. 내 마음을 온통 휘젓고 다니며 그날 나눈 대화나 겪은 일, 언뜻 들은 노래까지 모조리 재생하거나 앞으로 일어날 일을 상상하는 수많은 생각 때문이었다. 그 미친 수다쟁이가 나의 마음을 장악하고 있는 느낌이었다. '제발 입 닥치고 나 좀 자게 해줘!'라고 고함이라도 지르고 싶었다.

나는 가끔 시골길을 산책하며 풍경을 둘러보거나 하늘을 올려다보았다. 풍광이 아름답다는 것을 알고는 있었지만 그 아름다움을 실제로 의식하지는 못했다. 역시 나의 마음속에서 정신없이 날뛰는 온갖 생각들 때문이었다. 달과 별을 바라보며 시인 사무엘 콜리지Samuel Coleridge는 이렇게 한탄한다.

저들 모두 그지없이 아름답다는 것을 나는 안다

참으로 아름답구나, 나는 안다, 느끼지 못한다.⁵

다행히 그 이후로 나의 수다스런 생각이 조금씩 잦아들어서 지금은 전보다 생각을 더 잘 통제한다.

명상을 시도한 적이 있는 사람은 수다스런 생각의 강력한 힘을 알고 있다. 명상을 할 때는 보통 특정 대상을 이용하여 주의를 모은다. 만트라 (조용히 읊조리는 소리), 촛불, 자신의 호흡 등 어떤 대상에 초점을 맞춤으로써 마음을 진정시키고 내면을 더욱 고요하게 만든다. 하지만 이런 방법도 아무런 효과가 없을 때가 있다. 수다스런 생각은 그 힘이 극도로 강해서 만트라에 기울인 주의를 자꾸 빼앗아 간다. 그럴 때마다 그 시끄러운 생각에서 주의를 돌려 다시 만트라에 초점을 맞추어야 한다. 인내심을 갖고 그렇게 하다 보면 대체로 마음이 고요해진다. 하지만 때로는 그 생각들이 걷잡을 수 없이 사납게 날뛰어서 명상을 그냥 중단할 수밖에 없다. 명상 초보자들은 극도로 힘이 세고 난폭한 수다스런 생각과 직면하면 불안해서 안절부절 못한다. 그 시끄러운 생각은 그들을 극심한 혼란과 불안에 빠뜨린다. 때문에 한두 번의 명상 후 그들은 명상이 자신에게는 결코 맞지 않는다고 단정하기도 한다. 하지만 명상을 규칙적으로 하면 — 처음에는 힘들겠지만 — 마음이 차츰차츰 고요해진다. 이 점을 기억하는 것이 중요하다.

"저들 모두 그지없이 아름답다는 것을 나는 안다
참으로 아름답구나, 나는 안다, 느끼지 못한다"

마음의 오작동

보통 우리는 이런 정신 활동을 '사고thinking'라고 부르지만 이 명칭은 사실 정확하지 않다. '사고'는 능동적인 지적 활동을 암시하며, 우리는 그 활동을 의식적으로 통제한다. 하지만 우리가 통제하는 지적 '사고'는 극히 일부이다. '사고'는 거의 언제나 무작위적이고 무의식적이다. 우리의 의도와 상관없이 아무 때나 마음을 휘젓고 다닌다. 그렇기 때문에 나는 '수다스런 생각' 또는 '인지 부조화'라는 용어를 선호한다. 외적 대상에 주의를 기울이지 않을 때마다 수다스런 생각이 몰려온다. 우리는 외부 대상에서 주의를 거두자마자 즉시 작동할 준비를 갖추고 항시 대기 중인 기계와 다르지 않다. 우리의 마음은 애초부터 이렇게 설정되어 있다.

진짜 사고는 우리가 이성과 논리의 힘을 의식적으로 이용하여 특정 주제의 여러 가지 측면을 이해하고 추리하며 문제와 해결책, 결정과 계획 등을 심사숙고하는 것이다. 우리 인간은 자신이 '합리적인' 존재이고 '사고'할 수 있으므로 동물보다 우월하다고 믿는다. 하지만 앞서 정의한 진짜 합리적인 사고는 사실상 아주 드물다. 결정과 계획을 궁리할 때조차 우리가 내리는 결정과 사용하는 전략의 다수가 심사숙고의 결과라기보다는 본능에 따른 것이다. 그리고 사실 수다스런 생각 때문에 우리는 이성의 힘을 이용하기가 더욱 어렵다. 심사숙고할 문제가 있을 때, 수다스런 생각이 우리의 마음을 종횡무진 누비며 주의를 흐트러뜨리기 때문이다. 예를 들어, 결혼기념일에 배우자에게 무엇을 선물할지 결정하려 한다고 하자. 그 생각을 하고 있는데 결혼식 날의 기억이 하나둘 떠올라 마음을 채우고, 신혼여행지인 이탈리아에서 겪은 일이 되살아나고, 최근에 보도된 이

탈리아 총리의 스캔들이 떠오르고, 이어서 이 나라의 정치 현실을 고민하다보니 세금 납부일이 임박하다는 것이 떠오르고…… 꼬리에 꼬리를 무는 이 생각들 때문에 마음이 어수선해서 배우자에게 무엇을 선물하면 좋을지 어떤 아이디어도 떠오르지 않는다. 결국 당신은 직장 동료에게 결혼기념일 선물로 무엇이 좋겠는지 조언을 청하는 수밖에 없다.

수다스런 생각에 몰두하는 것은 꿈을 꾸는 것과 별반 다르지 않다. 적어도 이미지들이 서로 연관된 꿈꾸기라고 할 수 있다. 자신이 최근에 흡수한 인상과 정보들을 샅샅이 훑어보고 그것을 이상하게 뒤섞은 후 다시 정신으로 돌려보내 떠올리는 것이다(더 깊은 수준의 정신에서 작동하는 더욱 의미 있는 다른 종류의 꿈꾸기가 있는데, 그것은 중요한 상징을 갖고 있으며 융이 '집단 무의식'이라고 부르는 것과 관계가 있다). 꿈은 거의 통제할 수 없지만 수다스런 생각은 조금 더 통제 가능하며, 전자는 잠재의식에서, 후자는 의식에서 생겨난다. 하지만 정신에 저장된 수많은 재료가 한데 뒤섞여 소용돌이친다는 점에서 수다스런 생각은 꿈과 동일하다. 사실 '백일몽'이라는 말도 있기는 하다. 그리고 수다스런 생각을 중단하는 것은 꿈에서 깨어나 현실을 다시 명료하게 지각하고 현실과 다시 연결되는 것과 비슷하다. 수다스런 생각이 곧 백일몽이라고 말할 수는 없다. 단지 비슷할 뿐이다. 백일몽은 수다스런 생각의 한 가지 종류를 잘 보여준다. 즉 백일몽은 정신이 떠올린 가상 시나리오에 완전히 열중한 상태로, 보통 마음이 이완되어 있을 때 일어나는 수다스런 생각이다.

수다스런 생각은 두 가지 상황에서 등장한다. 하나는 어떤 활동이 별로 재미가 없거나 어렵지 않아서 우리의 주의를 붙잡지 못하는 상황이다. 자질구레한 집안일이나 단순한 과제를 하고 있을 때가 그렇다. 그런 일들은 흥미를 돋우거나 도전 의식을 자극하지 못해서 우리의 주의를 사로잡지 못한다. 그러면 주의는 내부로 방향을 틀어 마음속을 배회하는 온갖 생각과 몽상에 초점을 맞춘다. 이런 일은 직장에서도 일어날 수 있다. 맡은 업무가 그다지 까다롭지 않거나 재미가 없을 때 그러하다. 회사에서 선반에 물건을 쌓거나 커피를 끓이거나 옷을 포장하고 있다면 이 과제들을 처리하는 데는 그리 많은 주의가 필요하지 않다. 따라서 당신은 그 일을 하면서 주말 계획이나 지난 여행의 추억과 연관된 생각에 몰두한다.

두 번째는 어떤 활동을 끝내고 다음 번 활동을 시작하기 전 빈 시간, 다시 말해 주의를 고정시킬 외적 대상이 하나도 없는 상황이다. 지하철이 오기를 기다리거나 주전자 물이 끓기를 기다릴 때, 욕조 안에 앉아 있거나 아침이나 밤에 침대에 누워 있을 때가 그렇다. 이 같은 상황에서는 대체로 수다스런 생각이 마음을 채운다.

이러한 수다스런 생각은 일상 경험의 지극히 정상적인 일부여서, 우리는 그것을 당연하게 여긴다. 하지만 객관적으로 따져보면 그것은 사실 무척 이상하다. 우리의 마음속에 하루 종일 조잘대는 목소리, 즉 소음과 이미지를 일으키는 기계가 들어 있어서 우리가 경험한 모든 것을 끝없이 떠올려주고 우리가 흡수한 정보를 잇달아 재생하고 아직 벌어지지도 않은 일을 자꾸 상상하게 만들고 있는 셈인데, 우리는 왜 그것을 듣고 보아야 하는 것일까? 우리의 마음은 왜 그렇게 정신없이, 왜 그것을 듣고 보아야 하는 것일까? 우리의 마음은 왜 그렇게 정신없이, 왜 그렇게 무작위로 이 생각 저 생각 옮겨 다녀야 하는 걸까? 정신분열증 환자를 정신이상이라고 간주하는 이유는 그들의 머릿속에 조잘대는 목소리가 있어서 환청을 듣기 때문이다. 그런데 우리의 '정상적인' 내적 수다가 그들이 듣는 환청과 실제로 그렇게 다른 것일까? 사실은 수다스런 생각도 일종의 정신이상, 적어도 일종의 설계 결함, 인간 정신의 오작동으로 간주해야 한다.

인지 부조화

잠깐의 수다스런 생각은 때때로 즐거울 수 있다. 백일몽류의 수다스런 생각이 특히 즐겁다. 해변에 누워서 또는 소파에 기대앉아서 자신의 욕망과 야망을 모두 이루는 장면을 상상하거나 과거의 즐거운 경험을 되살리거나 앞으로 일어날 즐거운 사건을 기대하는 것은 신나고 유쾌하다.

그러나 수다스런 생각이 등장한 지 얼마 못 되어 우리는 조금 불안해지기 시작하고, 그러면 그것을 중단시키기 위해 외적 대상에 주의를 쏟으려는 충동을 느낀다. 거의 매번 그렇다. 2010년 하버드 대학에서 연구한 결과 입증된 사실이다. 연구진은 아이폰 애플리케이션을 이용하여 다양한 시간대에 피험자들의 기분과 생각을 추적했다. 매튜 킬링스워스Matthew Killingsworth와 대니얼 길버트Daniel Gilbert는 자원한 피험자 2,250명에게 아무 때나 전화를 걸어서 그들이 지금 얼마나 행복한지, 무엇을 하고 있는지, 무슨 생각을 하고 있는지를 물었다. 이 연구에 따르면, 피험자들의 마음은 전체 시간의 거의 절반 동안 '방황'하고 있었다. 즉 자신이 지금 하고 있는 것이 아닌 다른 것을 생각하는 데 시간을 소비했다. 이 연구는 수다스런 생각의 부정적인 영향을 특히 잘 보여준다. 마음이 방황하는 시간이 긴 사람일수록 우울한 성향이 강했고 이완하기가 더 어려웠다. 킬링스워스와 길버트는 다음과 같은 결론을 내렸다.

이 연구는 우리의 마음이 현재에 머물지 않는다는 것을, 마음의 부재가 놀라울 정도로 만연하다는 것을 보여준다. 인간의 마음은 방황하고 있으며, 방황하는 마음은 불행하다⋯⋯ 일어나지 않은 일을 숙고하는 능력은 정서를 희생하여 얻은 인지적 성취물이다.[6]

그 이유는 단순하다. 수다스런 생각이 우리의 내부에서 끝없이 소란을 일으키기 때문이다. 중세 독일의 신비주의 사상가 마이스터 에크하르트 Meister Eckhart의 말을 인용하면, 우리는 "폭풍우처럼 휘몰아치는 생각들"에 시달린다.[7] 마음은 우리가 통제할 수 없는, 정신없이 돌고 도는 수많은 생각으로 가득하다. 따라서 외부에서 큰 소란이 벌어질 때 그렇듯이 내부에서 벌어지는 소란에 우리는 불안하고 불편하다. 이것은 칙센트미하이가 일컫는 '심리적 엔트로피psychic entropy, 자신의 마음에 대한 통제 결여'를 초래한다. 수다스런 생각은 시끄럽기만 한 불협화음이다. 임의적이고 거의 통제할 수 없는 생각들이기 때문이다.

또한 수다스런 생각은 우리와 우리의 경험 사이에 벽을 쌓는다. 우리가 세상을 즉시 명확하게 경험하지 못하게 막는다. 이 인지 부조화는 우리의 마음에 흐릿한 사고의 안개를 한 겹 드리운다. 이 안개는 우리의 모든 경험, 다시 말해서 우리가 보고 듣고 느끼고 만지고 맛보는 모든 것을 희석시키고 모호하게 만든다. 그리하여 현실은 그림자가 된다. 수다스런 생각은 심지어 비현실감을 야기하기도 한다. 마음에 떠오른 기억, 이미지, 상상이 실제 경험보다 더 진짜처럼 보일 때 그러하다.

그러나 가장 큰 문제는 수다스런 생각이 주로 부정적인 특성을 띤다는 점이다. 미래에 대한 생각은 걱정과 불안을 띠고, 과거에 대한 생각은 후회와 슬픔을 띠고, 현재의 삶에 대한 생각은 불만을 띤다.

이것은 우리의 삶에 커다란 영향을 끼친다. 부정적인 생각은 마음을 부정적인 상태로 만들기 때문이다. 친구나 동료에게서 부정적인 말을 들으면 화가 나거나 우울해진다. 부정성을 띤 수다스런 생각에도 우리는 정확히 그렇게 반응한다. 부정적인 생각 중 어떤 것은 습관화되고 고착되어서 자기비판적이고 걱정을 촉발하는 대사가 쓰인 '대본'을 아예 갖추고 있다. 그 생각들은 단 한순간도 우리의 마음을 떠나지 않는다. 그 대본에 쓰인 대사가 쉬지 않고 되풀이된다. '나는 이걸 누릴 자격이 없어. 나는 결코 행복해질 수 없을 거야.' '나는 이걸 할 수 없어. 이 일은 틀림없이 잘못될 거야.' '저 여자는 나보다 훨씬 더 매력적이야/더 성공했어/더 행복해. 나는 왜 저 여자처럼 될 수 없는 걸까?' 등이 그 예다. 이런 문장은 불안과 불만을 일으키고 자신감을 앗아가며 초라한 자아상을 부여한다.

그렇기 때문에 인지 행동 치료 같은 인지 치료가 효과적일 수 있는 것이다. 인지 행동 치료는 우리의 생각이 기분과 감정을 좌우한다는 것을 전제로 한다. 이 치료법의 목적은 습관이 된 부정적 생각을 확인한 뒤 보다 객관적인 또는 긍정적인 생각으로 대체하는 것이다. 다시 말해서, 수다스런 생각의 밑에 깔려 있는 부정적인 '대본'을 지우고 새로 쓰는 것을 목표로 삼는다.

그리고 인지 행동 치료에는, 적어도 단기적으로는 매우 긍정적인 효과가 있다. 한 예로 관련 연구는 인지 행동 치료가 우울증과 불안증에 약물치료만큼 효과적이며 암과 류마티스 관절염 같은 질병의 육체적 통증을 완화할 수 있음을 입증했다.[8]

그러나 당신은 궁금할 것이다. 우리의 생각은 왜 그렇게 부정적일까?

왜 긍정적인 것보다 부정적인 것에 초점을 맞추는 걸까? 미래를 낙관하기보다는 비관하고, 현재의 삶에 감사하기보다는 불만스러운 것에 골몰하고, 과거의 긍정적인 사건보다는 부정적인 사건을 곱씹는 이유가 대체 무엇일까?

이유는 단순하다. 에고의 고립 탓에 우리의 마음이 이미 부정(성)으로 채워져 있기 때문이다. 우리의 마음에는 늘 불안이 어려 있고, 그 불안이 우리의 생각을 부정(성)으로 물들인다.

마음의 유연성도 한 가지 문제다. 특히 아동기에 인간의 마음은 놀라울 정도로 유연하고 순응적이다. 그렇기에 아이들은 부모가 전달하는 다양한 믿음을 결코 의심하거나 거부하지 않고 고스란히 받아들인다. 아동기에 흡수했기 때문에 정말 이상한 믿음조차 마음 저 밑에 차곡차곡 쌓여 일생 동안 우리와 함께할 수 있다. 그 믿음은 확고하게 뿌리를 내렸으므로 우리는 그것을 한 치의 의심도 없이 당연시한다. 종교적 믿음이 흔히 이런 식으로 전달된다. 한 예로 예수회에서는 '어린아이가 7살이 될 때까지 나한테 맡긴다면 그 후로는 누가 그 아이를 키우든 상관없다' 같은 속담이 전해질 정도다.

트라우마도 마찬가지다. 특히 아동기에 학대나 방임을 경험하고 적절한 심리 치료를 받지 않는다면, 우리 마음은 그 상처를 죽을 때까지 끌어안고 살아야 한다. 부정적인 사고방식도 이와 비슷한 과정을 따른다. 부모는 아이에게 부정적인 사고방식을 전달할 수 있다. 그것은 부정적인 말투를 통해 또는 그 아이가 무가치하거나 사랑받지 못할 존재라는 듯이 다룸으로써 전달된다. 이 경우, 이 부정적인 생각들이 '대본'이나 '스키마schema, 새로운 경험을 내면화할 때 작용하는 인식체제'로 굳어질 수 있다. 이것은 차차 '인지적 습관cognitive habit'으로 변하여 우리의 태도와 생각의 기조를 결정하고 자부심과 자신감을 앗아간다.

이 과정이 단지 아동기에만 일어나는 것은 아니다. 성인기에도 인지적 습관이 금방 형성되고 마음에 고착될 수 있다. 특정한 부정적인 경험이 여러 번 되풀이될 경우, 신경증이나 공포증으로 쉽게 굳어진다. 배를 탔을 때 두세 번 풍랑을 겪어 고생한 사람은 쉽게 사라지지 않는 항해 공포증을 가질 수 있다. 실연당한 경험이 서너 번 있는 사람은 만성 불안과 실연에 대한 두려움이 생기기도 한다. 시끄러운 동네에서 두어 달 거주한 사람은 일생 동안 소음에 지나치게 예민할 수도 있다.

그러나 마음의 유연성에는 긍정적인 면도 있다. 마음이 유연하므로 긍정적인 방향으로 개조하는 일도 가능하다는 것이다. 인지적 습관을 아주 쉽게 바꿀 수 있다. 정말이다. 이것이 바로 인지 행동 치료의 궁극적인 목표다. 심지어 아주 깊은 곳에 자리한 아동기의 트라우마까지도 이 방법으로 치유할 수 있다.

우리가 수다스런 생각에 동일시되지 않는다면 그것은 그리 큰 문제가 아니다. 마음에 잇달아 떠오르는 생각에서 뒤로 물러나 그 흐름을 단지 지켜보기만 한다면 우리는 그것의 영향을 별로 받지 않는다. 백일몽에 빠져 있을 때 자주 그렇다. 이 점이 백일몽이 일반적인 수다스런 생각과 다른 또 한 가지 이유다. 생각을 그렇게 멀리서 관찰할 때, 우리는 자신에게 이렇게 말할 수 있다. '아, 부정적인 생각이 또 하나 떠오르네. 하지만 신경 쓸 필요 없어.' 그러나 우리의 정체성은 항상 우리의 생각과 묶여 있다. 나 자신과 나의 생각을 분리하는 것이 불가능하다. 미친 듯이 날뛰는 그 부정적인 생각을 일으킨 장본인이 바로 나라고 믿기 때문에 우리는 그 생각들에 저항하지 못하고 그것이 자신의 기분과 자부심을 좌우하게 내버려둔다.

지금 나는 수다스런 생각이 모두 부정적이라고 주장하는 것이 아니다. 가끔씩 한가하게 앉아서 자신의 마음이 이리저리 떠도는 것을 지켜보는 일은 즐겁다. 일부 심리학자들은 공상에는 일종의 '사회적 리허설social rehearsal'이라는 목적이 있어서 우리가 상황과 사건에 대비할 수 있게 해준다고 주장하기도 한다. 공상에 빠진 상태는 '창의성의 원천'일 수 있고, 여기서 통찰과 아이디어가 생기기도 한다. 예를 들어 아인슈타인은 특허청 사무실에서 특허 검사원으로 일할 때 상대성이론에 관한 공상을 즐겼다. 브람스와 드뷔시 같은 작곡가들은 일부러 공상에 몰두함으로써 영감을 얻었다. 미국의 철학자 존 듀이John Dewey의 말처럼, 창의적인 통찰은 사람들이 '몽상에 빠질 정도로 이완되어 있을' 때 자주 찾아온다.[9]

그러나 안타깝게도 수다스런 생각의 대부분이 공상보다 훨씬 더 부정적이다. 수다스런 생각의 전반적인 문제는 지나치게 통제 불가능하고 부정적이며 우리가 그것과 자신을 지나치게 동일시한다는 점이다.

알아서는 안 되는 진실

열네 살 무렵에 나는 이웃 아저씨가 정신적으로 무너지는 것을 목격했다. 그는 알코올 중독이었고 결혼하지 않았으며 혼자 있기를 좋아하고 친구도 없다고 했다. 어릴 때부터 유난히 똑똑해서 학자, 아마도 대학교수가 될 거라는 기대를 한몸에 받고 자랐다. 하지만 결국에는 교사가 되었고, 어린 시절에 살던 집에서 어머니와 함께 지냈다. 어느 날 아침, 그는 더 이상은 세상을 마주할 수 없다는 결론을 내리고 자기 방에 틀어박혀 문을 잠갔다. 그의 어머니는 경찰을 부를 수밖에 없었다. 경찰이 와서 문을 부수겠다고 위협하자 그제야 방문을 열었다. 그 후, 그는 교사직을 아예 그만두고 집에서 두문불출하였다. 위스키를 사려고 가끔 가게로 걸어가는 모습만이 눈에 띄는 전부였다. 그는 지저분하고 추레하고 불안해 보였다.

그 아저씨가 무너진 이유는 아마도 고립과 절망과 알코올 의존 때문일 것이다. 하지만 그 당시 몇몇 사람이 이런 말을 했다. "그는 쓸데없이 너무 똑똑해." "그는 생각이 너무 많아." 이 말의 의미는 지나친 총기와 너무 많은 생각 탓에 그가 현실에 지나치게 골몰했고 인간이 알아서는 안 되는 끔찍한 진실을 엿보았다는 것이었다. 그로 인해 그는 더 이상 세상을 마주할 수 없었고 정상적인 삶을 살지 못했다.

우리 문화에는 '사고'에 관한 부정적인 금기가 하나 퍼져 있다. '깊은' 사고, 즉 자신의 상황을 분석하고 자신이 따르는 가치에 의문을 품는 것은 위험하다고 믿는다. 널리 알려진 옛이야기들을 보면 총명하고 내성적인 사람일수록 우울증에 쉽게 걸리고 자살하는 확률도 높다. 이것은 죽음에 대한 두려움과 밀접한 관계가 있다. 사람들은 믿는다. 언젠가는 반드시 죽을 테고 또 언제든 죽을 수 있다는 사실을 숙고하기 시작하는 순간, 우리는 우울해지며 반드시 무엇을 하든지 그 의미를 의심할 수밖에 없다고. 이런 믿음은 사람들이 자유 시간을 활동과 오락으로 채우는 것을 어느 정도 정당화한다. 다시 말해 사람들이 쉬지 않고 활동하는 이유는 자신이 처한 끔찍한 현실을 숙고하지 않기 위해서다.

평소의 마음 상태에서 보면 현실은 실제로 암울하다. 휴머니아의 눈으로 볼 때 세상은 무료하고 무기력한 곳이고 우리의 삶은 무의미하다. 우리는 그저 우연히 이 세상에 태어나서 수십 년 동안 이곳저곳 떠돌며 욕구를 채우려고 안간힘을 쓰고 있다. 그러는 내내 육체는 서서히 노화되다가 결국 완전히 망가져서 더 이상은 제구실을 하지 못한다. 그러면 우리는 흔적도 없이 사라진다. 마치 처음부터 아예 존재하지 않았다는 듯이. 물론 나는 이것이 우리가 처한 현실이라고 생각하지 않는다. 그것은 우리의 병든 마음이 만들어낸 거짓 그림이다. 내가 보기에 우리의 현실은 훨씬 더 우호적이고 다정하다.

그러나 마음이 특정 대상에 골몰하지 않을 때 그 '진실'에 대해 실제로 숙고하는 사람은 극히 드물다. 인간의 마음은 소우주에 훨씬 더 가깝다. '생각이 너무 많은' 사람들이 삶에 관한 끔찍한 진실을 알아냈다는 이유로 문제를 겪는 일은 없다. 그들이 문제에 빠지는 이유는 심사숙고로 인해 너무 많은 심리적 부조화와 마주치기 때문이다. 사실 현실에 대한 숙고를 피하는 데는 오락이 별로 필요하지 않다. 그러나 심리적 부조화와 마주치지 않기 위해서는 무수히 많은 오락이 필요하다. 문제는 현실이 아니다. 우리의 마음이 문제다. 괴물은 저 바깥에 있지 않고 우리 내부에 있다.

심리적 부조화로부터의 도피

그러니 우리가 에고 광기에서 달아나려고 하는 것을 누가 비난할 수 있겠는가? 폭풍우처럼 휘몰아치는 생각들과 그 생각들이 일으키는 부정적인 감정들로부터 달아나고자 하는 것을 어떻게 비난할 수 있겠는가? 그 소란하고 음울한 마음과 함께 시간을 보내는 것은 비참하게 사는 미친 사람과 함께 있는 것과 비슷하다. 그가 쉬지 않고 지껄이며 잠시도 가만히 있지 못하고 자신의 문제에 대해 중언부언 떠들어대고 세상에 대한 불만을 늘어놓아서 당신은 돌아버릴 지경이다.

게다가 에고의 고립은 당신이 허허벌판에 그 사람과 단둘이 있는 것을 의미한다. 수백 마일 안에 인가도 없고 어느 누구와도 연락할 방법이 없는 외딴 곳에서 그 미친 사람과 함께 있는 것이다.

시끄럽고 혼잡한 도심이 싫어서 거기서 벗어나려고 되도록 빨리 집으로 달려가듯이, 우리는 시끄럽고 갑갑하고 부정적인 마음 공간에 갇히는 것을 질색한다. 우리는 그 심리적 부조화에서 달아나야 한다. 수많은 팝스타와 젊은 귀족, 실직자, 퇴직자가 경험했듯이 부정적인 마음 공간에 너무 오래 머물면 고질적인 불만과 우울증에 빠지기 쉽다.

평소에 우리는 혼란하고 부정적이고 고립되고 불완전한 상태로 존재한다. 정신의 구조 다시 말해 뚜렷한 에고 경계선은 고립과 불완전성, 불안을 일으킨다. 끝없는 수다스런 생각은 혼란과 부정성을 야기한다. 그리고 이 모두가 한데 엮여 휴머니아를 구성한다.

휴머니아 상태는 자연스러운 것도, 필연적인 것도 아니다. 이 점을 반드시 기억해야 한다. 그 상태는 '그냥 원래 그런 것'이 아니고 '인간 조건'의 일부도 아니다. 휴머니아가 조장한, 현실에 대한 암울한 시각이 객관적이지 않듯이, 우리가 처한 에고 분리 및 인지 부조화 상태는 단지 특수한 상태일 뿐이다. 절대적인 상태가 아니다. 앞서 보았듯이 지구상에는 이와 다른 상태로 존재하며 휴머니아를 겪지 않는 사람들도 많다. 또한 우리는 다른 상태를 자주 경험하며 심지어 어떤 이들은 그 다른 상태로 옮겨가 영원히 그 상태로 살아가기도 한다는 사실도 그 점을 입증한다.

휴머니아는 우리의 거의 모든 경험과 행위를 결정한다. 우리의 기분과 마음 상태, 하루하루 살아가는 방식, 추구하는 가치와 목표 등 많은 것을 휴머니아가 좌우한다. 사실 심리적 부조화와 직면하지 않으려는 욕구 — 또는 심리적 부조화를 보상하려는 욕구 — 는 많은 이들의 삶에 동기를 부여하는 주된 힘이라고 말할 수도 있다. 중병을 앓는 사람이 그것을 치료하는 데 집중하듯이, 우리는 이 심리 장애를 다루는 일에 많은 시간을 소비한다.

이제부터는 휴머니아가 우리의 삶에서 어떤 식으로 표출되는지 그리고 우리가 휴머니아를 어떻게 다루는지 살펴보자.

3장

정신을 빼앗고 현실을 가리는 것들

휴머니아의 영향은 매우 미묘해서 알아채기가 어렵다. 당신은 문득 가벼운 불안을 느끼고는 하던 일을 멈출 때가 있을 것이다. 보통 사소한 문제로 걱정을 할 때 느끼는 정도의 불안이다. 자신이 무엇을 걱정하는지 가만히 따져보다가 걱정할 게 조금도 없다는 것을 깨닫고 의아해한다. 미래에 대해서도 불안해할 일이 없고 당신을 화나게 하거나 당황하게 만든 지난 일도 없다. 이 불안은 구체적인 근거가 전혀 없어 보인다. 그런데 어째서 걱정하고 있는 걸까?

당신은 행복을 느껴야 마땅한 상황에 있을지도 모른다. 저녁에 집에서 한가하게 쉬거나 화창한 여름날 잔디밭에 앉아 있거나 호사스런 호텔 방에 묵고 있을 수도 있다. 하지만 '뭔가 조금 어긋난' 것 같다. 꼭 해야 할 일이 있는데 그것이 무엇인지 도무지 알 수 없는 느낌이다. 뭔가 잘못되어 가고 있다거나 뭔가 놓치고 있다는 느낌이 든다. 그것이 무엇인지 정확히 집어내기가 어렵다. 마치 어떤 '벌레'가 마음 공간을 구석구석 기어 다니는 느낌이지만 말로 표현할 수 있을 정도로 명확하지는 않다.

이 상황은 당신이 마음 저 밑에 고여 있는 불안을 접하고 있는 경우일 뿐이다. 불안은 항상 우리 내면에 고여 있지만 우리는 너무 익숙해서 그 존재를 자주 잊는다. 이 불안이 우리의 생각을 걱정과 슬픔으로 물들일 때 우리는 그것으로부터 구체적으로 영향을 받는다. 하지만 위의 상황에서 당신은 순수한 불안, 즉 마음 공간에 어려 있는 부정적인 기운을 감지하고 있는 것이다.

불안은 불만과 밀접한 관계가 있다. 당신은 뭔가 어긋나고 있다고 느끼기 때문에 그것을 바로잡으려는 욕구가 생긴다. 뭔가를 바꾸고 자신에게 뭔가를 덧붙이고 자신의 상황을 개선하려는 욕구가 사라지지 않는다. 우리는 불만의 원인이 내부가 아닌 외부에 있다고 단정하는 '인과적 오류'를 범한다. 만족을 얻으려면 우리 자신이 아니라 상황을 바꾸어야 한다고 믿는다. 그래서 집을 다시 꾸미고 부엌을 뜯어 고치고 카펫을 새로 사고 차를 바꾸고 헤어스타일과 옷을 바꾼다. 이런 것으로 잠깐 행복할 수는 있다. 하지만 불만은 그런 외적 변화에는 꿈쩍도 하지 않은 채 우리의 내부에 여전히 존재하며 곧바로 다시 떠오른다.

외로움과 지루함

보다 명확하게 드러나는 몇 가지 심리적 문제도 우리가 직접 감지한 심리적 부조화에 속한다. '외로움loneliness'은 우리가 직접 감지한 에고 고립이다. 외로울 때 우리는 근본적인 고립과 불완전함을 느낀다. 우리는 타인과의 소통을 열망한다. 인간은 사회적 동물이기 때문에 철저히 혼자 지내는 것이 자연스럽지 않다. 그러나 에고 광기로 인해 우리는 고독solitude 을 지나치게 꺼려 한다. 휴머니아는 우리에게 어떻게든 고독을 회피하도 록 강요한다.

외로움과 고독은 서로 다르다는 점을 기억하는 게 좋다. 마음 상태가 올바를 때 — 내면이 조화로운 상태일 때 — 는 혼자 있는 일이 어렵지 않다. 심지어 아주 오랫동안 혼자 있어도 외롭지 않다. 작가 D. H. 로렌 스D. H. Lawrence는 「뿌리 뽑힌 풀The Uprooted」에서 에고 고립과 외로움의 관계 를 생생하게 묘사한다. "외로움을 불평하는 자는 틀림없이 무엇인가를 잃 어버린 것이다/우주와의 살아 있는 연결 고리를 잃고 자신과 단절된 것이 다…… 뿌리가 잘린 풀포기처럼." 자신을 둘러싼 세계와 강하게 연결되어 살아간 로렌스에게 "홀로 있는 것은 삶의 가장 큰 기쁨 중 하나다…… 어 떤 간섭도 받지 않으며 삼라만상의 중심과 굳게 연결되어 있는 자신을 느 낀다."[1]

그리고 지루함boredom이라는 문제는 우리가 외적 대상에 초점을 맞추 지 않을 때 감지하는 불편한 마음이다. 이 불편한 느낌 역시 심리적 부조 화 — 천지사방 날뛰는 수다스런 생각, 고립된 에고의 근본적인 불안 — 이다. '지루해, 뭔가 할 일이 필요해.'라는 말의 실제 의미는 '나는 지금 심 리적 부조화를 감지하고 있어. 이런 불편한 상태에서 벗어나려면 활동이 나 오락이 필요해.'이다.

TV와 심리적 부조화

1장에서 설명했듯이 휴머니아는 오락과 활동에 강한 욕구를 일으킨다. 외계에서 온 인류학자의 시각에서 보면 우리가 애용하는 그 모든 오락거리 가운데 가장 희한한 것이 아마도 TV일 것이다. 그 외계인 인류학자가 어느 날 저녁 교외의 주택가를 돌아다니며 창문으로 집안을 들여다보고 있다고 하자. 어느 집이든 방방마다 TV가 환하게 켜져 있고 가족마다 꼼짝도 않고 앉아 그 이미지를 우두커니 바라보고 있다. 그는 궁금할 것이다. '저 사람들에게 무슨 일이 있던 거지? 저들을 모두 최면에 빠뜨린 자가 누구일까?'

앞서 말했듯이 TV는 우리의 주의를 밖으로 돌려놓는 최고의 방법이다. 다시 말해 우리를 심리적 부조화에서 달아나게 해주는, 지금까지 고안된 최고의 방법이다. 그리고 최고의 방법이므로 최고로 인기가 좋다.

TV는 마치 최면을 걸 듯 우리의 주의를 빨아들이고 그 어떤 정신적인 노력도 요구하지 않는다. 따라서 TV 덕에 우리는 마음 공간에서 한 번에 서너 시간씩 달아날 수 있다. 책도 동일한 효과를 발휘한다. 하지만 책은 더 많은 집중이 필요하기 때문에 우리는 책에서 더 쉽게 주의를 거둔다. TV의 경우, 우리가 해야 할 일은 '켜짐' 버튼만 누르는 것이다. 그러면 곧바로 심리적 부조화에서 달아날 수 있다.

TV의 역할은 또 있다. 우리가 TV 시청에 열중하지 않고 다른 활동을 하고 있을 때도 TV는 일종의 주의 '안전망' 역할을 한다. 라디오 역시 동일한 역할을 자주 수행한다. TV나 라디오에서 흘러나오는 배경 소음은 우리에게 안정감을 준다. 주의를 붙잡을 외적 대상이 사라지고 침묵이 흘러서 고통스러울 수 있는 순간들, 우리가 심리적 부조화와 직면해야 할지도 모르는 그 순간들을 그 배경 소음이 모두 채워주기 때문이다. 불행하게도 많은 사람들이 어릴 적부터 이 배경 소음에 너무 익숙해져서 TV가 없는 집을 견디지 못한다. 현관문을 열고 거실로 들어서는 순간, 그들은 빈 집에 감도는 침묵에 불안을, 심지어 두려움까지 느낀다. 때문에 집에 들어와서 맨 먼저 하는 일이 적막한 공간을 TV의 수다로 채우는 것이다.

TV를 향한 나의 적의에 사람들은 때때로 깜짝 놀란다. 나는 오래전부터 TV시청을 과격하게 반대해왔다. 나는 10년 이상 TV 없이 산 적이 있다. 한번은 TV 시청료 징수 회사와 오래 싸움을 벌였다. 그들은 내 집에 TV가 없다는 말을 믿지 않고 시청료를 내라고 끈질기게 요구했다. 특히 1990년대 초 컴퓨터와 인터넷, 휴대전화가 대중화되기 전에 사람들은 내가 TV 없이도 얼마든지 살 수 있다는 것에 놀라움을 금치 못했다. 사무직으로 일할 때 한 동료가 지난밤에 인기 드라마를 보았느냐고 물었다. "아니요, 우리 집에는 TV가 없어요." 나의 대답에 동료는 깜짝 놀라며 어리둥절한 표정으로 물었다. "그럼 대체 뭐 해요?"

그때 이후로 나는 조금 온건해졌다. 지금 우리 집에는 TV가 한 대 있다. 하지만 아주 작아서 외국 영화는 보지 못한다. 자막 글씨가 깨알 같아 읽을 수 없기 때문이다. 보통 하루에 30분 정도 TV를 본다. 나는 꾸준히 뉴스를, 우리 가족은 가끔씩 코미디나 영화를 본다.

내가 TV를 싫어하는 한 가지 이유는 그것이 정신 건강에 해롭다고 믿기 때문이다. TV 시청은 무엇보다 쉽고 수동적인 오락이어서 집중력을 약화시킨다. 지금과는 다르게 어릴 때 나는 TV 중독자였다. 우리 집에는 늘 TV가 켜져 있었고, 나는 하루에 평균 네다섯 시간씩 TV를 보았다. 그 습관은 열여덟 살에 집을 떠날 때까지 이어졌다. 그 결과, 나의 집중력은 형편없었다. 열일곱 살 무렵, 책에 관심을 갖기 시작했지만 한 번에 집중해서 두 페이지 이상 읽기 어려웠다. TV를 켜려는 충동을 억누르고 문장에 시선을 고정하기 위해서는 의지력을 총동원해야 했다. 2년 뒤에 글을 쓰기 시작할 때도 똑같은 일을 겪었다. 2, 3분 이상 집중하는 일은 가히 투쟁이었다.

사실 집중하는 데 겪은 어려움이 바로 내가 TV를 끊기로 결심한 이유 중 하나였다. 그럼으로써 나는 집중력을 키울 수 있었다. 집중력 강화는 근육 강화와 비슷해서 서서히 증강시켜야 한다. 따라서 나는 매주 조금씩 시간을 늘려가며 억지로 의자에 앉아 글 쓰는 훈련을 했다. 일단 1시간 동안 용케 앉아서 글을 쓰고 나면 다음 주에는 그 시간을 1시간 15분으로 늘리고 그다음 주에는 조금 더 늘리는 식이었다. 그리고 1년쯤 지나자 드디어 그 일이 쉬워졌다. 나의 집중 '근육'이 아주 튼튼해져서 나는 한 번에 몇 시간씩 책상에 앉아 글을 쓸 수 있었다. 요즘 신경가소성 neuroplasticity에 대한 증거가 속속 드러나고 있다.

신경가소성이란 인간의 두뇌가 외부로부터 얻은 경험, 학습, 자극에 반응해 변화할 수 있는 능력을 말한다. 뇌 구조의 가소성 덕분에 개개인의 활동에 적합하도록 뇌를 설계하는 게 가능해졌다. 나는 나의 집중력 향상이 주의 집중을 담당하는 뇌 영역 전전두엽 피질의 한 영역을 강화하고 그곳의 신경세포들을 연결해 새로운 세포를 만드는 과정이었다고 믿는다. 이 과정은 그 주의 집중 영역에 '회색질gray matter, 신경세포가 모여 있는 곳'이 아주 많아져서 내가 장시간 쉽게 집중할 수 있을 때까지 수없이 되풀이되었을 것이다.

TV 시청의 또 다른 문제는 TV가 대체 현실을 제공한다는 점이다. 어떤 미디어든 대개 그러하다. 이 대체 현실은 우리가 진짜 세계에 관심을 덜 갖게 만든다. 게다가 세계를 변화시키는 일에 대한 관심도 감소시킨다. 상점이나 사무실, 카페에서 사람들의 대화를 엿들어보라. 그들 자신의 삶에 관한 대화보다는 TV 프로그램이나 유명 연예인에 대한 수다일 가능성이 크다. 현실과 비슷한 이 가짜 세계에 자극적이고 흥미로운 사건이 무궁무진할 경우, 우리 자신의 삶을 더욱 충만하고 흥미롭게 만드는 일은 뒷전으로 밀려난다.

그러나 내가 TV를 거부하는 가장 큰 이유는 그것이 우리의 정신을 마비시키고 현실을 완전히 가려버리기 때문이다. 우리를 자기 자신에게서, 자신의 환경에서, 현재에서 달아나게 하고, 그럼으로써 우리가 심리적 부조화와 직면하지 못하게 만들기 때문이다.

마약과 심리적 부조화

정신을 잠재우고 현실을 잊게 하는 효과 때문에 TV를 마약으로 간주해야 한다고 주장하는 심리학자들도 있다. 그들의 주장이 옳든 그르든, 알코올을 포함하여 우리가 진짜 마약에 쉽게 빠지는 것도 휴머니아의 영향이라는 것은 의심할 여지가 없다. 1장에서 말했듯 팝 스타와 귀족들은 우리보다 마약과 알코올 문제에 훨씬 더 취약하다. 하지만 우리도 어느 정도는 똑같은 문제를 겪을 가능성이 있다.

마약을 섭취하려는 인간의 충동은 자연스러워 보인다. 우리가 아는 한, 인간은 항상 마약을 섭취해왔다. 이미 수천 년 전부터 마약을 사용했다는 증거도 있다. 동남아시아에서는 9,000년 전부터 각성 효과가 있는 빈랑betel 잎을 씹어왔고, 8,000년 전 지중해에서는 아편을 치료제로 사용했다.[2]

인간의 마약 섭취 충동에는 두 가지 유형이 있다. '현실 초월'과 '현실 도피'이다. 의식을 강화하고 평소에 우리가 접근할 수 없는 고차원 현실을 경험하는 방법으로 마약을 섭취할 때가 있다. LSDLysergic acid diethylamide나 신비한 버섯 등의 환각제가 이 '현실 초월'을 목적으로 자주 사용된다. 원주민들의 마약 사용이 이에 해당된다. 그들은 성인식이나 종교의식의 일부로, 또는 샤먼의 영적 체험을 도와주기 위해 마약을 이용한다.

하지만 적어도 우리에게 마약은 주로 '현실 도피'용이다. 마약은 심리적 부조화를 잠시 잊게 해준다. 때때로 사람들은 '거기서 벗어나고 싶어서' 술을 마시거나 마약을 흡입한다고 말한다. 그들은 자신의 에고 광기, 인지 부조화, 에고의 고립과 불완전함에서 벗어나고 싶어 한다.

TV처럼, 우리를 가사假死 상태에 빠뜨려서 심리적 부조화를 못 느끼게 하는 마약이 있다. 알코올, 헤로인, 그 밖의 억제제와 진정제 종류의 마약이 그러하다. 이 약물들은 우리의 마음에 어린 부정적인 기운을 완전히 몰아내고 끝없이 활동하려는 강박적 충동을 없애준다. 그리고 빈 시간이 남아돌 때 느끼는 좌절감도 거둬간다. 또 코카인이나 엑스터시 같은 자극제들은 심리적 부조화를 못 느끼게 하기보다는 극도의 쾌감을 제공하여 그것을 무시할 수 있게 해준다. 이 자극제를 섭취하면 지나치게 즐거워져서 우리는 자신의 심리적 부조화에는 조금도 신경 쓰지 않는다.

문제는 이 마약들의 약효가 매번 반드시 사라진다는 것이다. 심리적

"외로움을 불평하는 자는 틀림없이 무엇인가를 잃어버린 것이다
우주와의 살아 있는 연결 고리를 잃고 자신과 단절된 것이다..
뿌리가 잘린 풀포기처럼."

부조화와 불만은 매번 다시 날아오를 순간을 준비하며 날개를 접은 채 기다리고 있다. 장기적인 마약 복용은 우리의 평소 심리 상태를 훨씬 더 혼란하게 하고 정신을 병들게 하며 결국 신체적 의존성과 금단 증상에 대한 공포를 높인다.

휴머니아의 다양한 정도

휴머니아에는 뚜렷한 신호와 증상이 몇 가지 있다. 지루하거나 외롭거나 TV 같은 오락이 필요하거나 술을 마시거나 담배를 피우는 사람, 즉 우리 주위에서 쉽게 볼 수 있는 사람은 확실히 휴머니아라고 진단할 수 있다. 하지만 동일한 질병도 사람에 따라 그 영향이 각기 다르다. 모든 질병과 장애가 그렇듯이 휴머니아도 마찬가지다. 거의 모든 사람이 휴머니아를 겪고 있지만 그 정도는 개인마다 다르다.

어떤 사람은 대단히 높은 수준의 심리적 부조화를 겪는다. 앞에서 예로 든 여성 교사가 그렇다. 그들은 잠시도 가만히 있지 못하며 혼자서는 단 한순간도 견디지 못한다. 지루함과 외로움의 한계치가 매우 낮으며, 알코올이나 마약을 통해 '거기서 벗어나려는' 충동이 중간 이상으로 강렬하다. 이것은 에고 고립 수준이 중간 이상이기 때문이다. 에고 경계선이 더 확고하고 더 두꺼워서 그들은 그만큼 더 많이 고립되고 더 불완전하다고 느낀다. 그 이유는 인지 부조화 수준이 중간 이상이기 때문이다. 수다스런 생각이 쉬지 않고 휘몰아쳐서 그들의 마음은 한순간도 조용할 틈이 없다. 술을 한두 잔 마시거나 수면제를 삼켜야 겨우 잠이 든다. 하지만 한밤중에 깨어나면 수다스런 생각이 즉시 시작되어 그들은 새벽까지 뒤척인다.

수다스런 생각의 부정성이 중간 이상으로 높은 사람들이 있다. 그들은 부모에게서 들은 부정적인 수많은 대사에 몰두하고, 따라서 자기비판을 끝없이 한다. 때문에 아주 잠깐의 자기 성찰 — 버스 정류장에 서 있을 때나 TV 드라마가 끝난 뒤 고작 몇 초 동안의 수다스런 생각 — 에도 금방 우울해진다.

트라우마 역시 심리적 부조화를 악화시킬 수 있다. 트라우마는 마음의 구조를 손상시킨다. 앞서 말했듯이 아동기는 마음이 대단히 유연한 시기다. 이 시기에 부모의 학대나 방임을 경험할 경우, 그 사람의 에고는 훨씬 더 연약하고 더 많이 고립되어서 극도의 불안과 불완전함을 느낀다. 트라우마는 마음에 지워지지 않는 상처도 남긴다. 그 영구적인 심리적 상처는 그가 내부에 주의를 기울일 때마다 고통을 일으킨다. 그로 인해 그는 혼자 있거나 아무 활동도 하지 않는 것을 도저히 견디지 못한다.

트라우마뿐만 아니라 그 밖의 정신장애들도 우리가 지닌 '정상 수준'의 심리적 부조화를 악화하거나 강화할 수 있다. 정신질환 진단 및 통계 편람은 주로 임상 장애 — 정신분열증, 우울증, 불안 장애 등 — 와 성격장애 — 편집증, 자기애적 성격장애, 강박장애 — 이 두 범주에 속하는 300가지 이상의 정신장애를 열거한다.

이 장애의 다수가 보통의 심리적 부조화보다 훨씬 더 심각해서 엄청난 심리적 고통을 일으킨다. 그러나 가벼운 정신장애들은 사실 휴머니아가 표출된 결과로 여길 수 있다. 한 예로, 인지 부조화는 불안장애를 유발할 수 있다. 부정적인 수다스런 생각이 미래에 대한 두려움과 과거에 대한 죄책감과 슬픔을 일으킬 때 불안장애에 걸린다.

또한 에고 광기는 우울증의 원인일 수 있다. 때로는 단지 자신의 마음 속에 너무 오래 머물며 심리적 부조화를 많이 접하는 것만으로도 우울 증에 걸린다. 끝없이 재잘대는 생각들에 귀를 기울이고 그것의 부정적인 특성에 골몰하며 — 부모에게 들은 부정적인 대본을 자꾸 재생하고 미래 의 부정적인 사건을 예상하거나 과거의 부정적인 경험을 회상하며 — 그 와 동시에 에고의 고립과 불완전함을 너무 많이 감지한 결과, 우울증에 걸리는 일이 빈번하다. 여기에는 확실한 증거가 있다. 사람들이 지닌 자 유 시간의 총량과 그들이 우울증 등 정서장애에 걸리는 확률 사이에 강 한 상관관계가 있다는 것이다.

처음부터 높은 수준의 인지 부조화와 에고 고립을 타고났거나 정상 수준의 부조화가 트라우마 같은 정신장애로 악화된 탓에 심리적 부조화 를 더 많이 겪는 사람들이 있다. 그들은 마약 남용이나 중독에 더욱 취약 하다. 한 예로, 아동기의 트라우마 — 성적·신체적·정서적 학대 등 — 는 개인이 마약 중독에 빠질 가능성을 높인다는 연구 결과가 많다.[3] 또한 성인기에 트라우마를 겪은 사람은 그 후 6개월에서 18개월 사이에 대응기 제coping mechanism, 위협이나 위험, 도전 등에 직면할 때 이에 대처하는 생리 적·심리적·사회적 수준의 반응양식으로서 종종 알코올이나 마약을 사 용하기 시작한다는 것을 보여준 연구도 있다.

회복 중인 알코올 중독자가 다시 술을 마시고 비음주자였던 사람이 술을 마시기 시작하고 음주자는 더 많이 마신다는 것이다.[4] 심리적 부조 화 수준이 높아지면 TV 같은 오락이나 업무 같은 활동만으로는 부족하 다. 술이나 마약에 취하는 것이 수다스러운 생각의 공격이나 부정성, 불완전감, 영원한 심리적 고통을 잠시라도 차단하는 유일한 방법일지도 모른다.

이와 반대로 휴머니아의 영향을 별로 받지 않고 심리적 부조화 수준이 매우 낮은 사람들이 있다. 이들은 끝없는 활동이나 오락으로 하루하루를 채우려 하지 않는다. 오히려 혼자 있어도 행복을 느끼며 비교적 고요하고 느린 삶을 산다. '하는' 일이 별로 없는데도 지루하거나 외롭다고 불평하는 법이 결코 없다. 또한 그들은 술이나 마약을 섭취하려는 욕구가 강하지 않다. TV 시청보다 독서를 선호하고 요리, 산책, 정원 손질 같은 비교적 차분한 활동에서 즐거움을 얻는다. 그들은 항상 자신의 밖에서 살아야 할 필요가 없다.

이것이 가능한 이유는 그들의 마음 공간이 중간 이상으로 더욱 조화롭고 편안하기 때문이다. 에고 고립 수준은 중간 이하이다. 인지 부조화 수준이 더 낮으므로 그들의 마음은 더욱 고요하고 생각은 더욱 긍정적이다. 그 이유는 단지 원래 그렇게 태어났기 때문일 수도 있다. 아니면 그들의 생활방식, 즉 조용한 지역에서 규칙적으로 명상이나 요가, 수영, 장거리달리기를 하는 정적인 삶에 기인할 수도 있다. 또는 그들이 자신의 휴머니아를 어느 정도 치유했기 때문일 수도 있다. 이 점은 뒤에서 다시 이야기할 것이다.

휴머니아에서 완전히 벗어났으며 항상 조화로운 상태에서 살고 있는 극소수의 사람들이 있다. 어린아이와 일부 원주민이 여기에 해당한다. 이들을 때로는 '깨달은 자' 또는 '자기실현자'라고 부른다. 나의 전작 『어둠 밖으로Out of the Darkness』에서 묘사한 '초월자shifter'가 이들의 한 예다. 깨달은 자의 에고는 소멸하고, 심리적 부조화를 결코 또는 거의 경험하지 않는다. 그들의 마음은 고요하며 수다스런 생각이 거의 없다. 에고 고립도 느끼지 않는다. 오히려 타인, 자연, 세계, 온 우주와 연결되어 있음을 강하게 느낀다.

그러나 이 조화로운 상태에 관해 탐구하는 일은 나중 문제다. 그보다 먼저 인간의 광기, 그리고 이 광기가 일으키는 이상행동을 더 철저히 이해해야 한다.

4장

지금 이 순간을 즐기지 못하는 사람들

2년여 전, 나는 런던에 있는 대영 박물관에 갔다. 수많은 관광객이 곳곳에 무리 지어 있었는데, 다들 하나같이 휴대폰과 비디오카메라로 전시된 유물을 찍느라 정신이 없었다. 고대 유물을 실제로 감상하는 것이 아니라 단지 카메라에 담고 있을 뿐이었다. 박물관은 사람들로 북적거리고 로제타스톤 같은 유물은 인기가 좋아서 그것을 온전히 찍기란 쉽지 않았다. 사람들은 가끔씩 서로에게 짜증을 내고 밀치고 끼어들었다. 그런 관광객들을 지켜보고 있자니 문득 그들 중에서 지금 여기에 실재하는 사람은 한 명도 없다는 생각이 들었다. 나는 관광객들이 지금 여기에서 이 경이로운 유물을 감상하는 게 아니라 집에 돌아간 뒤에 유물을 감상하기 위한 준비를 하고 있을 뿐이라는 생각이 들었다. 실제로 그들은 대영 박물관을 지금 구경하고 있는 게 아니라 미래에 구경할 계획이었다.

참으로 말이 안 되는 상황이었다. 나는 생각했다. 몸이 지금 여기에 있으니까 박물관 구경을 미래의 어느 날까지 미루기보다는 카메라를 내려놓고 유물을 지금 실제로 감상하는 것이 더 쉽지 않을까? 로제타스톤을 실제로 보는 경험 ─ 지금 여기서 얻는 풍부한 감각 경험 ─ 이 훗날 그것을 동영상으로 보는 것보다 훨씬 더 만족스럽지 않을까?

1년 전에도 나는 가족의 결혼식장에서 비슷한 장면을 목격했다. 신부는 치장하는 일에 오전 시간을 다 보냈다. 헤어 드레서로 일하는 친구에게 머리 손질을 맡기고 화장과 손톱 손질을 위해 메이크업 전문가를 고용했다. 결혼 의식 자체는 아주 짧았다. 여러 사람이 휴대폰과 디지털카메라로 사진을 찍었다. 그날 오후 피로연장에서 신랑과 신부는 여기저기 돌아다니며 사진을 찍는 데 시간을 보냈다. 나무 밑에서, 꽃밭 옆에서, 피로연장 입구에서 둘이 포즈를 취한 후 이어서 여러 친척과 셋씩, 넷씩 쉴 새 없이 사진을 찍었다. 그 일은 영원히 끝나지 않을 것 같았고 흡사 피로연의 궁극적인 목표처럼 보였다.

그것을 보자 나는 의문이 들었다. 이 결혼식이 지금 실제로 치러지고 있는 걸까? 신부가 화장과 헤어스타일에 그렇게 많은 시간을 들인 이유는 실제 결혼식을 할 때 예쁘게 보이고 싶어서였을까, 아니면 미래에 결혼식 비디오와 사진을 볼 때 예쁘게 보이고 싶어서였을까? 신랑 신부가 카메라 앞에서 연거푸 포즈를 취하는 것을 지켜보자니 그들이 지금 여기에 실재하지 않는다는 생각이 들었다. 그들은 미래에, 지금부터 5년이나 10년, 15년 뒤에 존재하고 있었다. 그들은 현재 여기서 결혼식을 실제로 경험하는 것보다는 미래를 위해 오늘을 기록하는 것에 관심이 더 많았다.

나는 생각했다. 미래에 대해서는 잊고 현재의 결혼식 경험에 모든 주의를 기울이는 것이, 이 순간을 충실히 살면서 지금 실제로 일어나고 있는 일에 참여하는 것이 훨씬 더 좋지 않을까? 그렇게 하면 오늘 하루가 훨씬 더 만족스럽지 않을까?

위의 두 사례는 극단적이지만 휴머니아의 주요 영향 중 하나를 확연하게 보여준다. 다시 말해 현재에 살지 못하는 우리의 불능을 고스란히 드러낸다. 원주민 인류학자라면 우리를 가리켜 '가만히 있지 못하는 사람들' 말고도 또 이렇게 부를 것이다. '현재에 사는 것이 불가능한 사람들'.

'현재에 살기' 또는 '지금 여기에 살기'라는 말이 유행이 되어서 이제는 상투적으로 들린다. 그런데 이 말이 실제로 의미하는 것은 무엇일까?

현재에 살기는 자신의 경험을 완전히 의식하는 것, 즉 주변에서 지금 일어나고 있는 모든 일과 자신이 지금 느끼고 있는 모든 감각을 자각하는 것을 의미한다. 세상 속에서 살면서 자기 자신을 알아차리고 자신의 마음 공간에 머무는 것을 의미한다.

아침에 샤워를 할 때 당신은 현재에 살 수 있다. 생각에 골몰하지 말고 지금 이 순간에 당신이 느끼는 감각에 주의를 기울여. 피부에 닿으며 몸을 따라 흘러내리는 따뜻한 물을 느끼는 것이다. 음식을 먹을 때도 현재에 살 수 있다. 신문이나 잡지를 훑어보거나 옆 사람과 수다를 떠는 대신 음식의 냄새와 맛, 그것을 씹고 삼키는 느낌에 초점을 맞추어라. 길을 걸을 때도 현재에 살 수 있다. 발이 보도에 닿았다가 떨어지는 느낌을 알아차리고 주변 건물과 나무, 머리 위의 구름과 태양을 실제로 바라보면 된다.

간단해 보이지만 이것을 실천하는 사람은 드물다. 에고의 광기 때문에 우리는 거의 언제나 현재에서 벗어나 살아간다. 지금 여기가 아닌 '다른 곳'에서 방황한다.

길을 걸을 때도
현재에 살 수 있다.
발이 보도에
닿았다가 떨어지는
느낌을 알아차리고
주변 건물과 나무,
머리 위의
구름과 태양을
실제로 바라보면 된다.

방황

휴머니아는 무수히 많은 방법을 이용해 우리가 현재에서 이탈하게 만든다. 수다스런 생각도 우리를 '다른 곳'으로 데려간다. 우리는 오감을 통해 세상을 직접 경험하지 못하고 정신에 남은 희미한 인상을 통해서만 경험한다. 지금 먹고 있는 음식의 맛, 피부에 닿는 물의 느낌, 주변 건물과 지금 벌어지고 있는 일을 알아차리는 대신, 당신은 과거로 돌아가거나 미래로 앞질러 간다. 친구와 술을 마셨던 어제에 살거나 아이들이 어리던 2000년에 머물거나 며칠 후에 갈 팝 콘서트장에 벌써 가 있거나 몇 주 뒤에 치를 두려운 취업 면접을 미리 보고 있다. 이것을 나는 '내적 방황 internal elsewhereness'이라고 부른다. 우리의 주의가 수다스런 생각에 몰두하기 때문에, 즉 내부의 다른 곳을 떠돌기 때문에 우리는 현재에 존재하지 못한다.

우리는 주위 환경을 어느 정도는 항상 알아차린다. 당연하다. 그렇지 않으면 벽에 부딪치거나 차에 치이거나 내려야 할 정류장을 놓치고 만다. 하지만 대체로 매우 기본적인 수준에서 자동으로 알아차릴 뿐이다. 하루의 순간순간은 서로 다른 경험으로 채워진다. 매순간 우리가 보는 장면이 다르고 느끼는 감각이 다르다. 그때그때 우리가 경험하는 감정과 맛과 냄새와 소리가 모두 다르다. 하지만 우리는 이것을 아주 조금만 알아차린다. 아예 다른 곳에 가 있지는 않지만 보통 우리는 현재에 아주 조금만 존재할 뿐이다. 돌아다니면서도 주위 환경을 실제로 자각하지는 않고, 보고 있으면서도 실제로 보지는 않고, 먹고 있으면서도 실제로 맛보지는 않고, 숨을 쉬고 움직이면서도 자신의 육체를 의식하지 않는다.

현재에서 벗어나 내부의 다른 곳을 떠돌지 않으면 우리는 대개 활동과 오락에 주의를 돌림으로써 외부의 다른 곳을 떠돈다. 활동과 오락은 우리를 밖으로 데려가는 동시에 현재에서 이탈시킨다. TV를 보거나 컴퓨터게임을 하거나 업무를 처리할 때 우리는 특정 대상에, 열중 정도에 따라 많이 또는 조금 초점을 맞추고 주변의 나머지 것들은 의식하지 않는다. 자기 자신도 잊는다. 지금 여기에 존재하는 대신, TV와 컴퓨터게임의 대체 현실에, 또는 잡지와 신문, 인터넷이 제공하는 추상적 정보의 세계에 열중한다. 이렇게 외부의 다른 곳을 떠도는 것을 '외적 방황external elsewhereness'이라고 부른다.

현대사회에서는 '외적 방황'이 갈수록 쉬워지고 있다. 몇 년 전까지만 해도 외적 방황을 하기가 어려운 상황이 있었다. 버스 정류장, 병원 대기실, 차가 막힐 때 등에서 무작정 기다릴 수밖에 없을 때, 지하철이나 버스를 타고 이동할 때, 한 곳에서 다른 곳으로 걸어가고 있을 때 등이 그러했다. 대기실에서 기다리거나 대중교통으로 이동하는 동안 독서를 할 수도 있지만 책이 별로 재미가 없어서 당신의 주의를 붙잡지 못할지도 모른다. 따라서 주의는 '내부의 다른 곳'으로 쉽게 방향을 튼다. 아니면 당신은 '여기에 있음hereness', 즉 현존presence을 잠깐 경험할 수도 있다. 지금 여기에 존재하고 있음을 실감하며 주위 환경과 주변에 있는 사람들, 길가의 건물, 하늘에 실제로 주의를 기울인다. 하지만 전자책 단말기, 아이패드, 스마트폰, 아이팟 같은 소형 전자기기가 발달하면서 이제는 어떤 상황에서나 즉시 외적 방황이 가능해졌다. 자신의 경험과 주변 세상을 자각하는 것 대신 할 수 있는 일이 항상 손 안에 있는 것이다. 이제 수많은 이들에게 현실은 그저 가끔씩 경험하게 하는 어떤 것, 즉 눈앞에서 끝없이 이어지는 엔터테인먼트 퍼레이드의 부수적인 배경일 뿐이다. 현재에서 달아나는 일이 이렇게 쉬운 적은 결코 없었으며, 사람들이 현재에서 이렇게 멀어진 적 또한 결코 없었다.

우리는 하루 종일 내적 방황과 외적 방황을 번갈아 하며 시간을 보내는 날이 허다하다. 우리의 주의는 이 활동에서 다음 활동으로, 그 사이사이 수다스런 생각으로, 다시 어떤 오락으로 쉬지 않고 옮겨 다닌다. 자신을 둘러싼 물리적 세계에 또는 자신이 느끼는 감각에 온전히 주의를 기울이는 일은 매우 드물다. 다른 곳을 떠돌던 주의를 거두어 우리 자신에게 전적으로 초점을 맞춤으로써 자신이 세상 속에 서 있음을 실감하는 일이 드물다.

심지어 우리는 지금 만나고 있는 사람과도 이 순간에 함께 존재하지 못한다. 배우자나 친구, 가족, 낯선 사람과 대화를 나누면서도 온전히 주의를 기울이지 않는다. 그들의 얼굴을 자주 쳐다보고 고개를 끄덕이지만 그와 동시에 조금 후 보내야 할 메일이나 나중에 들을 새로 산 음반에 대해 생각한다. 이런 태도는 인간관계에 문제를 일으킨다. 배우자와 동료, 친구가 등한시된다고 느끼기 때문이다. 우리는 사실상 그들에게 이렇게 말하고 있는 셈이다. '너는 나의 관심을 받을 가치가 없어.'

물론 현재에서 가끔씩 벗어나는 것은 아무 문제가 없다. 자신의 경험과 주위 환경에 항상 주의를 기울일 수는 없는 노릇이다. 집중을 하고 정보를 흡수하기 위해 우리는 그때그때 특정 대상에 주의를 기울여서 일상의 여러 가지 일을 처리해야 한다. 문제는 그런 일에 많은 시간을 소비하느라 정작 현재에 소비하는 시간이 거의 없다는 사실이다. 우리가 현재에 존재하는 시간은 매우 한정적이다.

이 말에 당신은 반박할지도 모른다. '현재에 대해 생각하는 시간은요?'

그러나 당신이 현재에 대해 생각하는 것은 절대 불가능하다. 현재는 오직 경험할 수만 있을 뿐이다. 커피를 마실 때 당신은 단지 커피에 대해 생각할 수는 없다. 아름다운 풍경을 감상할 때도 마찬가지다. 당신은 그 풍경에 대해 생각할 수는 없으며 풍경을 단지 경험할 수만 있을 뿐이다. 만일 그 풍경에 대해 생각하기 시작한다면, 예를 들어 그것을 다른 풍경과 비교하든지, 그곳에 어떤 동물이 살고 있을지 궁금해한다면, 당신은 이미 현재에서 벗어난 것이다. 즉 당신은 더 이상 그 풍경을 온전히 경험하고 있지 않다. 생각하는 행위는 현재와는 아무 상관이 없다. 사고는 항상 과거나 미래와 상관이 있다. 수다스런 생각은 재생된 과거의 경험, 예상된 미래의 경험, 과거의 특정 시점에서 당신이 처리한 임의의 정보와 인상들, 과거와 현재와 미래 그 어디에도 속하지 않는 상상의 시나리오로 이루어진다. 그것들은 현실이 아니다.

휴머니아를 겪는 평소의 마음 상태일 때 당신은 이렇게 말할 것이다. '주변 세상에 주의를 기울이는 게 무슨 의미가 있지? 나무, 꽃, 건물, 주변의 저 모든 것을 지금까지 수백 번도 더 보았어. 하나도 특별할 게 없어. 평범하고 따분할 뿐이야.'

하지만 진정으로 현재에 머무른 순간, 당신은 지금까지 그 모든 것을 실제로 보지 않았다는 사실을 깨닫는다. 그 순간, 세상은 완전히 다른 곳, 훨씬 더 아름답고 의미 있고 조화로운 곳이 된다. 당신은 그렇게 달라진 세상이 평소에 보던 것보다 현실에 훨씬 더 가깝다는 사실을 직관으로 안다. 당신을 둘러싼 세상이 살아 움직인다. 새로운 차원이 추가된 듯하다. 창밖의 밤하늘은 다정하게 세상을 품어 안고 나뭇잎은 아름답고 평화롭게 흔들리고 조화로운 기운이 대기에 가득하다. 당신은 이 세상에서 살아 숨 쉬는 것이 절대적으로 올바르다고 느낀다. 이렇게 현존할 때, 당신은 또한 당신 자신도 완전히 다른 방식으로 경험한다. 우주, 다른 사람들, 그리고 당신 자신과의 관계가 새로워진다. 당신은 헤아리기 어려울 만큼 깊은 내적 행복을 감지한다. 내면이 충만하고 고요하다고 느끼는 동시에 세상과 하나로 연결되어 있음을 느낀다.

앞날을 기대하기

우리가 현재에서 달아나는 방법이 또 있다. 바로 '앞날을 기대하기'이다. 현재의 삶에 자주 불만을 느끼기 때문에 우리는 현재에서 주의를 거두고 미래에서 위안을 찾는다.

나는 대학에 다닐 때 우울증을 앓았다. 학부 과정의 마지막 해에 다른 사람들과 완전히 단절한 채 기숙사 일인실에서 혼자 지냈다. 두 번의 수업을 끝으로 더는 강의를 들으러 가지도 않고 매주 최소한의 세미나에만 참석했다. 열흘이나 보름에 한 번씩 만나는 친구가 한 명 있었지만 나머지 시간은 늘 혼자였다. 나는 사교성이 필요한 상황에서 자신감을 잃었다. 대화하고 소통하는 방법을 깡그리 잊은 느낌이었다. 나중에는 먹을거리나 담배를 사러 가게에 들어서는 것조차 겁이 났다. 새벽이 돼서야 겨우 잠이 들었고 점심 무렵에나 일어났다.

지독한 불행을 견딜 수가 없어서 나는 졸업이 얼마 남지 않았는데도 학업을 그만두기로 결심했다. 해외로 나갈 작정이었다. 나는 줄곧 이렇게 중얼거렸다. '돈을 조금 모아서 5월에 파리로 갈 거야.' 파리에 작은 방이 많이 딸린 서점이 한 곳 있는데 글을 쓰는 사람은 그 방에서 공짜로 살 수 있다는 말을 들은 적이 있었다. 그곳에 가서 서점 주인에게 자신의 저작을 한 권 넘겨주기만 하면 된다고 했다. 그 작품에 감동을 하면 서점 주인이 방을 하나 내어줄 거라고. 나는 시를 쓴 적이 있었고 소설은 이미 쓰기 시작했다. 게다가 나 자신에 대해, 헨리 밀러나 헤밍웨이처럼, 파리에 사는 소설가라는 낭만적인 이미지를 갖고 있었다. 이 결심은 학위를 포기하는 것을 의미하겠지만 학위 따위가 뭐 그리 대수인가?

이것이 한 가지 계획이었다. 다른 계획은 암스테르담에 가서 거리의 악사로 살아가는 것이었다. 나는 가끔씩 번화가에서 기타를 치고 노래를 부르곤 했다. 물론 돈은 별로 못 벌었다. 하지만 거리의 악사에게 암스테르담은 천국이며 운하를 도는 배에서 싼값에 잠을 잘 수 있다는 말을 들었다.

이제 와 돌이켜보면 내가 이 계획 중 하나라도 실행할 가능성은 결코 없었다. 그 당시 나는 혼자서 해외로 나갈 수 있을 정도의 용기도 없었다. 나는 너무 소심하고 순진했다. 또한 졸업을 코앞에 둔 시점에서 학업을 그만둘 정도로 어리석지도 않았다. 하지만 학업을 그만둘 당시에 내 마음은 그 계획을 추호도 의심치 않았다. 누군가에게 그 두 가지 계획을 털어놓은 기억이 난다. 그는 미심쩍은 표정으로 나를 보며 이렇게 말했다. "계획만 세우고 실천하지 않는 사람들이 있지. 너도 그렇구나." 그 말에 나는 당황했고 상처를 받았다. 그의 말이 무슨 뜻인지 도무지 이해할 수가 없었다. 몇 달 뒤 내가 암스테르담 거리에서 노래를 부르고 배에서 잠을 자거나 파리의 카페에서 소설을 쓰며 살고 있으리라는 것이 나에게는 당연한 일이었다.

하지만 나는 어떤 계획도 실천하지 않았다. 학부의 마지막 몇 달을 가까스로 견디고 시험을 간신히 통과한 후, 허물어진 나의 정신과 삶을 다시 세우기 위해 고향으로 돌아갔다.

그리고 그 몽상을 이용해서 나의 지독한 불행에 대응하고 있었음을 드디어 깨달았다. 환경이 달랐다면 술이나 마약을 이용해 심리적 부조화에서 달아나려고 했을 것이다. 그러나 술이나 마약 대신, 나는 미래를 상상하며 현재를 그나마 견딜 수 있었다.

미국의 극작가 유진 오닐Eugene O'Neill의 「얼음장수의 왕림」은 인간에게 몽상이 얼마나 필요한지를 보여주는 작품이다. 연극의 배경은 허름한 술집이고, 등장인물은 몽상에 기대서 절망적인 현실을 견디는 떠돌이와 알코올 중독자들이다. 그들 가운데 한때 카지노 주인이었던 조는 조만간 카지노를 다시 열 거라는 말을 끝없이 되풀이하고, 장교 출신 세실 루이스는 언제든 영국으로 돌아가 살 거라고 줄곧 말한다. 전직 경사인 팻 맥글로인은 자신의 해고 사유에 맞서 상소할 기회를 엿보고 있다는 말을 입에 달고 산다. 전직 저널리스트인 '내일의 지미'는 언제나 '내일' 취직할 거라고 말한다. 하지만 당연히 내일은 결코 오지 않는다. 그들은 모두 불확실한 상황에서 살아가며 결코 실현되지 않을 현실을 기대한다.

또 다른 등장인물은 히키라는 세일즈맨이다. 그는 1년에 한 번, 출장에서 돌아오는 길에 술집에 들른다. 얼마 전에 술을 끊은 그는 새 사람이 된 듯 의기양양하다. 그는 등장인물들에게 헛된 꿈은 이제 그만 꾸고 목표를 추구하라고 설득한다. "내일에 관해 자신을 속이며 빈둥거리는 짓은 이제 그만두게."라고 말한다. 다음 날, 각자 자신의 가장 좋은 옷을 차려입고 나타난 그들은 옛 지인을 만나고 직업을 구할 계획을 안고 도시로 향한다.

하지만 어느 누구도 목표를 이루지 못한다. 그날 저녁, 그들은 절망하여 술집으로 돌아온다. 목표를 이루려고 노력한 후에야 그들은 자신이 품은 희망이 얼마나 허황한지 깨닫는다. 그 헛된 희망에 의지해 현실에서 도피하는 것이 더 이상은 불가능했다. 이제는 술로도 위안을 얻을 수 없었다. 현실을 보여주었다는 이유로 그들은 히키를 원망한다. 하지만 몇 시간이 지나자 '앞날을 기대하기'라는 생존 기제가 다시 작동한다. 술에 취한 그들은 다시 몽상에 열중하고, 결코 오지 않는 내일을 확신한다. 오늘의 이 연극은 인간에게는 몽상이 꼭 필요하다는 말을 하고 있다. 그 이유는 파스칼이 말한, 우리에게 오락이 필요한 이유와 동일하다. 다시 말해 우리가 처한 고통스러운 현실을 외면하기 위해서다.

이것 역시 극단적인 예다. 하지만 몽상은 우리 모두가 자주 사용하는 전략이다. 그 과정이 대단히 미묘할 수 있으므로 우리는 그것을 의식하지 못한다. 당신이 수요일 오후에 직장에서 조금 지루해하거나 저녁에 혼자 TV를 보며 조금 외로워한다고 하자. 이 부정적인 감정을 없애기 위해 당신은 미래로 앞질러가서 당신을 즐겁게 해줄 앞으로의 이벤트와 일정을 샅샅이 훑어본다. 당신은 본능적으로 미래의 어떤 것에 '집착할' 필요가 있다. 직장에서는 떠들썩한 회식으로 하루를 마감하는 것을 기대할지도 모른다. 주중에는 친구와의 주말 밤 외출을 기대할 수도 있다. 회식 자리에서 맛있게 식사하거나 친구와 수다를 떠는 자신을 상상한다. 그러자마자 기분이 좋아지고, 지금 그렇게 지루하거나 외롭게 느껴지지 않는다.

집착할 만한 미래의 어떤 것을 하나도 찾을 수 없을 때는 당신이 직접

자신의 마음 공간에 안주할 수 있다면
우리는 미래에 그렇게 강하게 집착하지 않을 것이다.

만들어낸다. 친구에게 전화를 걸어 외식하자고 하거나 콘서트 티켓을 예매하거나 배우자에게 주말여행을 제안한다. 이렇게 해서 당신은 기대할 수 있는 어떤 것을 갖게 되고, 불만스런 현재로부터 주의를 돌려놓을 미래의 행복이 생겨난다.

대체로 사람들은 주의를 외부로 돌릴 수 있는 미래의 즐거운 이벤트를 적어도 하나 정도는 반드시 마련해두려고 한다. 그 이벤트는 가장 좋아하는 TV 프로그램일 수도 있고 응원하는 축구팀의 다음 번 홈경기일 수도 있고 다음 번 휴가일 수도 있다. 이보다는 조금 더 드문 경우지만 훨씬 더 장기적인 목표를 세우고 그것을 기대하기도 한다. 2년 뒤에 이 지겨운 직장을 그만두고 사업을 시작할 구상이나 세계일주 여행 계획, 또는 탤런트나 가수가 되어 '대박을 터뜨리는' 몽상 등이 그 예다. 그러면 그것을 이루었을 때 자신이 즐길 라이프 스타일을 기대하고 상상할 수 있다.

하지만 미래가 지닌 한 가지 문제는 그 계획 역시 어느 시점에는 반드시 현재가 된다는 것이다. 그리고 계획은 대체로 우리의 기대에 부응하지 않는다. 밤 외출이나 주말여행이 아주 즐거울 수도 있었겠지만 현실은 기대와 달리 그렇게 신나지 않다. 그 이유는 미래에 도착하더라도 우리는 언제나 심리적 부조화와 함께 있기 때문이다. 주말여행을 상상할 때 당신은 집에서 느끼는, 마음 저 밑에 고여 있는 불안을 여전히 안고 갈 거라는 사실은 상상에 넣지 않는다.

하지만 어떻게 보면 이것은 중요하지 않다. 한 가지 이벤트가 끝나자마자 우리는 재빨리 다음 번 이벤트를 마련하기 때문이다. TV 드라마나 축구 경기에 실망하더라도 당신은 언제나 내일 밤이나 다음 주말을 기대할 수 있다. '앞날을 기대하기'의 목적은 당신이 고대하는 이벤트를 실제로 즐기는 것이 아니라 당신의 주의를 현재에서 미래로 돌려놓는 것이다.

이렇듯 현재의 삶이 사라지길 빌면서 미래의 한 가지 이벤트에서 다음 번 이벤트로 잇달아 주의를 바꾸는 사람들이 많다. 그들은 휴가에서 돌아오는 즉시 다음 번 휴가를 예약하고 친구에게 말하기 시작한다. "얼른 휴가를 받으면 좋겠어. 페루 여행은 내 인생에서 가장 즐거운 경험이 될 거야."

이것은 앞서 예로 든 교사가 현재의 불행을 다루는 한 가지 방법이다. 방학이 길기 때문에 그녀는 경제력이 허락하는 한에서 최대한 많은 휴가와 주말여행을 계획한다. 주말여행에 대해 번번이 미리부터 신나게 이야기하고 옷을 새로 사느라 몇 시간씩 돌아다닌다. 하지만 어떤 이유에서인지 여행은 항상 언짢게 끝난다. 숙박이나 음식이 형편없거나 남자 친구와 사이가 틀어지거나 동행한 친구들 때문에 짜증이 나거나 사고를 당하는 식이다. 하지만 이런 경험에도 그녀는 결코 포기하지 않고 다음 번 여행이 마지막이라며 기대에 부풀어 그것을 학수고대한다.

미래를 어느 정도 기대하는 것에는 당연히 아무 문제가 없다. 즐거운 이벤트가 기다리고 있는데 그것을 기대하고 미리 즐거워해서는 안 될 이유가 어디 있겠는가? 문제는 '앞날을 기대하기'가 주로 현재에서 도망치기 위한 전략으로 쓰인다는 점이다. 현재에 행복하다면, 다시 말해서 자신의 마음 공간에 안주할 수 있다면 우리는 미래에 그렇게 강하게 집착하지 않을 것이다.

미래로 서둘러 달려가기

혼잡한 도심 거리를 내다보자. 수많은 사람이 인상을 쓰고 앞을 노려보며 각자의 목적지를 향해 이리저리 서둘러 오고간다. 회의에 늦지 않으려고, 집에 일찍 들어가려고, 가게가 문 닫기 전에 들르려고, 또는 혼잡한 도심 자체가 싫어서 어서 빨리 벗어나려고 달려가는 중이다. 하지만 그들이 향하고 있는 진짜 목적지는 미래다. 그들은 현재에서 빠져나와 미래로 달려가고 있다. 이렇게 달려가는 동안 당신의 마음은 이미 미래에 가 있다. 현재는 당신이 미래에 이르지 못하게 가로막는 골칫거리일 뿐이다.

사실 우리는 거의 언제나 달려야 한다. 선택의 여지가 없기 때문이다. 삶이 정신없이 바빠서 우리는 마감 시한과 약속을 지키거나 하루 일과를 끝내기 위해 발버둥을 친다. 그러므로 자신의 궤도에서 이탈하지 않으려면 서두를 수밖에 없다. 하지만 굳이 달릴 필요가 없을 때도 우리는 종종 달려간다. 이것은 현재에서 도피하는 또 하나의 방법이다. 우리는 시간이 넉넉한데도 자신이 지나치게 빨리 걷고 있음을 알아차릴 때가 빈번하다. 서두를 이유가 전혀 없는데도 식당으로 달려가고 식료품점으로 달려가고 집안일을 서둘러 해치운다. 이렇게 서두르는 행위는 심리적 부조화에 대응하는 한 가지 방식이다. 자신이 불만에 차 있거나 지루해하거나 절망하고 있다는 신호다. 우리가 현재를 멀리하는 이유는 현재에 머무는 것이 불편하기 때문이다.

오락의 필요성처럼, 당신이 미래로 달려가고 앞날을 기대해야 할 필요성의 정도에 따라 당신의 심리적 부조화 수준을 가늠할 수 있다. 당신 자신을 가만히 관찰해보라. 그러면 심리적 부조화 수준이 낮아서 불안을 느끼지 않는 순간 — 마음이 참으로 고요하고 만족스러운 순간 — 에는 서둘러 달릴 필요가 전혀 없음을 알아차릴 것이다. 지하철이 10분 늦어도, 귀갓길에 교통 체증에 갇혀도 개의치 않는다. 마음이 고요한 순간에는 미래가 당신에게 그렇게 중요하지 않다. 앞으로 몇 주 동안 즐거운 이벤트가 줄줄이 예정되어 있어도 그것을 미리 기대할 필요가 없다. 반면에 극도로 불행할 때 당신은 극도로 서두르며 사방으로 달려간다. 현재에서 도망치려고 필사적이다. 그것을 막는 사소한 방해물이나 잠깐의 지연에도 절망과 분노가 치민다.

사는 것이 아니라 살기를 바란다

인간의 본성을 예리하게 관찰한 파스칼은 인간이 현재에 살지 못한다는 것을 익히 알고는 이렇게 말했다.

> 우리는 너무도 어리석기에 우리에게 속하지 않은 시간 속에서 방황하고 우리에게 주어진 유일한 시간에는 아무 관심이 없다. 우리는 너무도 공허하기에 우리에게 속하지 않은 시간을 꿈꾸고 우리에게 주어진 유일한 시간으로부터 무작정 달아난다…… 그러므로 우리는 실제로 사는 것이 아니라 살기를 바라기만 한다.[1]

우리의 삶은 80년 이상 이어지고, 그 시간은 끝없이 흐르는 현재로 채워져 있다. 하지만 우리는 그 흐름에 따르지 않는다. 흐름을 거슬러 과거로 돌아가고 미래로 서둘러 앞서가고 흐름을 가로질러 대체 현실을 찾는다. 80년 넘게 살지만 어떻게 보면 실제로 살고 있는 것이 아니다. 우리는 이 세상 속에서 살고 있지 않기 때문이다. 우리의 삶은 현재로만 이루어져 있다. 따라서 현재에 존재하지 않으면 우리는 실제로 사는 것이 아니다. 삶을 온통 현재의 바깥에서 소비한다면 우리는 살지도 않으면서 삶 전체를 소비하는 것이다.

그러나 마음이 조화로우면서 현존하는 상태 — 삶이 아름답고 의미 있는 모험임을 깨닫고 우주가 따뜻하고 자애로운 곳임을 깨닫는 상태 — 는 우리가 타고난 상태이자 인간으로서 우리의 생득권이다. 2부에서는 그 상태로 돌아갈 수 있는 방법을 알아보자.

5장

더 많이, 더 높게, 더 크게

1848년 1월, 제임스 마샬이라는 남자가 지금의 새크라멘토 근처의 강가에 제재소를 짓고 있었다. 그때 바닥에서 반짝이는 특이한 금속조각이 눈에 띄었다. 고용주가 그 조각을 살펴보고는 금이라고 말했다. 금을 발견했다는 소문이 퍼지자 몇 주 만에 수천, 수만의 사람들이 '황금열'에 들떠 그 지역으로 몰려들었다. 캘리포니아 해안 전역에는 버려진 배가 즐비했고 가게는 모조리 문을 닫았으며 도시 전체가 텅텅 비었다. 금광 기사가 「뉴욕헤럴드 New York Herald」에 실린 뒤 그 소식이 해외로까지 전해지자 세계 도처에서 수많은 사람들이 이민을 오기 시작했다. 1년여 만에 샌프란시스코는 건물이 79채에 불과한 빈촌에서 수만 채의 빌딩이 들어선 대도시로 성장했다. 그 후 2, 3년 동안 황금을 찾아 캘리포니아로 온 사람의 수는 적어도 30만 명에 이르렀다.

초기에 찾아온 사람들 가운데 일부는 실제로 부자가 되었다. 보통 그들이 한 달 간 찾아낸 금의 값어치가 보통 사람 평균 월급 1년치와 맞먹었다. 하지만 1850년이 되자 상황이 바뀌었다. 쉽게 찾을 수 있는 곳에 있던 금은 벌써 바닥이 났고, 미국 정부는 각종 법규를 제정하여 새로 온 이민자들이 남아 있는 금을 갖지 못하게 막았다. 1850년 이후에 도착한 사람들은 돈을 벌지 못하거나 돈을 잃었다. 금을 찾아 이민 온 사람들은 무거운 세금에 짓눌렸고, 미국인들은 외국인을 폭행하기 시작했다.

백인의 황금열이 캘리포니아의 원주민에게 끼친 영향은 가히 재앙이었다. 그들은 수렵과 채집을 하며 대대로 살아오던 땅에서 쫓겨났다. 물고기를 잡고 식수로 쓰는 강은 금광에서 흘러나온 자갈과 진흙, 독성 화학물질로 오염되었다. 광부들은 자신의 땅을 지키려고 저항하는 원주민을 잔인하게 학살했다. 그렇지 않은 원주민은 서서히 굶어 죽거나 이민자가 옮긴 질병으로 사망했다. 남은 이들은 노예로 살았고 아름다운 원주민 아가씨들은 납치되어 팔려갔다. 그 결과, 1845년 약 15만 명에 이르던 캘리포니아 원주민의 수는 1870년에 3만여 명으로 줄어들었다.

이 야만적인 물질주의는 유럽 이민자들이 미국이라는 '신세계'에 보인 전형적인 태도였다. 그들에게 미국은 얼마든지 뒤져도 좋은 보물창고였고 원주민은 제거해야 할 골칫거리였다.

원주민들은 황금에 아무 관심이 없었다. 금이 어디에 묻혀 있는지 알고도 일부러 캐내지 않는 이들도 있었다. 그들은 부를 축적하는 것에 관심이 없었다. 살아가는 데 필요한 만큼만 일을 했으며 귀중품이나 아름다운 물건을 수집하려는 열망이 없었다.

땅이나 금속, 천연자원을 팔고 사거나 소유한다는 것을 원주민들은 결코 이해하지 못했다. 세네카 지역의 한 원주민 추장은 이렇게 말했다. "바다를 팔거나 숨 쉬는 공기를 팔 수 없듯이 인간은 땅도 팔 수 없다."[1]

황금을 향한 침략자들의 채워지지 않는 욕망에 어리둥절해진 어떤 원주민 부족은 그 반짝이는 노란 금속이 초자연적인 힘을 가진 신이 틀림없다고 믿기까지 했다. 그렇지 않다면 그것을 얻자고 그 먼 길을 달려올 리가 있겠는가? 쿠바의 한 원주민 추장은 스페인 선원들이 자신의 섬을 공격하려 한다는 소식을 듣고는 황금으로 채운 궤를 앞에 놓고 그 백인들이 숭배하는 '황금 신'에게 간절히 빌었다. 그러나 '황금 신'은 그에게 자비를 베풀지 않았다. 섬으로 쳐들어온 선원들은 추장을 사로잡아 산 채로 불에 태워 죽였다.[2]

현대의 물질주의

오늘날 우리의 물질주의는 그 황금광들 못지않게 광포하고도 파괴적이다. 그들처럼 공공연하지만 않을 뿐이다. 현대사회에서 가장 파괴적이고 노골적으로 물질주의를 실천하는 자는 황금광 같은 평범한 사람들이 아니다. 바로 다국적 기업이다. 청정 지역을 파괴하고 바다를 오염시키는 석유 회사들, 숲을 베어내고 엄청난 양의 비료와 살충제를 뿌려서 작물을 키우는 농업 회사들, 바다로 오염 물질을 흘려보내 해양 생물을 죽이고 병들게 하는 플라스틱 제품 제조 회사들이 그 예다. 이들이 그런 행위를 할 수 있게 허락한 정부도 비난받아 마땅하다.

하지만 다국적 기업을 비난하기 전에 먼저 알아둘 것이 있다. 기업이 그런 행위를 할 수 있는 이유는 바로 우리 개개인이 그들의 제품을 구입해 쓰기 때문이다. 이 점이 중요하다. 사실 기업은 광고를 통해 자사 제품이 꼭 필요하다는 것을 우리에게 확신시켜야 한다. 적어도 다른 회사의 제품 대신 자기 회사의 유사품을 구입하라고 설득해야 한다. 하지만 그렇더라도 그런 회사와 그들 제품이 존재하는 이유는 우리의 강렬한 소유욕과 물질주의적 충동 탓이다.

사실 황금광들은 우리가 추구하는 물질주의보다 그 죄가 가볍다. 그들이 살던 시대는 찢어지게 가난했기 때문이다. 그들에게 금을 캐는 일은 굶주림에서 벗어날 기회였다. 하지만 산업화된 서양 세계 속의 우리들은 그런 변명을 대지 못한다. 부와 물질에 대한 우리의 욕망을 부추기는 것은 굶주림이 아니라 내면에 쌓인 불만이다. 우리는 행복을 돈으로 살 수 있다고, 부는 영원한 만족과 행복으로 가는 지름길이라고 확신한다. 소유할 수 있는 물건의 가격과 품질 또한 연봉을 기준으로 성공의 정도를 판단한다.

행복이 부와 관계가 있다는 태도가 너무 만연해서 많은 이들이 부자가 되기 위해, 황금광들과 똑같이, 어떤 짓도 서슴지 않는다. 돈을 노리고 잔악한 범죄를 저지른 사람의 이야기가 신문에 실리지 않는 날이 없다. 바로 오늘 아침만 해도 나는 한 집에서 함께 살아온 딸과 어머니와 할머니에 관한 기괴한 이야기를 뉴스에서 들었다. 할머니가 95세의 나이로 사망하자 딸과 어머니는 그 사실을 아무에게도 알리지 않고 침실에 시신을 묻었다. 6개월 동안 그들은 할머니의 연금을 계속 받아 챙기고 여러 가지 혜택을 누리기 위해 할머니가 여전히 살아 있는 척 위장했다.

비슷한 이야기가 또 있다. 2008년, 요크셔에서 새넌 매튜라는 아홉 살짜리 여자 아이가 하굣길에 실종되었다. 그 아이를 찾기 위해 경찰은 대대적인 수색 작업을 벌이고 수천 가구를 샅샅이 조사했다. 새넌의 엄마는 TV에 나와 대중에게 도움을 호소했다. 아동 찾기 기금을 모으는 펀드가

설립되고, 한 신문사가 제공한 보상금을 포함하여 기금이 금세 5만 파운드에 이르렀다. 그런데 24일 후, 새넌은 집에서 1마일 떨어진 의붓삼촌의 아파트에서 발견되었다. 의붓삼촌은 그 어린아이를 개줄에 묶은 채 계속 수면제를 먹여 재웠다가 잠깐씩만 밖에 데리고 나갔다. 새넌의 실종은 돈을 벌려고 엄마와 의붓삼촌이 꾸민 계략이었음이 드러났다. 그들은 보상금에다 아동 찾기 기금까지 차지하려고 했다.

물건과 부가 행복을 가져온다는 증거가 있다면 우리의 미친 물질주의를 그나마 이해할 수 있을 것이다. 하지만 그런 증거는 어디에도 없다. 심리학 연구는 부와 행복 간에 상관관계가 없음을 거듭 입증해왔다. 예외는 있다. 진짜 가난해서 추가 소득이 고통을 덜어주고 생활을 안정시킬 경우 그러하다. 하지만 기본적인 물질적 욕구가 일단 충족되면 소득 수준은 행복 수준에 영향을 끼치지 못한다. 연구에 따르면, 초부유층이 평균 소득 수준의 사람들보다 더 행복한 것은 아니며 오히려 우울증에 걸리는 확률이 더 높다.[3] 긍정심리학자들은 진정한 웰빙은 부에서 오는 것이 아니라는 결론을 내렸다. 원만한 인간관계, 의미 있고 도전적인 직업이나 취미, 자신보다 더 중요한 것 ― 종교, 정치적 또는 사회적 대의, 사명감 등 ― 에 헌신하는 삶이 진정한 웰빙을 가져온다는 것이다.[4]

물질주의에 관한 이론들

다수의 경제학자와 정치가들이 물건을 사고 소유하려는 인간의 물욕 acquisitiveness은 선천적이라고 믿는다. 다윈의 진화론의 관점에서 보면 타당한 말처럼 들린다. 천연자원은 한정되어 있으므로 인간은 그것을 놓고 경쟁해야 하고 최대한 많이 차지해야 하기 때문이다. 위의 말은 현대의 신다윈주의Neo-Darwinism의 관점에서도 타당하게 들린다. '진화심리학'으로도 불리는 신다윈주의는 진화의 측면에서 인간의 본성을 설명하는 분야로 논쟁이 분분하다. 이 이론에 따르면, 생존하고 번식하려는 유전적 충동이 인간의 행동을 밀어붙이는 동력이므로 우리 인간은 부와 소유물을 축적할 수밖에 없다. 부와 소유물이 생존 가능성을 높여주기 때문이다. 또한 부를 쌓으면 생존을 위한 자원을 더 쉽게 얻는 동시에 남성은 여성에게 더 많은 호감을 산다. 여성은 부유한 남성을 자신과 자기 자손의 생존을 보장하는 수단으로 여긴다. 따라서 부는 번식 가능성도 높여준다. 무엇보다 우리는 이기적 유전자로 이루어져 있다. 이 유전자들은 어떤 일이 있어도 생존하고 번식하려고 한다. 부는 그 유전자의 번식을 보장하는 한 가지 수단이며, 이기적 유전자로 이루어진 다른 존재들은 우리가 경쟁해야 하는 라이벌이다.

이 이론의 한 가지 문제는 부를 쌓으려는 우리의 욕구는 결코 '선천적'이지 않다는 것이다. 사실 이 욕구가 먼 조상들에게는 백해무익했을 것이다. 지구상에 출현한 지 수백만 년 동안 인간은 수렵과 채집을 하며 살았다. 그들은 작은 집단을 이루어 보통 두세 달마다 다른 지역으로 이동하곤 했다. 현대의 수렵 채집인을 보면 알 수 있듯이, 그런 생활 방식은 비물질주의적이어야 한다. 그들에겐 필요 없는 물건까지 무겁게 짊어지고 다닐 여력이 없다. 두어 달마다 이동해야 하기 때문에 불필요한 물건은 방해가 될 뿐이다.

2장에서 설명했듯이 원주민들은 대단히 평등하다. 물건을 소유할 때조차 수렵 채집인들은 개인이 소유하지 않고 서로 공유한다. 요리 기구와 도구 등, 날마다 쓰는 몇 가지 개인 물품을 제외하고 어떤 것이든 집단 전체가 공유한다. 공유는 하나의 도덕적 의무로 간주되며 개인 소유는 범죄가 될 수 있다. 그것은 집단의 균형과 조화를 깨뜨릴 우려가 있기 때문이다. 따라서 우리의 물질주의적 충동이 조상에게서 물려받은 본능적인 욕구라는 주장은 결코 사실이 아니다. 우리는 오히려 무욕을 타고났다.

다른 이론에 따르면, 우리의 물질주의를 부채질하는 불안과 끝이 없는 원함wanting은 우리로 하여금 경계 태세를 유지하게 하는 일종의 진화 메커니즘이다. 불만은 생물이 자신의 생존 가능성을 높이는 방법을 계속 찾게 만든다. 만족을 느끼면 그는 경계하지 않을 테고 다른 생물이 우위를 점할 것이다. 심리학자 미하이 칙센트미하이의 주장이다.[5]

그러나 인간 외에 다른 동물들이 끝없는 불만 속에서 살고 있다는 증거는 없다. 오히려 그 반대다. 많은 동물들이 매우 느리고 정적인 삶을 살면서 자기 영역 내에서 지내고 본능적인 행동 양식에 따르는 데 만족하는 듯이 보인다. 물질주의적 충동이 본능이라면 다른 동물들도 물욕이 있을 거라고 추측할 수 있다. 하지만 이에 대한 증거 역시 없다. 겨울을 대비해 먹이를 조금 모아두는 것 외에 다른 동물들은 인간의 물질주의적 충동을 갖고 있지 않다.

물욕은 심리적인 측면에서, 다시 말해 휴머니아의 결과로 간주할 때 가장 잘 이해할 수 있다. 동물들과 대다수의 원주민 집단이 물질주의적이지 않은 이유는 그들에게는 우리가 겪는 에고 광기가 없기 때문이다.

우리의 물질주의는 내면의 불만과 부분적으로 관계가 있다. 3장에서 말했듯이, 마음 저 밑에 불안이 흐르고 불만이 쌓여 있기 때문에 우리는

우리의 삶이 성취와 지위 쟁탈전에 불과하다면
삶에 실제로 의미가 있을까?
인상을 찌푸린 채 앞만 노려보고 살면서
잠깐 멈춰 서서 자신이 하고 있는 일의 의미를 찾거나
현재에 머무는 일이 결코 없다면
삶에 어떤 의미가 있을까?

그 불만을 줄이려고 본능적으로 외적 대상을 찾아다닌다. 물질주의는 우리에게 일종의 행복을 안겨준다. 물건을 새로 구입할 때 일시적인 기쁨을, 그리고 이후 그 물건을 소유할 때 에고가 고양되는 짜릿한 흥분을 느낀다. 이런 종류의 행복을 이용해서 우리는 내면의 근본적인 불행을 외면하거나 보상하려 한다.

부에 대한 욕망은 에고 분리가 일으킨 결핍감과 취약감에 대한 반응이기도 하다. 이것은 자기 자신을 더 완전하고 더 중요하고 더 강력한 인간으로 만들려는 욕구를 일으킨다. 부와 물건을 쌓아올림으로써 우리는 연약한 에고를 북돋우고 자신이 조금 더 완전하다고 느낀다.

하지만 이것은 일시적으로 효과가 있을 뿐이다. 물건을 새로 사거나 소유함으로써 얻은 행복의 지속 기간은 길어야 이틀이다. 값비싼 물건이나 부가 일으킨 에고 고양감은 조금 더 오래간다. 하지만 이것도 아주 쉽게 사라진다. 이런 종류의 행복은 당신이 자신을 자기보다 가난한 사람과 비교할 때 생겨나고 자기보다 부유한 사람과 비교할 때 증발한다. 에고를 아무리 북돋우고 아무리 완전하게 만들려고 해도 내면의 불만과 불완전감은 항상 다시 떠올라 새로운 욕구를 일으킨다.

아무리 많이 소유해도 우리는 늘 부족하다. 예전에 당신은 침실 네 개짜리 집이 있으면 만족할 거라고 생각했지만 그것을 소유한 지금은 훨씬 더 큰 집을 원한다. 억대 연봉이면 당신의 모든 욕구를 채우고도 남을 거라고 믿었지만 몇 년이 지난 지금은 훨씬 더 많은 소득을 꿈꾼다. 간절히 원하던 집을 장만해서 이제 충분하다고 생각했는데 곧바로 아무 필요도 없는 새 가구와 최신 냉장고와 신형 자동차를 사고 싶어 안달한다. 불교에서 말하듯, 욕심은 끝이 없다. 욕심을 하나 채우면 새로운 욕심이 또 생겨날 뿐이다. 세포가 둘로, 넷으로 증식하는 것과 똑같다.

　이 무한한 욕망을 채운 뒤에도 우리는 예전과 다름없이 여전히 불만을 느낀다.

광적인 지위욕

　이 모든 과정은 우리가 또 다른 방법에 의지해 행복과 만족을 구할 때도 똑같이 적용된다. 그 방법은 바로 지위, 또는 권력, 성공, 명예를 이용하는 것이다. 지위 욕구는 우리가 내적 결핍감과 무가치감을 줄이려는 방법이다. 권력과 성공을 통해 에고를 강화하고 자신을 중요한 사람으로 만들어서 내면의 무가치감을 압도하려는 것이다.

　인간의 관심을 사로잡는다는 측면에서 지위는 부와 경쟁할 수 있는 유일한 상품이다. 유사 이래로 인간은 지위를 차지하려고 극단적인 짓도 마다하지 않았다. 사실 부와 지위는 떼려야 뗄 수 없는 관계여서 그 둘은 우리 문화의 '행복 패러다임'을 이루는 핵심 요소다. 행복은 최대한 많은 물질적 부를 얻는 데서 올 뿐 아니라 최대한 많은 권력과 지위를 얻는 데서 온다. 부유해지는 것에 더해서 성공한다는 것은 '대단한 사람', 즉 '세상에 자취를 남기는' 중요하고 존경받는 사람이 된다는 것을 의미한다. 만약 일생 동안 소득이 적은 직업에 종사하며 고물 차를 몰고 작은 집에서 사는 사람, 그리고 어떤 식으로든 '특출'하지 않거나 관심을 끌지 못하는 사람은 자칫 '실패자'로 간주될 수도 있다.

　수백 년 전에는 지위가 주로 권력과 관계가 있었다. '중요한 사람'으로 여겨지기 위해서는 타인을 지배하는 지위에 올라야 했다. 당신은 타인의 삶을 통제할 수 있고 그들에게서 공경을 받는 지위를 얻을 필요가 있었다. 물질적인 면에서 보면 당신이 자원을 통제할 수 있고 타인을 착취하여 당신의 부를 증가시킬 수 있는 지위를 얻어야 했다. 그 결과, 권력이 따르는 지위를 차지하기 위해 사람들은 배반을 일삼고 싸움을 벌였으며 피지배자 집단은 폭동을 일으켜 권력자에게 대항했다. 그로 인해 어떤 사회에서나 충돌이 빈번했다. 한 예로, 러시아 역사에서 1801년부터 1861년까지 60년 동안 농노와 소작농의 봉기가 약 1,500건에 달했다.

오늘날, 적어도 권력 구조가 안정적이고 평등한 국가에서는 사람들이 주로 성공과 성취, 명예를 통해 지위를 얻으려고 한다. 자신이 선택한 분야에서 큰일을 해내거나 직장에서 최고위층으로 승진하거나 많은 관심을 끌어올 특이하거나 중요한 행동을 함으로써, 이를테면 기록을 갱신하든지 예술 작품을 창조하든지 새로운 발명품을 내놓음으로써 중요한 사람이 되려고 한다. 또한 우리는 부를 이용해 지위를 얻기도 한다. 부의 도움으로 유명 디자이너의 의류와 값비싼 자동차 같은 '지위 상징status simbol'을 축적할 수 있다.

요즘에는 지위의 원천으로 명예 자체가 더욱 더 많은 관심을 얻고 있다. 과거에는 사람들이 '특별한 어떤 것' — 춤이나 운동이나 노래 등 — 으로 유명해지고 싶다고 말하는 경향이 있었다. 그러나 요즘 젊은이들은 '그냥' 유명해지고 싶다는 말을 자주 한다. 즉 그들은 단순히 미디어의 주목을 받고 싶어 한다. TV에 출연하거나 신문에 실려서 관심의 중심에 서고 자신이 '대단한 사람'이라고, 특별하고 중요하다고 느낄 수 있기를 원한다. 한 예로, 1천 명 이상의 십대 청소년을 상대로 최근에 실시한 조사에 따르면, 의사가 되고 싶다는 청소년은 15%, 미디어 계통에서 일하고 싶다고 말한 청소년은 13%인 데 비해 유명해지고 싶다고 말한 청소년은 54%였다. 그리고 이 54% 중에서 정확히 어떤 것으로 유명해지고 싶은지 잘 모르겠다고 대답한 비율이 68%나 되었다.[6]

광적인 경쟁

물질적 부와 지위에 대한 욕구는 현대사회의 지나친 경쟁심에서 여실히 드러난다. 어쨌든 사람들이 나눠 가질 수 있는 부와 지위가 한정되어 있으므로 그것을 얻기 위해 우리는 서로 싸워야 한다.

12년 전에 나는 아내와 함께 싱가포르로 이사했다. 팜은 병원에서 일했고, 나는 파트타임으로 영어를 가르쳤다. 처음에는 그곳에 아예 눌러 살 계획도 있었다. 하지만 싱가포르 문화는 언짢을 정도로 경쟁적이었다. 그곳 사람들은 태어나는 순간에 출발을 알리는 총소리를 들은 듯이 살고 있었다. 마치 성취 궤도에 올라서서 쉴 새 없이 질주하며 죽기 전까지 되도록 멀리 가야 한다는 듯이 살았다.

나는 토요일마다 오전 8시에서 오후 1시까지 초등학생들에게 영어를 가르쳤다. 사실, '가르쳤다'고는 할 수 없다. 내가 한 일이라고는 아이들에게 모의 시험지를 나눠주고 답을 훑어보는 것이 전부였기 때문이다. 아이들은 닷새의 학교 정규 수업 말고도 매일 저녁과 주말에 과외 교사에게 서너 시간씩 더 배우는 게 일반적이었다.

아이들이 측은했다. 영어를 배우러 오는 아이들 중에는 여덟 살밖에 안 된 꼬맹이도 있었는데, 뛰어놀 시간이 전혀 없는 것 같았다. 한번은 아이들에게 물었다. "그러면 너희들은 언제 노니?" 아이들은 '논다'는 말을 처음 듣는다는 표정으로 나를 보았다. 잠시 후 한 아이가 대답했다. "저는 보통 일요일마다 두 시간씩 놀아요."

라디오에서 싱가포르 경제성장률을 발표할 때도 나는 그 방식에 충격을 받았다. 아나운서가 생기발랄하게 이렇게 말했다. "지난 분기에 경제가 5% 가까이 성장했다고 합니다. 모두가 여러분 덕분입니다. 그러니 계속 열심히 일해서 우리가 다음 분기에도 그 성장률을 고수할 수 있는지 한번 봅시다!" 우리가 알고 지낸 몇몇 싱가포르인은 팜과 나를 결코 이해하지 못했다. 그들은 우리가 서양인이므로 당연히 지위를 중시할 거라고 예상했다. 우리가 정장을 차려입지도 않고 자동차도 없고 내가 서류 가방 대신 배낭을 메고 다닌다는 사실에 그들은 어리둥절해했다.

우리는 영국으로 돌아왔다. 싱가포르보다 느긋한 문화로 돌아오니 마음이 놓였다. 하지만 경쟁심이라는 괴물은 영국 문화 속으로도 몰래 들어와 있었다. 지난 15년 동안 특히 그러했다. 나는 아이들의 학교에서 지위와 성취 경주에서 자기 자녀가 앞서 나가게 하려고 필사적인 부모들 — 보통 중산층 부모들 — 을 보고 충격을 받을 때가 있다. 그들은 따로 돈을 들여 과외 수업을 시키고 저녁에 문제집을 추가로 풀게 하고 학교에서 하듯 철자 시험을 보고 고학년용 도서를 억지로 읽힌다. 이런 행동을 통해 그들은 아이에게 부담을 주는 동시에 삶은 오직 더 많이 성취하기 위한 힘겨운 싸움일 뿐이라고 가르친다. 행복은 현재 자연스럽게 즐기는 것이 아니라 미래에 얻어야 할 어떤 것이라고 가르친다. 게다가 그것은 타인에 대해 적대적이고 냉혹한 태도를 갖게 하며 아이들이 학급 친구를 성공 경주에서 싸워 이겨야 하는 경쟁자로 여기게 만든다.

더 뛰어난 자격, 더 좋은 직업, 더 유리한 승진 기회, 더 커다란 집, 더 비싼 차, 더 유명한 옷을 차지하려고 치열하게 경쟁하는 어른들이 많다. 한 해가 지날 때마다 우리는 부와 지위 경주에서 조금 더 멀리 나아갔다고, 적어도 다른 사람들을 따라잡고 있다고 느껴야 한다. 따라서 끝없이 새로운 기술을 익히고 자격증을 따고 생활수준을 높이고 집을 더 호사스럽게 꾸미려고 애쓴다.

경쟁의 더 큰 문제는 경쟁이 가속화된다는 점이다. 어떤 경쟁자가 속도를 조금 높일 때마다 다른 이들도 속도를 높여야 한다. 모든 사람이 다함께 속도를 늦추거나 자기 자리에 머물러 있자고 서로 합의한 바가 없으므로 사람들은 계속 자신의 속도를 높인다. 그러니 덩달아 다른 사람들도 똑같이 속도를 높일 수밖에 없다. 잠깐 쉬면 바로 뒤처진다. 속도가 빨라지면 스트레스도 늘지만 멈출 수 없다.

경쟁이 무슨 의미가 있을까? 우리의 삶이 성취와 지위 쟁탈전에 불과하다면 삶에 실제로 의미가 있을까? 인상을 찌푸린 채 앞만 노려보고 살면서 잠깐 멈춰 서서 자신이 하고 있는 일의 의미를 찾거나 현재에 머무는 일이 결코 없다면 삶에 어떤 의미가 있을까?

부와 마찬가지로 지위 역시 어떤 식으로도 우리를 만족시키지 못한다. 아무리 크게 성공해도, 아무리 많은 권력을 얻고 명예를 쌓아도 늘 부족한 사람들이 있다. 그들은 '맞아, 나는 지금 충분히 성공했어, 이제 여기서 멈추는 게 좋겠어.'라고 만족하는 지점에 도달하지 못한다. 정복자는 계속 다른 나라를 침략해야 하고 재계의 거물은 계속 기업을 사들여야 하고 팝 스타는 계속 더 많은 음반을 팔고 시장을 더 많이 점유해야 한다. 어떤 이들은 성공이나 명예의 정점, 더 이상은 성취할 것이 없는 지점에 이르는 불행을 겪기도 한다. 그렇게 되면 그들은 보통 무기력과 권태에 빠진다. 그 이유는 지위와 권력으로는 우리의 마음을 치유하지 못하기 때문이다. 지위와 권력을 아무리 높이 쌓아도 결핍감과 무가치감은 여전히 내부에 존재하면서 다시 떠오를 순간을 엿보고 있다.

6장

'우리'와 다르면 틀렸다고 믿는다

부와 지위에 대한 욕망은 집단적으로 표출될 때 훨씬 더 위험하고 파괴적이다. 인간 집단이 자신들의 부와 권력과 특권을 키우기 위해 다함께 행동에 나설 때 그러하다. 이 집단행동은 전쟁, 사회적 불균형, 억압, 남성의 지배 등 휴머니아가 초래한 주요 사회 병리 현상을 설명하는 데 도움이 된다.

전쟁이 일어나는 주요 요인은 부와 권력을 증가시키려는 인간 집단의 욕망이다. 그 집단은 대개 정부지만 한 국가의 일반 대중이나 부족, 민족 집단인 경우도 흔하다. 그 집단은 다른 집단을 정복하고 지배함으로써, 그리고 다른 집단의 영토와 자원을 점유함으로써 목표를 이룬다. 역사에 기록된 어떤 전쟁이든 떠올려보라. 조금씩은 다르지만 이 요인을 확인할 수 있다. 새 영토를 확보하기 위한 전쟁, 다른 나라를 식민지로 삼으려는 전쟁, 희귀 광물이나 석유를 지배하기 위한 전쟁, 제국을 건설하여 부와 특권을 쌓으려는 전쟁, 자기 집단의 부와 권력과 특권을 감소시킨 이전의 굴욕을 복수하기 위한 전쟁 등 예외가 없다.

제2차 세계대전의 원인 중 하나는 제1차 세계대전 후 독일이 당한 굴욕이었다. 그때 체결된 베르사유 조약은 독일을 혹독하게 처벌했다. 독일은 어쩔 수 없이 영토의 상당 부분을 몇몇 국가에 양도하고 수십 억 달러의 배상금을 물어야 했으며, 그로 인해 극심한 고생을 겪었다. 이렇게 가혹한 조치를 내린 목적은 독일이 두 번 다시 군사 대국이 되지 못하게 확실히 막는 것이었다. 하지만 이것은 오히려 역효과를 낳았다. 굴욕감은 권력과 특권을 되찾으려는 강렬한 욕망을 일으켰고, 이 욕망이 나치가 꿈꾼 '천년 제국'으로 발전한 것이다.

19세기까지 유럽 국가들은 이웃 나라와 늘 전쟁 중이었다. 거의 2년에 한 번꼴로 전쟁이 일어났다. 1740년부터 1897년까지 유럽에서 벌어진 전쟁은 총 230번이었고, 전쟁 국가들은 거액의 군비 지출로 파산할 지경이었다. 18세기 말, 프랑스 정부는 예산의 60% 이상을, 프러시아는 90%를 군비로 지출했다. 20세기에는 전쟁의 빈도가 감소하고 그 지속 기간이 더 짧았다. 그러나 무시무시한 살인 무기의 발달로 전사자 수는 급증했다. 1740년에서 1897년 사이에 유럽에서 전쟁으로 죽은 사람은 '겨우' 3,000만 명으로 추정되는 반면, 두 번의 세계대전으로 사망한 수는 약 7,500만 명이었다.[1]

인간에게 전쟁은 흔하디흔한 사건이어서 전쟁을 정상적이고 당연한 것으로 여기는 경향이 있다. 실제로 전쟁을 생물학적 또는 유전적 측면에서 설명하려는 시도가 여러 차례 있었다. 전쟁이 남성의 높은 테스토스테론 수치나 낮은 세로토닌 수치와 관계가 있다는 주장이 한 예로, 그 두 가지 모두 공격 행동과 상관이 있다.[2] 인간이 유전적 또는 생물학적으로 공격적인 성향을 어느 정도는 타고 났을지도 모른다. 하지만 그렇더라도 그 성향을 휴머니아가 엄청나게 강화한다는 것은 의심의 여지가 없다.

전쟁은 당연한 것이 아니라 우리의 정신이상 증세 중 하나다. 18, 19세기의 유럽을 생각해보자. 유럽 국가들은 매우 비슷한 언어로 말하고 유전적으로 서로 연관된 민족의 후예들이었다. 하지만 또한 영토와 부와 권력과 특권을 놓고 끝없이 싸우느라 수 세대에 걸쳐 무수한 청년들을 죽음으로 내몰고 헤아릴 수 없이 많은 여자와 아이들을 가난과 굶주림에 방치한 집단이기도 했다.

군국주의 문화라는 비뚤어진 이데올로기에 대해 한번 생각해보자. 고대 스파르타, 19세기 프러시아, 20세기 초 일본의 문화가 그 예다. 이 문화는 다른 인간을 죽이는, 그리고 그 과정에서 자기 목숨을 희생하는 것이 숭고하고 심지어 도덕적인 행위라고 믿는다. 사회진화론Social Darwinism이라는 괴상한 이론은 또 어떠한가. 나치와 영국 식민주의자들이 열렬히 옹호한 이 이론은 전쟁과 식민주의는 적자생존 법칙의 한 조항이므로 선천적이고 바람직한 것이라고 주장한다. 적자생존 법칙은 환경에 가장 잘 적응하고 가장 강한 생물이 약한 자를 지배하고 죽이는 진화 과정의 일부다.

사회적 억압과 불균형

유사 이래 거의 모든 인간 사회에 존재한 또 하나의 병리 현상은 극심한 불균형과 억압이다. 이것도 휴머니아가 유발한, 권력과 부를 추구한 욕구의 결과다. 인간의 절대 다수는 자원을 소유하고 지배하는 극소수의 통치 하에서 살아간다. 그들은 사실상 노예다. 당신이 운수 사납게 중세 유럽에서 태어났다고 해보자. 또는 고대 이집트, 봉건시대 일본이나 중국 등 봉건제를 시행한 어떤 사회든 상관없다. 당신은 십중팔구 소작농이나 농노로 태어났을 것이다. 농노는 노예와 다름없었다. 당신이 일하는 토지는 영주가 소유하며, 그의 허락이 없으면 당신은 그곳을 떠날 수 없다. 영주는 당신 한 사람만 다른 사유지로 보내고 당신의 재산과 가족을 차지할 수 있다. 당신은 언제든 전쟁에 불려 나간다. 그 탓에 농사를 망치고 가족이 굶어도 어쩔 수 없다. 사소한 잘못에도 영주는 당신을 때리고 잔인하게 처벌할 가능성이 크다. 당신이 여자라면 영주에게 강간을 당하기도 한다.

조금 더 운이 좋은 사람은 소작농으로 태어날 것이다. 소작농은 지주의 농토를 빌려서 일을 한다. 하지만 당신의 처지도 비참하긴 마찬가지다. 지주는 당신을 혹독하게 착취할 것이다. 당신은 높은 임대료를 물고 세금에 공물까지 바쳐야 한다. 교회 역시 십일조라는 명목으로 당신의 소득을 떼어 간다. 당신에게 돈이 없으면 생산한 물건을 덜어 간다. 당신은 나무와 진흙, 동물의 배설물로 지은 집에서 산다. 당신의 생활은 끝없는 생존 싸움이다. 음식도, 물도, 온기도 턱없이 부족하다. 만성 영양실조에 걸리고 굶어 죽을 위험이 늘 도사리고 있다. 겨울에 특히 그러하다. 이게 전부가 아니다. 당신은 아무 잘못도 없이 누명을 쓰고 고문이나 죽음을 당할까 봐 언제나 두려움에 떤다. 잔혹한 처벌 ― 그리고 유죄를 결정하고 처벌을 지시하는 권력 ― 은 귀족과 영주가 소작농을 지배하기 위해 사용하는 방법들 중 하나다.

만일 왕족이나 귀족, 지주 등 상류층의 일원으로 태어난다면 당신은 그야말로 복권에 당첨된 것이다. 당신은 수천 명의 농노를 소유할 수 있

공감은 타인과 정신적, 정서적 관계를 맺는 능력,
타인의 마음 공간으로 들어가는 능력이다.

다. 19세기 러시아 귀족 중에는 무려 30만 명의 농노를 소유한 이도 있었다. 당신은 자신이 농노보다 훨씬 더 고귀한 인간이라고, 아예 종種이 다르다고 여긴다. 자기 소유의 농노를 인간이 아니라 짐승 다루듯 한다. 기록을 보면 농노를 돼지, 양과 함께 '가축'으로 적었던 경우가 드물지 않았다. 당신이 속한 계층은 전체 인구의 10% 이하지만 국가의 부와 자원을 사실상 전부 소유하고 국법과 정부를 좌우한다. 당신은 일할 필요가 없다. 소작농이나 농노에게서 갈취한 음식과 물건과 돈이 당신의 호화로운 생활에 일조한다. 당신은 어떤 죄를 짓든 처벌을 면할 것이고, 소작농보다 길게는 20년 더 오래 산다.

19세기 유럽의 소작농 계층에서 태어난다면 당신의 현실은 훨씬 더 참혹하다. 산업혁명 이후이므로 당신은 더 이상 영주나 귀족의 노예가 아니다. 그러나 공장이나 제분소, 광산 소유주의 노예 신세가 된다. 당신은 더 힘들게 일하고 훨씬 더 불결한 곳에서 살지만, 경영주는 과거의 귀족과 똑같은 호사를 누린다. 그러나 적어도 산업혁명은 봉건제를 무너뜨렸고, 사업가들로 이루어진 새로운 중산층이 귀족과 지주의 자리로 올라섰다. 그럼에도 영국에서는 법률과 사회구조가 소수의 특권층에게 지나치게 유리해서 수십 년의 항의 시위와 민중 운동 ― 차티스트와 노동조합 등의 집단이 주도한 운동 ― 을 거친 후에야 불균형이 조금씩 완화되었다.

하지만 극심한 불균형은 지금도 여전히 존재한다. 전 지구적인 차원에서 특히 그러하다. 전 세계의 부와 자원 분배를 고찰해보면 현대사회의 불균형은 수백 년 전 봉건사회의 불균형보다 훨씬 더 비정상적이다. 세계 인구의 상위 1%가 부의 40%를 소유하고, 전체 인구의 50%는 고작 1%를 소유한다. 게다가 인구의 80%가 하루에 10달러 이하의 돈으로 생활하고,

10억 명 이상이 물 부족을 겪으며 25억 명은 최소한의 위생 시설도 갖추지 못한 곳에서 생활한다.[3]

여성 억압

사회 고위층에 속할 때조차 여성은 시대를 막론하고 사실상 노예나 다름 없었다. 최근까지도 유럽, 중동, 아시아의 여성들은 그들 사회의 정치, 종교, 문화에 어떤 영향도 끼치지 못했다. 재산을 소유하거나 토지와 부를 물려받지 못함은 물론이고, 종종 재산으로 취급되기까지 했다. 어떤 나라에서는 고리대금업자나 세금 징수원이 빚을 덜어주는 조건으로 여성을 끌고 갈 수 있었다. 서력 원년부터 17세기까지 일본에서 그런 일이 빈번했다. 고대 아시리아에서 강간의 처벌은 가해자의 아내를 피해자의 남편에게 넘겨주어 마음대로 처리하게 하는 식이었다. 여성 억압의 가장 끔찍한 예는 따로 있다. 일부 문화권에서는 인류학자들이 '미망인 살해 의식ritual widow murder' 또는 '미망인 자살 의식ritual widow suicide'이라고 부르는 관습이 있다. 전자는 남편이 죽은 지 얼마 지나지 않아 미망인을 죽이는 의식이고 후자는 미망인 스스로 자살하는 의식이다. 20세기까지 인도와 중국 전역에서 흔히 일어났고 요즘에도 가끔씩 벌어지고 있다.

이른바 '계몽화된' 사회로, 민주주의가 처음 시작되었다는 고대 그리스에서도 여성은 재산을 갖지 못하고 참정권이 없었으며 해가 진 후에는 외출이 금지되었다. 고대 로마도 사정이 다르지 않았다. 고용된 '에스코트 걸'을 제외하고는 여성은 공적 행사에 참석할 수 없었으며 남편이나 남자

친척이 동행하는 경우에만 외출할 수 있었다.

유럽에서는 지난 수십 년 동안 여성의 지위가 상당히 향상되었으나 아직도 세계 곳곳에서 남성의 지배와 억압이 계속되고 있다. 한 예로, 많은 중동 국가에서 여성은 사실상 죄수처럼 산다. 남자 보호자 없이는 한 발짝도 집을 나설 수 없다. 사우디아라비아의 여성들은 일생 동안 외출 횟수를 손으로 꼽을 정도다. 그리고 혹시라도 밖에 나갈 때는 반드시 머리 끝부터 발끝까지 검은 옷으로 가려야 하기 때문에 비타민D 결핍과 골다공증 위험이 있다. 여성은 자신의 삶을 결정하는 데 아무 권한이 없다. 고작 하나의 상품, 다시 말해 가족 내 남성의 재산으로 간주되고, 그 남성이 주인의 자격으로 여성을 대신하여 결정권을 갖는다. 여성을 소유한 남성에게는 언제든지 성관계할 권리도 있다. 이집트에서 실시한 조사에 따르면, 아내가 성관계를 거부할 경우 남편이 때려도 괜찮다고 생각하는 여성과 남성이 절대 다수였다.[4]

여성 억압도 생물학적인 측면에서 설명하려는 시도가 있었다. 이를테면 저서 『가부장제의 불가피성The Inevitability of Patriarchy』에서 스티븐 골드버그Stephen Goldberg는 남성은 테스토스테론 수치가 높기 때문에 선천적으로 여성보다 더 경쟁적이라고 주장했다. 그로 인해 남성은 공격적이고 권력을 갈망하므로 사회에서 당연히 높은 지위를 차지하고 여성은 어쩔 수 없이 더 낮은 역할을 맡는다는 것이다.[5]

하지만 여성에 대한 이러한 억압도 당연히 병리 현상이며 우리의 정신 이상 증세 가운데 하나다. 사회에서 높은 지위를 차지하는 것과 여성을 가차 없이 경멸하고 비하하고 냉대하는 것은 별개의 문제다. 정신이 온전한 종種이라면 구성원의 절반 — 종 전체를 낳고 키운 절반 — 을 그렇게 경멸하고 무시할 수 있을까? 테스토스테론 수치가 똑같이 높은데도 많은 고대 사회와 원주민 사회의 남성들은 생명을 낳고 키우는 역할을 맡은 여성을 존경했다. 그런데 우리는 왜 그렇게 하지 못하는가?

여성 억압은 남성의 권력욕과 지배욕에 기인한다. 다른 사회나 국가를 정복하고 다른 사회계층이나 집단을 억압하도록 부추기는 그 욕구가 남성으로 하여금 여성을 억압하고 지배하게끔 충동질한다. 권력과 지배력을 훔쳐 간다. 여성의 결정권을 박탈함으로써 남성은 여성을 대신하여 결정을 내릴 수 있다. 여성이 자신의 삶을 주도하지 못하게 함으로써 남성은 여성을 대신하여 그 삶을 좌우할 수 있다. 결론적으로 남성은 지위와 자기 가치감을 높이려고 애쓰고 있는 것이다. 이것은 휴머니아가 일으킨 불만과 결핍감을 상쇄하려는 노력의 일환이다.

광적인 명예욕

휴머니아가 초래한 가장 충격적인 사회 병리 현상은 '명예 살인honor killing'이다. 가문의 '명예를 더럽힌' 친척 — 절대 다수가 여성이고, 주로 어린 딸 — 을 살해하는 행위로 중동과 아시아의 많은 국가에서 여전히 일반적으로 벌어지고 있다. 여성을 가장 가혹하게 억압하는 국가에서 명예 살인을 자행한다는 것은 우연이 아니다.

명예 살인은 지위 상실에 대한 두려움, 그리고 지위를 지키려는 욕망과 관계가 있다. 명예 살인을 저지르는 사회에는 병리적 불안이 존재한다. 체면 상실과 공동체의 따돌림에 대한 두려움 때문에 엄격한 사회적 관습을 고수해야 한다는 끝없는 압력이 존재하는 것이다. 이런 점에서 명예 살인은 집단 정체성 및 소속 욕구와 관계가 있다. 이 두 가지는 다음 7장에서 다룰 것이다.

그들은 여성이 가문의 명예를 나타낸다고 여긴다. 따라서 여성에게 '올바로' 행동해야 한다는 엄청난 압력을 가한다. 올바른 행동이란 얌전하게 옷을 입고 가족 외의 남성과는 말하지 말고 결코 남의 주의를 끌지 말며, 가장 중요한 것으로 혼전 성행위 — 결혼 후에는 혼외 정사 — 를 금하고 가족이 고른 남자와 결혼하는 것을 의미한다. 명예를 더럽히고, 따라서 죽음으로 처벌할 수 있다고 간주되는 여성의 행동으로는 정치 활동, 개종, 이혼 요구 등이 있다. 또한 가문의 '명예'를 지키기 위해 동성애자 소년을 살해하는 사례도 적지 않다.

가족의 일원이 이런 행동 규범을 어긴다면 가문의 명예가 실추된다. 명예를 되찾을 수 있는 길은 그것을 더럽힌 사람 — 주로 딸 — 을 죽이는 것밖에 없다. 그녀가 결백한지 아닌지는 중요하지 않다. 단순히 그 여성이 아름다워서 외간 남자의 주의를 끌었을 수도 있다. 성폭행을 당해 처녀성을 잃었을 수도 있다. 하지만 그 여성이 가문의 명예를 더럽혔다는 사실만으로 그녀에 대한 살인은 얼마든지 정당화된다. 국제사면위원회 보고서에 따르면, 터키에서 16세 소녀에게 바치는 연가가 라디오에서 흘러나오는 것을 들은 가족이 그 아이를 살해한 일이 있었다. 파키스탄에서는 학습 장애가 있는 여자아이가 성폭행을 당하고 가해자인 친척이 기소되었음에도 가족은 그 아이를 죽였다.[6]

유엔은 해마다 5,000여 건의 명예 살인이 일어난다고 추정한다. 하지만 외딴 시골 지역에서 빈번하게 일어나고 당국에 보고하지 않으므로 실제 건수는 훨씬 더 많을 것이다. 다수의 국가에서 명예 살인 관습을 당연시하기 때문에 살인자에게 관대하며 처벌하는 일이 결코 없다. 파키스탄과 예멘 같은 나라의 경찰과 검사들은 명예 살인을 묵인한다. 시리아에서는 친척 여성과 외간 남성과의 성행위 현장을 목격할 경우 그 두 사람 모두, 또는 둘 중 한 명을 죽인다 해도 고작 2년의 징역에 처한다는 것이 법에 명시되어 있다.

지금까지 보았듯이 명예 살인은 남성의 지배, 그리고 여성의 낮은 지위와 밀접한 관계가 있다. 아버지가 딸을, 오빠가 누이를 살해하는 것이 가능한 이유는 여성의 목숨을 하찮게 여기기 때문이다. 여성을 존중하고 존경한다면 어느 누구도 그들을 살해하거나 학대하려 하지 않을 것이다. 인도와 파키스탄 등, 명예 살인을 자행하는 사회가 여자 영아 살해도 저지른다는 것은 우연이 아니다. 이런 사회에서 여성의 목숨은 무시해도 좋은 무가치한 것이고, 따라서 그것을 빼앗는 일은 사소한 잘못일 뿐이다.

객관적인 어떤 기준에서 보더라도 지위와 명예를 위해 부모가 딸을, 형제가 누이를 살해하는 행위는 도저히 믿을 수 없는 미친 짓이다. 또한 결코 이해할 수 없는 것은 명예 살인의 대다수가 인간의 당연하고도 건강한 본능에 대한 처벌이라는 점이다. 그들 사회는 부모가 고르지 않은 남자나 다른 카스트의 일원을 사랑하는 것 — 인도에서 명예 살인의 흔한 이유 — 또는 성적 매력을 느껴서 성관계를 맺는 것을 '중죄'로 여겨 처벌한다. 명예 살인이 벌어지는 사회는 지나치게 가부장적이고 성적 억압이 심하고 인간의 육체와 성性을 병적으로 적대시하는 사회라는 것 역시 우연이 아니다.

공감 능력 결여

여성을 향한 이 모든 만행을 부추기는 것은 부와 지위에 대한 욕구이다. 하지만 그런 짓을 실제로 저지르게 만드는 것은 바로 휴머니아다. 휴머니아는 타인에게 공감하는 능력을 감소시키기 때문이다.

공감은 타인과 함께 느끼고 그들과 동일시하고 그들이 경험하는 것을 감지하는 능력이다. 때로는 타인의 감정을 '읽는' 능력, 즉 '그의 입장이 되어서' 그가 무엇을 느끼고 있는지 상상하는 능력을 말하기도 한다. 다시 말해 공감은 하나의 인지 능력으로서 미래의 일을 상상하거나 과거의 경험에 기초하여 문제를 해결하는 능력과 동일 선상에 있다. 하지만 그게 전부가 아니다. 공감은 타인과 정신적, 정서적 관계를 맺는 능력, 타인의 마음 공간으로 들어가는 능력이다. 타인에게 진정으로 공감하거나 연민을 느낄 때 우리의 정체성은 그의 정체성과 실제로 통합된다. 당신과 그 사람을 분리시키는 장벽이 사라진다. 당신의 '에고 경계선'이 사라져서 당신은 어떤 면에서는, 또는 어느 정도는 그 사람이 된다.

그러나 강력한 에고 때문에 우리는 타인과 하나로 연결되기가 어렵다. 에고는 벽을 쌓아서 우리를 다른 사람들과 떼어놓는다. 다른 집단, 즉 다른 성별 — 여성을 억압하는 사회의 경우 — 이나 다른 부족, 국가, 인종, 다른 계층에 속한 사람들과는 특히 더 멀리 떼어놓는다. 에고는 벽을 둘러쳐서 우리를 자신의 생각과 욕구들로 가득한 작은 세계에 가둔다. 그로 인해 우리는 자신에게 지나치게 몰두한 나머지 다른 사람의 시각에서 세상을 보지 못한다. 다른 사람은 우리와 실제로 '다른' 사람이 된다. 그렇기에 그들에게 고통을 가하는 것이 가능해진다. 그들이 받는 고통을 상상하지 못하기 때문이다. 우리는 그들과 '함께 느끼지' 못하고, 따라서 그들의 고통을 감지하지 못한다.

다른 사람과 동일시한다면, 그들과 정신적, 정서적으로 연결된다면 그들을 잔인하게 다루는 것은 절대로 불가능하다. 그들이 고통스러워할 때 당신은 자신이 고통스러운 것처럼 바짝 움츠러든다. 실제로 당신은 그들의 고통을 덜어주고 성장을 도와주려는 강렬한 욕구를 느낀다. 하지만 그들과 동일시하지 못하면 그들에게 얼마든지 고통을 가할 수 있다. 그들의 고통을 감지하지 못하므로 그토록 잔인한 짓을 그만둘 이유가 하나도 없다.

이것은 사이코패스의 주요 특징이다. 사이코패스는 공감 능력이 전혀 없고 타인의 시각에서 세상을 보지 못한다. 극도로 자기중심적이어서 온 세상과 다른 사람들은 오직 그들의 욕망을 채우기 위해 존재할 뿐이다. 지금 나는 인간이 모두 사이코패스라고 말하고 있는 게 아니다. 정도의 문제를 말하려는 것이다. 모든 사람에게 어느 정도는 그런 성향이 있다. 하지만 사이코패스는 공감 불능과 자기 몰두 정도가 극단에 이른 사람이다. 휴머니아는 사이코패스의 요소를 갖고 있다.

다시 말해서 '인간이 인간에게 저지르는 비인간적 행위'에는 두 가지 원인이 있다. 부와 권력에 대한 욕구, 그리고 공감 능력 결여가 그것이다. 바로 이 두 요인이 인류 역사에서 수없이 되풀이된 끔찍한 학대와 억압과 폭력을 부추겨왔다.

여성과 공감 능력

여성이 일반적으로 남성보다 공감 능력이 뛰어나다는 사실은 연구로 입증되었다. 이것은 의미심장하다. 연구에 따르면, 여성의 우정은 주로 문제 공유와 상호 협조에 기반을 두는 반면, 남성은 보통 스포츠와 취미 등 관심거리를 공유함으로써 우정을 키운다.[7] 남성과 여성은 대화 스타일도 다르다. 여성들은 고개 끄덕임, 미소, 그 밖의 제스처 등 대화 지원 요소, 즉 '맞장구'를 더 많이 사용하기 때문에 대화하는 시간이 대체로 더 길다. 상대방과 의견이 다를 경우, 여성은 그것을 말로 알려주기보다는 간접적으로 표현하여 갈등을 피한다. 반면에 남성은 더욱 직설적이고 자기 의견을 고집하는 경향이 있다. 명령 어법을 더 많이 쓰며 대체로 상대방을 '설득'하려 한다. 심리학자 사이먼 배런-코언Simon Baron-Cohen이 지적하듯이 "남성은 언어를 사용하여 자신의 지식과 기술, 지위를 입증하는 일에 더 많은 시간을 소비한다."[8] 여성은 순전히 사람들의 눈빛만 보고도 상대의 감정을 알아맞히는 데 훨씬 더 뛰어나다는 사실도 연구로 드러났다.[9]

타당한 결과다. 역사를 통틀어 볼 때 '인간의 비인간적 행위'는 거의 예외 없이 남성의 행위였기 때문이다. 거의 모든 전쟁이 남성에 의해 은밀히 조직되고 수행되었으며, 거의 모든 사회적 억압이 권력과 부를 지키고 키우려는 고위직 남성에 의해 가해졌다. 이 말에 당신은 이렇게 반박할지도 모른다. 여성은 결코 고위직에 오를 수 없었고, 따라서 전쟁을 벌이거나 사람들을 억압하고 싶어도 그럴 수 없었을 거라고. 하지만 여성이 고위직에 오르지 못한 이유는 남성들이 자신의 욕망을 채우고자 애초부터 그것을 막았기 때문이다.

어머니라는 여성의 역할과 관련해서 보더라도 위의 연구 결과는 타당하다. 아이를 양육하는 역할은 확실히 공감 능력을 강화한다. 아이와 정서적으로 강하게 연결될 필요가 있기 때문이다. 이 정서적 유대 덕분에 여성은 공감 능력을 상실할 가능성이 더 적다.

여성의 공감 능력이 실제로 훨씬 더 뛰어나다는 말은 여성이 남성보다 에고 분리 수준이 대체로 더 낮음을 암시한다. 여성이 타인과 '함께 느끼는' 능력을 더 많이 갖고 있다면 그 이유는 그들의 마음 공간을 둘러싸서 고립시키는 벽이 더 낮기 때문일 수 있다. 에고 고립은 휴머니아의 주요 요소다. 그렇다면 위의 사실은 여성이 남성보다 휴머니아의 영향을 덜 받는다는 의미일까?

이러한 결론은 많은 논란을 불러올 테지만 나는 어느 정도는 사실이라고 믿는다. 이 결론을 과대 해석하지는 마시라. 여성이 겪는 휴머니아 정도가 남성보다 조금 더 낮다는 말일 뿐이니까. 당연히 여성도 어느 정도는 에고 고립을 느낀다. 그리고 그들이 경험하는 인지 부조화 수준은 적어도 남성과 동일하다. 남성들처럼 심하지는 않더라도 여성들 역시 온전한 정신이 아닌 것이다.

광적인 환경 파괴

지금까지 다룬 문제들과 관계가 있는 집단적 병리 현상이 하나 있다. 바로 지구의 생명 유지 시스템을 파괴하는 인간 집단의 자살 행위이다. 이는 외계인 인류학자가 보기에 인간이 정신장애를 앓고 있음을 확증하는 결정적 증거일 것이다. 정신이 온전한 종이라면 자기가 살고 있는 행성의 동식물을 그렇게 마구잡이로 죽이고 대기와 바다를 그렇게 엄청난 양의 독극물로 더럽히겠는가? 정신이 온전하다면 천연자원을 그렇게 강탈하고도 모자라 더 많이 찾아내려고 지구의 표면을 갈가리 찢어놓겠는가? 지구 온난화, 물 부족, 인구과잉 같은 재앙을 초래하고도 진지하게 대책을 강구하지 않은 채 방치하겠는가?

우리가 자연을 비정상적으로 대하고 그런 병적 태도가 재앙을 낳으리라는 것을 원주민들은 이미 알고 있었다. 원주민들은 우리가 자연을 존중하지 않고 체계적으로 파괴하는 것에 경악을 금치 못했다. 150여 년 전, 원주민 추장 시애틀Seattle은 백인을 "밤중에 찾아와 필요한 모든 것을 대지로부터 빼앗아 가는 이방인"에 비유했다. 놀라운 선견지명으로 그는 프랭클린 피어스 대통령에게 이렇게 경고했다. "당신의 국민이 지구를 게걸스럽게 먹어치워서 이곳은 사막으로 변할 것입니다."[10] 보다 최근에 호주 원주민 앤-패틀 그레이Anne-Pattel Grey는 유럽 출신 호주인들이 "어머니인 대지를 학대하고 강간하고 살해하고" 있다고 비난하며 "그들은 (어머니를) 학대한 대가를 치르게 될 것"이라고 경고했다.[11]

원주민들은 자연을 존중한다. 자연이 살아 있음을 감지하고 자연과 서로 연결되어 있음을 느끼기 때문이다. 그들은 자연의 모든 것을 느낀다. 동물만이 아니라 식물과 바위, 지구 자체가 단순히 사물이 아니라 그들 자신과 똑같이 창조의 그물망을 이루는 생명체라는 것을 알고 있다. 그들은 동물과 식물과 지구와 '함께 느낀다'. 따라서 자연을 훼손하거나 파괴하려 하지 않는다. 위대한 원주민 철학자 루터 스탠딩 베어Luther Standing Bear는 라코타 원주민에 대해 이렇게 말했다. "지구와 하늘과 강과 바다에

"자녀와 손자, 아직 태어나지 않은 아이들을 위해
우리는 숲을 보호해야 한다.
새와 동물, 물고기, 나무처럼 스스로를 대변할 수 없는
이들을 위해 숲을 보호해야 한다."

사는 모든 생물과의 친족감kinship은 참되고도 효험 있는 하나의 원칙이었다. 하늘과 대지의 새와 동물들 사이에는 라코타 원주민을 언제나 안전하게 지켜주는 우애가 존재했다." 라코타 원주민은 현대의 동물 권리 운동을 이미 예상하고 있었다.

> 동물은 권리가 있다. 인간의 보호를 받을 권리, 살아갈 권리, 번식할 권리, 자유로울 권리, 인간의 감사를 받을 권리, 이 권리들을 인정하여 라코타 원주민은 동물을 결코 예속하지 않았고 음식과 옷감에 꼭 필요한 것 외에는 어떤 생명도 해치지 않았다.[12]

이런 태도는 책임감을 심어주었다. 원주민들은 자신을 자연을 돌보는 사람으로 여기고 조화로움을 유지할 책임을 느꼈다. 지금도 그렇다. 누사크 네이션Nuxalk Nation의 에드워드 무디Edward Moody 추장은 이렇게 말한다. "자녀와 손자, 아직 태어나지 않은 아이들을 위해 우리는 숲을 보호해야 한다. 새와 동물, 물고기, 나무처럼 스스로를 대변할 수 없는 이들을 위해 숲을 보호해야 한다."*

---

* 테드TED 강연 〈폭력의 신화에 대하여〉와 근작 『우리 본성의 선한 천사The Better Angels of Our Nature』에서 스티븐 핑커는 수렵 채집 시대의 남성들은 21세기를 살아가는 남성들보다 폭력으로 사망할 가능성이 더 크다고 주장하며 그 근거로 7개의 수렵 채집 집단에서 얻은 자료를 제시한다. 하지만 그 가운데 어느 집단도 전형적인 수렵 채집 집단에서 얻은 자료를 제시한다. 우선, 그 7개 집단 중에서 인류가 지구상에서 살아온 시간의 95% 동안 존재한 '즉시 보상' 사회는 한 곳도 없다. 그리고 7개 집단 가운데 3개 집단은 아마존에 사는 원주민이다. 아마존 지역의 원주민 집단은 역사적, 지리적인 이유로 유난히 폭력적이고 호전적이라고 알려져 있다. 또한 그가 선택한 수렵 채집 집단에는 호주 북부의 먼진족Murngin도 포함되는데, 그 자료를 얻은 1975년 무렵에 그들의 문화는 대대적으로 파괴되었다. 다른 세 집단에도 유사한 문제가 있다.

한편, 환경 파괴 행위의 직접적인 원인은 분리된 에고다. 이 에고 분리로 인해 우리는 타인, 특히 다른 집단의 구성원에게 공감하지 못할뿐더러 자연에, 지구 자체에 공감하는 능력을 사실상 완전히 상실했다. 이 말은 우리가 자연에 '타자성otherness'을 느낀다는 뜻이다. 즉 우리는 자연을 '별개의 존재'로 본다. 자연이 살아 있음을 느끼지 못하므로 아무 거리낌 없이 자연을 착취하고 학대한다.

더 넓은 범위에서 보면, 에고 분리로 인해 우리는 우주 만물과 서로 연결되어 있음을 알지 못한다. 그 결과, 우주 만물에 대한 책임감, 조화로움을 유지할 책임을 느끼지 못한다. 오히려 자연을 지배할 자격이 있어서 대지와 천연자원을 소유할 권리가 있다고 믿는다. 우리의 이런 특성을 원주민들은 결코 이해하지 못한다. 우리는 자신에게 의식이 있고 살아 있다는 것을 알고 있으나, 자연현상은 의식도 없고 살아 있지도 않다고 생각한다. 그렇기 때문에 주인이 노예보다 우월하다고 느끼듯이 우리는 자연보다 우월하다고 느끼고, 따라서 자연을 지배할 자격이 있다고 믿는다. 그러나 원주민들은 자연의 신성함과 살아 있음을 감지하므로 결코 우리와 같은 태도를 갖지 못한다. 집단으로서도 원주민들은 그들 공동체가 대지나 천연자원을 소유한다고는 결코 생각하지 않는다.

이런 점에서 보면, 우리의 환경 파괴 행위를 부채질하는 것은 권력 욕구이다. 우리로 하여금 높은 지위를 놓고 싸우게 만드는 그 권력욕이 요인이다. 역사 내내 다른 집단이나 계층을 지배하려고 언제나 고투해왔듯이, 우리는 권력을 잡아 자연을 지배하고 억압하려고 한다. 루터 스텐딩 베어가 말한 친족감을 느끼는 대신, 우리는 예로부터 자연과 그 안의 모든 것을 정복하고 길들이고 예속해야 할 사나운 적으로 보았다. 자연에 대한 억압 ― 주로 남성적인 사업 ― 은 근본적으로 여성에 대한 억압과 밀접한 관계가 있다. 자연은 보통 여성의 단어로 묘사된다. 어머니 대지, 지구의 자궁 등의 표현이 그 예다. 그리고 전통적으로 여성은 자연의 화신으로 여겨졌으며, 월경과 모유 분비 같은 확고한 자연의 섭리를 통해 창조와 연결되었다. 그리고 역사 내내 남성의 에고는 여성과 자연, 그 둘을 모두 지배하려는 욕구를 갖고 있었다.

물질에 대한 욕구도 환경 파괴의 중요한 요인이다. 지구는 물건을 만드는 데 필요한 모든 것의 원천이다. 우리가 생산하고 소비하는 모든 것은 지구에서 나오고 어떤 형태로든 지구로 돌아간다. 물건과 쾌락과 지위에 우리가 엄청난 탐욕을 부르지 않는다면 소비 수준과 환경 파괴 수준 모두 훨씬 더 낮아질 것이다.

인구과잉 역시 중요한 요인이다. 집단적 휴머니아가 끼치는 영향은 인구에 비례한다. 당연하다. 1,000년 전, 인구가 고작 3억 명 정도이던 시절에는 인류가 지구와 다른 종들에게 가할 수 있는 손상의 정도에도 한계가 있었다. 그러나 지금은 정신장애가 있는 수십 억 명 ― 수십 억의 휴머니아 환자 ― 이 지구를 돌아다니고 있다. 그러니 지구의 미래가 위험에 처한 것도 우연은 아니다.

7장

심리적 고통에 쉽게 무너지는 사람들

2년여 전, 아내의 친구는 크리스마스 서너 주 전부터 고심하며 부서의 파티를 준비했다. 장소를 예약하고 이벤트를 궁리하고 초대장을 만들고 메일을 보냈다. 파티는 아주 흥겹게 진행되었다. 파티가 끝날 무렵, 부장이 일어나 의례적인 인사말을 했다. 그런데 그는 그렇게 많은 시간을 들여 고생했을 그녀에게 고맙다는 말조차 하지 않았다. 그 친구는 불같이 화를 냈다. 그리고 생각했다. '내가 해낸 일을 무시하는군. 좋아, 그렇다면 나도 똑같이 무시해줄 거야.' 그때부터 그녀는 부장에게 깐깐하고 퉁명스럽게 굴었다. 두 사람의 관계는 최악으로 치달아서 그 친구는 결국 회사를 그만둬야 했다. 그리고 나중에야 그게 실수였음을 깨달았다. 그 부서에서 일할 때 정말 행복했기 때문이다.

예전에 나는 도로에서 벌어진 총격 사건에 관한 신문 기사를 읽고 큰 충격을 받았다. 스포츠카를 타고 달리던 남자가 다른 차에 추월당하자 완전히 폭발한 나머지 그 차를 따라잡아 나란히 달리면서 그 운전자에게 총을 쏘았다는 기사였다. 다행히 총알은 빗나갔다.

정도는 덜하지만 이런 종류의 운전자 폭행 사건이 비일비재하다. 많은 사람이, 보통은 남자들이 나에게 이런 말을 한다. 누군가 자신의 차를 추월하면 순간적으로 화가 치밀어서 그를 쫓아가 다시 추월하려고 한다고. 부장의 무시에 화가 난 그 친구처럼, 그들은 추월당하는 것을 모욕으로 해석해서 무시당하고 존중받지 못했다고 느낀다.

이 이야기들은 휴머니아의 또 다른 증상, 즉 인간은 무시에 너무 쉽게 상처받는다는 사실을 잘 보여준다. 누군가에게 무시당하는 느낌이 들면 우리는 즉시 화가 나고 정서적으로 상처를 받는다. 어떤 사람이 당신의 생일을 잊거나 전화에 회신하지 않을 때, 또는 파티에 초대받지 못하거나 중요한 업무 회의에서 제외될 때 어떤 느낌이 들지 생각해보라. 우리는 자신이 이타적이고 기꺼이 아무 대가 없이 도와준다고 믿고 싶어 한다. 하지만 누군가를 차로 데려다 주거나 음식을 대접했는데 고맙다는 말을 듣지 못하면 기분이 어떨까? 완전히 무시당했다고 느끼지 않을까?

당신 자신을 자세히 관찰해보라. 그러면 거의 매일, 어쩌면 하루에 서너 번까지도 이런저런 식으로 무시당했다고 느끼고 있을 것이다. 당신이 말을 걸었는데 상대방이 처다보지도 않았거나 줄을 서 있는데 어떤 사람이 끼어들었을지도 모른다. 신청서가 거부당했을 수도 있고, 당신의 보고서가 미흡하다며 되돌아왔을 수도 있고, 친구가 당신의 초대를 거절했을 수도 있다.

심리학자들은 이런 종류의 무시를 '자기애적 상처narcissistic injury'라고 부른다. 이 자기애적 상처는 모두 무시당하거나 존중받지 못한다는 느낌에서 생겨난다.

무시의 위험

무시는 사소해 보이지만 위험한 결과를 초래할 수 있다. 무시당한 경험은 며칠이 지나도 마음에 남아서 치유하기 힘든 심리적 상처를 입힐 수 있다. 우리는 무시당한 일을 자꾸 떠올린다.

그리고 그 아픔과 모욕이 결국에는 마음을 조금씩 손상시킨다. 보통 그 경험은 맞서 싸우려는 충동, 자부심에 입은 상처를 되갚아주려는 충동으로 이어진다. 똑같이 그 사람을 무시하는 행동으로 앙갚음하기도 한다. '그 친구는 나를 집들이에 초대하지 않았어. 그러니까 나도 그 친구 생일에 카드를 안 보낼 거야.' 또는 '그는 고맙다는 말도 안 했어. 그러니까 이제부터 나도 그를 무시할 거야.' 등등. 원한은 갈수록 깊어진다. 결국에는 길에서 그 사람과 마주쳐도 딴전을 피우며 모른 척한다. 또는 그가 없는 데서 험담을 하기도 한다. 이에 그 사람이 화를 낸다면 둘의 관계는 철저한 반목으로 끝이 난다. 따뜻한 우정이 사라진 자리에 증오만 남기도 하고, 가깝던 가족이 허망하게 등을 돌릴 수도 있다.

이보다 훨씬 더 위험한 일이 벌어지기도 한다. 특히 청년들의 경우, 무시는 폭력을 촉발할 수 있다. 범죄학자들은 폭력 행위의 다수가 무시당한 느낌에서 비롯된다는 점을 지적해왔다. 심리학자 마틴 데일리Martin Daly와 마고 윌슨Margo Wilson의 추정에 따르면, 전체 살인 사건의 3분의 2가 무시당한 느낌에 체면을 세우려고 행동에 나선 남자들의 결과물이었다.[1]

최근에 미국에서는 '즉발적 살인flashpoint killing, 사소한 대립이 불러온 우발적인 살인' 사건 수가 우려할 정도로 증가하고 있다. 즉발적 살인자는 주로 청년으로, 친구들 앞에서 무시당했다고 느껴 격노하여 살인을 저지른다.

어떤 십대 소년은 농구 경기 중에 한 남성을 총으로 쏘아 살해했다. "그 남자가 나를 빤히 쳐다보았는데 그게 맘에 안 들어서."가 이유였다. 그는 남자에게 걸어가 불쑥 내뱉었다. "뭘 봐요?" 이 한마디 말이 말다툼과 총격으로 이어졌다. 또 다른 청년은 식당에서 음식을 먹고 있는데 아는 사람이 악수를 하려고 건드리자 순간적으로 폭발했다. 그는 식당 밖에서 그 남자를 총으로 쏘았다. 어떤 젊은 여성은 다른 여성이 자기 옷을 물어보지도 않고 입었다는 이유로 그 여성을 칼로 찔러 살해했다.[2]

이런 종류의 범죄가 대부분 알코올과 연관되어 있음은 우연이 아니다. 살인과 과실치사, 칼로 찌르는 행위는 주로 술에 취한 상태에서 일어난다. 가정 폭력도 절반 정도가 그렇다.[3]

부분적인 이유는 알코올의 '억압해제inhibiting' 효과 때문이다. 술에 취하면 공격성을 포함하여 자신의 충동을 통제하기가 더 어렵다. 알코올은 주의 집중도 약화시킨다. 그러므로 타인의 행동을 오해할 가능성이 증가하고 폭력 행위의 결과를 고려하지 못한다.

하지만 일차적인 이유는 알코올에 개인의 자부심을 고양시키는 효과가 있기 때문이다. 술에 취하면 사람들은 자신이 더 중요하다고 느끼고 자기주장이 더 강해진다. 그로 인해 무시와 모욕에 더욱 민감해진다. 위에서 말한 요인 — 충동 통제력 및 주의 집중 약화 — 때문에 그들은 자신이 무시로 해석한 자극에 폭력으로 반응할 가능성이 크다.

고립된 에고가 일으킨 불안감과 무가치감이 무시에 쉽게 상처받는 경향을 조장한 것이다. '저 밖'의 거대한 세상 앞에 서면 우리의 에고는 작고 연약하다.

드넓은 바다의 가장자리에 세워진 허술한 판잣집과 비슷하다. '저 밖'

에서 일어나는 온갖 중요한 현상과 사건들의 육중한 무게에 압도되어 우리는 자신이 아주 작다고 느낀다. 어떻게 하면 그것들과 비교해서 자신이 조금이라도 중요하다고 느낄 수 있을까? 어떻게 하면 내부의 이 연약한 에고가 바깥세상의 그 엄청난 힘을 견딜 수 있을까?

그 결과, 우리는 타인의 확언과 관심, 존중을 통해 에고를 끊임없이 고양시킬 필요를 느낀다. 또 자신이 중요한 사람이라는 것을 보여줄 필요도 있다. 타인의 무시는 엄청난 충격일 수 있다. 그것은 마음 저 밑에 있는 무가치감을 들춰내기 때문이다.

프랑스의 심리학자 자크 라캉Jacques Lacan도 공격성에 대해 비슷한 설명을 한다. 대부분의 공격 행위는 정체성을 위협한 결과라고 그는 지적했다. 어린 시절의 우리는 자신이 통제할 수 없는 다양한 욕구와 다양한 생물학적 작용의 집합체이다. 어른으로 성장하면서 그 모든 욕구와 작용을 한데 엮어 단일체로 만들어야 한다. 일관성 있는 정체성으로 발전시켜야 하는 것이다. 무시나 모욕을 당하면 우리는 다시금 분열된 느낌이 들기 때문에 공격 행위로 대응할 수밖에 없다. 이때의 공격은 자신의 힘과 정체성을 재확인하는 수단이다.[4]

정체성과 소속 욕구

에고의 연약함과 불완전함은 소속 욕구, 더 커다란 집단의 일부가 되려는 욕구에서도 그대로 드러난다. 큰 집단에 속하면 자신이 더 강하고 더 안전하다고 느낄 수 있다.

집단에 소속되려는 욕구는 청소년기의 대표적인 특징 중 하나다. 그 시기에 에고는 하나의 구조물로서 급속도로 발전하여 '내면성'을 창조하고 우리를 세상과 떼어놓는다. 청소년은 에고가 매우 약해 타인의 사소한 무시에도 어김없이 자신을 작고 하찮다고 느낀다. 그러므로 무시 때문에 폭력 행위를 저지를 가능성이 크다. 이 연약한 에고는 '충격'을 주려는 욕구도 가지고 있다. 해괴망측한 옷과 헤어스타일을 고집하거나 공공 기물을 훼손하거나 술이나 마약에 취함으로써 타인에게 충격을 가하려고 하는 게 그 예이다. 청소년들은 연약한 에고를 강화하는 동시에 타인의 관심을 끌어서 자신의 정체성을 북돋우려고 노력 중인 것이다.

청소년기의 에고는 십대의 소속 욕구가 극도로 강렬한 이유도 설명해 준다. 십대 아이들은 특정 집단이나 범죄 조직의 일원이 됨으로써 정체성을 강화하고자 한다. 그들에게는 자신이 선택한 집단에 받아들여지는 것이 무엇보다 중요하다. 따라서 그 집단에 '꼭 들어맞기' 위해 어떤 짓도 서슴지 않으며 자신의 정체성을 끼워 넣고 그곳의 옷차림과 행동 규칙을 준수한다. 만일 그 집단으로부터 '따돌림'이나 소외를 받는다면 그야말로 최악이다. 이것은 외부 지지 세력이 전혀 없이 자신의 연약한 에고와 함께 혼자 남는 것을 의미한다.

1980년대 후반, 내가 대학에 다닐 때는 '고스Goth'가 되는 것이 일대 유행이었다. 고스는 두꺼운 검은 옷을 입고 커다란 검은 부츠를 신고 머리카락을 까맣게 염색하고 〈더 큐어The Cure〉와 〈수지 앤 더 밴시스Siouxsie & The Banshees〉 같은 밴드의 음악을 들었다. 그들은 대낮에 외출하는 것을 꺼렸으며 미소를 짓거나 웃지도 않았다. 학생회관에는 고스들이 모이는 바가 한 곳 있었다. 고스가 아닌 학생이 실수로 그 바에서 뭉그적거리면 그들은 그를 뚫어져라 바라보아서 그가 불청객임을 일깨워주었다. 심지어 그들 중에는 고스가 아닌 사람과는 아예 말도 섞지 않는 이도 있었다.

나는 고스가 좋아하는 음악을 즐겨 들었다. 내가 제일 좋아하는 밴드는 〈조이 디비전Joy Division〉과 〈더 도어즈The Doors〉였다. 하지만 나는 검은 옷을 차려입고 그들 종족의 멤버가 될 마음은 결코 없었다. 그 결과, 내가 조금 친해지려고 하면, 예를 들어 "너는 〈조이 디비전〉 노래 중에 어떤 걸 제일 좋아하니?"라고 물으면 그들은 애매하게 웅얼거리거나 고개를 돌려버렸다.

수업을 함께 듣는 이들 가운데 처음 입학했을 때 매우 보수적으로 보였던 여학생이 있었다. 그녀는 긴 금발에 화사한 색깔의 블라우스와 치마를 즐겨 입었다. 그런데 입학하고 서너 주 지난 어느 날, 그녀가 강의실에 들어서는 것을 보고 나는 어안이 벙벙해졌다. 하룻밤 새에 고스가 되어 나타난 것이다. 바로 어제 그들의 일원이 되고자 작정을 한 게 틀림없었다. 머리카락을 새까맣게 물들이고 검정 스커트에 검정 부츠 차림이었다. 나는 묻지 않을 수 없었다. "너 무슨 일 있었니?" 그녀는 당황해하는 낯빛으로 말했다. "아니, 옷을 새로 산 것 뿐이야."

이 사례는 유행이 어떻게 작동하는지, 유행이 십대에게 왜 그렇게 중요한지를 보여준다. 패션 디자이너와 패션 잡지, 메이저 브랜드는 젊은이들에게 앞으로 특정 스타일이 유행할 거라고 알려줌으로써 소속과 지위에 대한 그들의 욕구를 적극 활용한다. 특정 스타일이 일단 확립되면 십대 아이들은 '따돌림'에 대한 두려움 때문에 그런 스타일의 옷을, 그게 아무리 괴상망측해도, 반드시 입어야 한다고 느낀다. 내가 보기에 패션 디자이너들은 대체 어디까지 밀어붙여야 젊은이들이 들고 일어나 '이제 그만

해요, 그런 희한한 옷은 더 이상 안 입을 거예요!'라고 외치는지 알아보려고 서로 경쟁하고 있는 것 같다. 이 글을 쓰는 지금, 십대 소년들 사이에 헐렁한 청바지를 최대한 내려서 엉덩이가 다 보일 지경으로 입고 다니는 것이 트렌드다. 그렇게 입으니 그들은 으스대며 어기적거릴 수밖에 없다. 어쩌면 그 점이 그들의 맘에 들었는지도 모른다.

예전에 친구에게 이런 말을 한 적이 있다. "얼마나 이상한 옷이 유행하는지, 이러다가는 옷을 뒤집어 입는 게 유행할 수도 있겠어." 그런데 맙소사! 그 말을 하고 2년 후, 솔기를 겉으로 내어 박은 티셔츠가 유행했다. 나는 친구에게 이런 말도 했다. "다음번에는 남자들이 팬티를 머리에 쓰고 다니는 게 유행할 거야." 그런데 아직은 유행하지 않고 있다……. 적어도 아직까지는.

성인의 소속 욕구는 청소년처럼 그렇게 공공연하지는 않지만 일생동안 늘 함께한다. 남성의 경우, 스포츠 클럽을 응원하려는 충동에서 소속 욕구가 뚜렷하게 드러난다. 영국은 보통 축구 클럽이, 미국은 야구나 미식축구 클럽이 중시된다. 스포츠 팀을 응원하는 것은 집단 정체성을 부여한다. 다른 수천 명과 함께 충성을 맹세함으로써 특정 종족의 일원이 되었다고 느끼는 것이다. 물론 그 밖의 이점도 있다. 기대할 미래의 이벤트 ― 다음 경기 ― 가 항상 마련되어 있다는 점, 목적감과 사명감 ― 승리와 우승 트로피 ― 이 부여된다는 점, 경기하는 날 군중의 일부가 되는 희열 등이 있다. 하지만 이 집단 정체성과 소속감은 중요한 심리적 욕구이며, 특정 클럽을 응원함으로써 그것을 충족시킨다.

집단적인 광기: 집단 정체성, 도덕적 추방, 집단 갈등

정체성을 확립하고 소속되려는 욕구는 민족주의나 국수주의, 교조주의적 종교에서도 뚜렷하게 드러난다. 이것은 아주 위험할 수 있다. 이 욕구는 자신의 민족이나 국가, 종교의 정체성을 고수하고 영국인이나 미국인, 백인, 흑인, 개신교도, 이슬람교도, 가톨릭교도인 것에 자긍심을 느끼게 부추긴다. 여기에 문제가 있다. 자신의 정체성에 자긍심을 느끼는 것은 문제가 아니다. 그것이 조장하는, 다른 집단에 대한 태도가 문제다. 특정 집단과의 배타적인 동일시는 자동으로 다른 집단에 대한 적대감과 경쟁심을 유발한다. 또한 '내집단in-group과 외집단out-group'으로 구분하는 사고방식을 낳는다. 당신은 소속 집단의 구성원을 우대한다. 당신은 구성원과 '형제자매'이므로 그들을 지지하고 연민을 느낀다. 하지만 다른 집단의 구성원들은 더 이상 개인으로 여기지 않고 한데 묶어 일반화한다. 다른 집단은 경쟁자가 되고 당신 집단의 정체성을 위협하는 적으로 간주된다. 집단 정체성을 더욱 강화하기 위해 당신의 집단은 다른 집단들보다 우월하다고 느껴야 한다. 따라서 '다른' 집단을 폄하하고 무시한다.

이렇게 소속감을 부여하는 것 말고도 집단 정체성의 매력은 또 있다. 바로 우리 자신을 정의할 수 있는 이름표를 제공한다는 것이다. 그 이름표 덕에 우리는 고스나 맨체스터 유나이티드 팬이나 사회주의자나 크리스천이 될 수 있다. 이 방법을 통해 집단은 우리의 정체성을 강화한다. 한번 자문해보라. '나는 누구인가?' 당신은 남편/아내, 아빠/엄마, 교사/건축가/정원사/작가, 사장/부장/매니저, 미국인/영국인 같은 여러 가지 이름표에 추가할 또 다른 이름표를 틀림없이 갖고 있을 것이다. 직함과 역할을 덧붙이는 것은 연약한 에고를 잊으려는 노력의 일환이다. 그 이름표에 의지해서 우리는 자신이 대단한 사람이라고 느낀다.

도덕적 추방

집단 정체성이 가장 위험한 측면 가운데 하나는 심리학자들이 '도덕적 추방moral exclusion'이라고 부르는 현상이다. 다른 집단의 도덕적 권리와 인권을 박탈하고 그들을 존중하지도, 공정하게 대하지도 않을 때 도덕적 추방이 일어난다. 오직 소속 집단의 구성원에게만 도덕적 기준을 적용한다. 우리는 자신의 종족을 공정하게 대하고 자원을 공유하고 희생하고 지지하고 그들의 발전을 격려한다. 그러나 내집단의 경계선을 넘어서는 순간, 그러한 호의는 즉각 중단되고 외집단에 대한 적의와 냉대로 바뀐다. 자신의 '도덕공동체moral community'에서 추방됐으므로 우리는 그들을 아무렇지도 않게 착취하고 억압하고 심지어 죽이기까지 한다.

나는 이러한 행동이 에고 고립과 관계가 있다고 생각한다. 6장에서 말했듯이 '인간이 인간에게 저지르는 비인간적 행위'를 부채질하는 것은 공감 능력 결여이다. 에고가 벽에 둘러싸여 갇혀 있으므로 우리의 '공감 가능한 범위'에 드는 사람은 매우 한정적이다. 우리가 조금이라도 공감할 수 있는 이들은 가장 가까운 사람들밖에 없다. 그들은 우리와 가장 비슷하고 정체성을 공유한다.

이것은 일부 인간들이 자기 가족과 공동체 구성원에게는 한없이 다정하지만 그 범위 밖에 있는 사람들에게는 극악무도한 짓을 저지를 수 있는 이유를 설명해준다. 히틀러조차 참모들에게는 사려 깊고 자상했다고 한다. 최근 인터뷰에서 이제 90세에 이른 히틀러의 하녀는 이렇게 회상했다. "제가 아는 히틀러는 저에게 친절하게 대해주신 훌륭한 분입니다." [5] 그의 경호원도 비슷한 증언을 한다. 그가 아플 때 히틀러가 자신의 주치의에게 치료받게 해주고 데이트할 수 있게 휴가를 주고 결혼할 때 선물도 했다고 한다. 히틀러는 채식주의자였다고 추정된다. 하지만 그 동기가 동물에 대한 연민인지, 아니면 건강상의 이유인지는 확실하지 않다.

집단 정체성과 집단 갈등

집단 정체성이 강해지면 억압과 전쟁이 반드시 끼어든다. 유사 이래 거의 모든 전쟁이 둘 이상의 서로 다른 '정체성 집단' 간의 충돌이었다. 십자군 전쟁에서 기독교 집단과 이슬람교 집단, 유대인과 아랍인, 인도의 힌두교 집단과 이슬람교 집단, 북아일랜드의 가톨릭교 집단과 개신교 집단, 이스라엘인과 팔레스타인인, 세르비아인과 크로아티아인과 보스니아인 등 그 예는 끝이 없다.

집단 정체성은 6장에서 다룬 집단의 병리적 행동의 출현을 촉진한다. 집단 정체성에 힘입어 한 집단은 그들 집단의 부와 권력을 늘리기 위해 다른 집단을 정복하고 지배하려는 욕망을 단체로 품을 수 있다. 안정적이고 부유한 시기에는 서로 다른 집단끼리도 전쟁을 벌이지 않고, 심지어 비교적 사이좋게 공존할 수 있다. 하지만 그 밑에 깔려 있는 긴장은 사소한 시련이나 동요만으로도 번번이 폭발한다. 또는 외부 세력이 이익을 얼으려고 그 긴장을 일부로 건드리기도 한다.

　인도에서 이슬람교도와 힌두교도가 뚜렷한 집단 정체성을 갖기 시작한 것은 19세기 초이다. 그 이전에는 집단 정체성이 없었다고 주장하는 역사학자들도 있다. 두 집단은 19세기 후반까지 대체로 평화롭게 공존했다. 그러나 인도를 식민지로 삼은 영국이 그 두 집단을 차별함으로써 집단 정체성을 조장하고 '분할통치' 정책을 이용해 그들 사이에 긴장을 조성했다.[6] 영국을 향한 일반 대중의 반감이 커짐에 따라 힌두교도와 이슬람교도 사이의 긴장도 고조되었다. 그리고 1947년, 인도의 분할로 그 긴장이 결국 폭발하면서 엄청난 폭력과 유혈 참극을 빚었다. 인도가 영국으로부터 독립하면서 오랜 역사를 지닌 그 왕국은 인도와 파키스탄으로 분할되었다. 1,400만 명이 넘는 사람들이 나라를 옮겼다. 힌두교도는 남쪽으로 내려가 인도로 이주하고, 이슬람교도는 북쪽으로 올라가 파키스탄으로 이주했다. 동쪽으로 이동하여 지금의 방글라데시인 동파키스탄으로 옮겨 간 이들도 있었다. 고향에서 추방되어 떠도는 힌두교 집단과 이슬람교 집단은 극렬하게 서로를 공격하여 약 50만 명이 사망했다. 간디가 예언했듯이 그것은 피할 수 없는 일이었다.

　유고슬라비아에서는 서로 다른 민족 집단들이 대대로 사이좋게 살아서 보스니아와 사라예보는 한때 성공적인 사회 통합의 본보기로 간주되기도 했다. 그러나 1980년대에 유고슬라비아가 외채 위기로 심각한 타격을 입으면서 서로 다른 집단들 간에 긴장이 조성되었다. 이어 소비에트 연방이 해체되자 경제 사정이 훨씬 더 악화되었다. 옛 사회주의 국가들이 서방 무역을 놓고 서로 경쟁하기 시작했기 때문이다. 제2차 세계대전 이후 가난은 그 어느 때보다 극심했고, 그 결과, 사람들은 자신을 민족 집단과 더 철저히 동일시하며 독립을 요구하기 시작했다.

이 민족 정체성 요구는 소비에트 연방의 해체가 빚은 '정체성 부재'로 인하여 더욱 강화되었다. 한때 자신의 정체를 공산주의자로 규정하고 자본주의 국가를 '다른 집단'으로 인식했던 사람들이 이제는 해묵은 민족 정체성에 의지했다. 세르비아 민족, 보스니아 민족, 크로아티아 민족, 알바니아 민족, 또는 기독교도나 이슬람교도로 살고자 했다. 이제 '다른 집단'은 자신과 다른 민족 집단을 의미했다. 미디어와 정치가들도 이 '다른 집단'을 악마로 규정하는 동시에 민족적 자긍심과 자기 확신을 강화했다. 그 결과, 1991년에 유고슬라비아 사회주의 연방공화국은 갈가리 찢어져 서로 격렬하게 싸움을 벌였고 사망자 수가 14만 명에 이르렀다.

이 사례들이 보여주듯이 집단 정체성은 유동적이다. 정체성은 결코 고정되지 않는다. 사람들은 다양한 시점에 다양한 원천으로부터 정체성을 얻는다. 손쉽게 얻을 수 있는 정체성이 없을 때는 사람들이 직접 정체성을 만들어낸다. 언제나 그렇다. 이것은 한 집단이 더 작은 여러 집단으로 쪼개지고, 그런 다음 서로 충돌하는 경향을 설명해준다. 대규모 종교 집단이나 정치 집단, 문화 집단은 더 작은 집단, 그보다 더 작은 집단으로 자꾸자꾸 쪼개지면서 그들만의 새로운 정체성을 갖는다. '기독교도'라고 자칭하는 서로 다른 집단이 그렇게 많은 이유도 그 때문이다. 가톨릭교도, 개신교도, 성공회교도, 침례교도, 루터교도, 감리교도, 여호와의 증인 등 기독교에서 갈라진 집단이 한도 끝도 없다. 북미 원주민들은 그것도 결코 이해할 수가 없었다. 세네카족 추장 레드 재킷Red Jacket은 유럽 이주자들에게 이렇게 말했다. "위대한 영혼을 섬기고 숭배하는 방법은 오직 한 가지뿐이라고 당신들은 말합니다. 종교가 단 하나밖에 없다면서, 어찌하여 당신네 백인들은 그것에 관해 그렇게 서로 의견이 다릅니까? 당신들 모두 그 경전을 읽을 수 있는데 어찌하여 의견이 일치하지 않습니까?"[7]

진화심리학자들은 이 모든 것을 유전적인 측면에서 설명할 것이다. 유전적으로 연관된 사람들이 집단을 이루는 것, 그리고 유전적으로 유사한 사람들이 집단을 이루는 것, 그리고 유전적으로 유사한 사람들의 집단이 다른 집단과 충돌하는 것은 인간의 천성이라고 주장한다. 그들의 이론에 따르면, 인간으로서 우리의 주요 관심사는 자신의 유전자를 지키고 번식하는 것이다. 따라서 우리는 자신과 가까운 사람들 — 유전적으로 연관된 사람들의 집단 — 은 정성껏 보살피고 다른 사람들 — 상이한 유전자 조합을 지닌 사람들의 집단 — 은 배척하도록 타고났다.

그러나 위의 사례에서 보듯이 사람들은 민족이나 인종보다는 이데올로기에 근거하여 집단을 이루는 일이 빈번하다. 그리고 이데올로기가 없을 때조차 직업이나 계층과 같은 집단 간의 미묘한 차이가 서서히 확연해지며 뚜렷한 경계선이 생겨서 집단 갈등으로 이어지는 일도 흔하다.

이 점과 관련하여 더없이 생생하고 무서운 사례가 있다. 1994년에 르완다에서 벌어진 집단 학살이다. 르완다 전체 인구의 20%에 가까운 75만여 명이 사망한 이 갈등의 근원은 부족 집단도 아니고 민족 집단도 아니었다. 독일과 벨기에 식민 정부가 인위적으로 만들어낸 집단 정체성이 그 원인이었다. 원래 후투족과 투치족은 별개의 두 집단이 아니었다. 심지어 오늘날에도 그들은 동일한 언어로 말하고 동일한 지역에 살며 동일한 전통을 따른다. '투치Tutsi'라는 단어는 단순히 소를 여러 마리 소유한 르완다 사람을, '후투Hutu'는 소를 소유하지 못한 르완다 사람을 이르는 말이었다. 따라서 투치는 쉽게 후투가 될 수 있었고 후투도 쉽게 투치가 될 수 있었다. 그런데 독일은 1890년대에 르완다를 식민지로 삼으면서 투치가 유럽인과 더 비슷하다고 결정하고는 그들을 우대하기 시작했다. 나중에 독일에게서 르완다 통치권을 빼앗은 벨기에는 르완다인에게 '투치' 또는 '후투'라고 적힌 신분증을 발급하여 이 분열을 부채질했다. 그 결과, 두 집단 사이에 뚜렷한 경계선이 그어지고 '타자성'이 생겨났으며, 이것은 도덕적 추방을 촉발했다. 두 집단 간의 적대감은 악화일로로 치닫다가 1994년, 후투족 출신의 하비아리마나 대통령이 암살되자 폭발하여 결국 집단 학살로 이어졌다.

집단은 정체성 욕구에 의해 생겨난다. 유전적 유사성이나 유전적 차이에 의해서 생겨나는 것이 아니다. 하지만 그 심리적 욕구는 기존의 민족 차이나 인종 차이를 자주 활용한다.

교조주의적 종교의 광기

정체성과 소속감을 통해 에고를 강화하려는 욕구는 인간이 가진 또 하나의 병리적 행동을 설명하는 데 도움이 된다. 원주민 인류학자라면 이번에도 결코 이해하지 못할 그 병리 현상은 바로 교조주의적 종교다.

나는 영적이고 자애로운 신자들을 많이 만났다. 그들에게 종교는 도덕적, 영적 성장의 기반이자 기준이다. 강력한 영험을 발휘하여 내면의 고요와 신성을 느끼게 해주는 종교의식과 종교 행위는 나도 많이 알고 있다. 하지만 제정신이 아닌 신자도 많은 게 사실이며, 미친 짓으로 보이는 종교의식과 믿음도 한둘이 아니다.

그래서 '영적' 종교와 '교조주의적' 종교를 구별하는 것이 중요하다. 영적 종교는 위에서 묘사한 유형의 종교다. 이것은 이타주의와 연민 등 인간이 타고난 고귀한 특성을 장려하고 신성함과 숭고함을 키워준다. 영적 종교 생활을 하는 사람들은 다른 종교 집단을 적대시하는 일이 결코 없다. 오히려 다른 신앙에 호의적인 관심을 보이고 다른 종교의 사원을 찾거나 종교의식에 참여하기도 한다. 대체로 그들은 자신이 믿는 종교를 열렬히 전파하지 않는다. 사람마다 자신에게 맞는 종교가 따로 있으며 모든 종교는 동일한 진리를 각자 다른 방식으로 표현하거나 명시할 뿐이라는 태도를 갖기 때문이다.

그러나 안타깝게도 영적 종교는 그렇게 흔하지 않다. 종교가 있는 사람들의 대다수는 교조주의적 종교를 추종한다. 교조주의적 종교 생활을 하는 이들은 자신은 옳고 다른 사람은 모두 틀렸다고 믿는다. 그들에게 종교는 자기 성장이나 영적 경험과는 상관이 없다. 완고한 믿음을 고수하고 종교 당국이 정해놓은 규칙을 따르는 것이 중요하다. 교조주의적 종교는 그들의 믿음에 의문을 품는 타인에게 대항하여 그 믿음을 지키고 자신의 '진리'를 고집하느라 타인의 진리를 경시하고 자신의 종교를 다른 모든 이에게 전파하는 것과 관계가 있다. 또 사람들이 다른 종교를 갖고 있다는 사실을 모욕으로 받아들인다. 자신들의 믿음이 틀릴 수도 있음을 암시하기 때문이다. 교조주의적 종교를 따르는 사람은 다른 사람이 틀렸음을 그들 스스로 납득하게 하여 자신이 옳음을 입증한다.

지금 나는 이 문제를 양극단의 종교를 예로 들어 설명하고 있지만, 이 두 종교 유형 사이에도 커다란 중간 지대가 존재한다. 당연하다. 종교는 '이것 아니면 저것'으로 이분화할 수 있는 문제가 결코 아니다. 완고한 믿음을 고수하면서도 모두를 포용하는 이타주의를 지닌 사람들, 종교에 상관없이 타인에게 봉사하고 그들의 고통을 덜어주려는 영적 열망을 지닌 사람들이 있다. 그들은 자신의 종교가 진리를 가장 '올바르게' 표명한다고 믿지만 타인의 종교도 전적으로 존중한다. 마더 테레사가 좋은 예다. 테레사 수녀는 인도의 극빈자를 섬기는 일에 일생을 헌신한 독실한 가톨릭교도였다.

간단하게 정리하면, 교조주의적 종교의 목적은 믿음과 이름표, 집단 정체성을 통해 에고를 강화하는 것이다. 영적 종교의 목적은 정반대로 연민과 이타주의, 영적 종교 생활을 통해 에고를 초월하는 것이다.

종교의 기원

교조주의적 종교는 에고 광기의 여러 가지 측면이 함께 작용한 결과이다. 교조주의적 종교의 광기는 아동기에서부터 시작된다. 정신의 그 놀라운 유연성 덕에 부모와 종교 지도자들은 종교적 믿음 체계를 일찌감치 어린아이에게 심어줄 수 있다. 앞서 말했듯이, 정신이 발달하는 생후 초기에 정신이라는 구조물에 믿음을 '이식'하면 그것은 아주 깊게 뿌리를 내려서 뽑아내기가 무척 어렵다. 그 믿음 체계가 외부인의 눈에 아무리 기이해 보여도 그 사람에게는 자명한 진리다.

인문주의자들은 이성을 이용해서 종교적 믿음 체계를 무너뜨리는 것이 가능하기는 하지만 결코 간단한 일이 아니라고 말한다. 종교적 믿음이 정신의 맨 밑바닥까지 철저히 뿌리를 내렸을 경우, 이성적인 논쟁을 통해 그가 틀렸음을 입증하는 것은 정신분열증 환자에게 정신을 차리라고 설득하는 것만큼이나 소용없는 짓이다.

종교적 믿음의 근원

종교적 믿음은 인간이 타고난 것이며 우리는 언제나 신을 믿었다는 주장이 널리 퍼져 있다. 그러나 엄밀히 말하면 이는 사실이 아니다. 세계 도처의 원주민 대다수는 우리가 신이라고 말하는 존재를 믿지 않는다. 그들의 종교는 ─ 그것을 묘사하는 데 종교라는 말을 써도 좋다면 ─ 신을 숭배하지 않는다. 그보다는 온 우주와 그 안의 모든 것에 생명력이 깃들어 있다는 믿음에 기반을 두고 있다. 이 생명력은 신처럼 전지전능한 인격체가 아니라 대체로 비인격체이자 육신이 없는 에너지이다.

이것을 가리키는 단어는 원주민 집단마다 다르다. 아프리카의 누에르족은 쿼오스kwoth, 음부티족은 페포pepo라고 부른다. 미국의 포니 원주민은 티라와tirawa, 라코타 원주민은 '만물을 움직이는 힘'이라는 뜻의 와칸-탕카wakan-tanka라는 단어를 사용한다. 그 밖에 일본의 아이누족은 그것을 라무트ramut라고 부르고, 뉴기니아에서는 '영혼'을 가리키는 이무누imunu라는 말을 쓴다.

원주민들은 우주 만물에 깃든 이 에너지, 다시 말해 영Spirit, 靈을 감지할 뿐 아니라 이 세상에 개개의 영혼이 살고 있다고 믿는다. 이 영혼들 역시 신이 아니다. 그 영혼들은 인간의 형상을 하고 있는 것이 아니라 추상적인 의미의 힘이나 동력이다. 그림자나 수증기와 비슷하다. 이 영혼에는 두 가지 유형이 있다. 죽은 자의 영혼과 자연의 영혼이 그것이다. 후자는 각기 다른 자연현상과 관계가 있으며 때로는 그 안에 거주한다. 이 자연의 영혼은 돌멩이, 동물, 강, 바람 속에 살고 있으며 자연현상을 설명하는 데 어떤 역할을 한다. 예를 들어, 어떤 사람이 병에 걸리면 나쁜 영혼이 그의 몸속으로 들어갔기 때문이고, 비가 오기 시작하면 비의 영혼이 깨어났기 때문이다. 이런 점에서는 영혼이 신과 비슷하다. 일신교에서 신은 무언가를 설명하는 역할을 맡기 때문이다. 한 예로, 사람이 병들어 죽으면 그것이 '신의 뜻'이라는 식이다.

세상을 주관하고 우리의 삶을 통제하는 전지전능한 인격체로서 신이라는 개념은 휴머니아의 또 다른 결과물, 특히 에고 분리가 일으킨 고립감과 불완전감에 대한 반응이라고 나는 생각한다. 신이 항상 지켜보고 있다고 믿는다는 것은 당신이 결코 혼자가 아니라는 뜻이다. '그분'은 교감하는 느낌을 부여하는데, 위안을 주는 그 느낌은 당신의 고립감, 즉 '저밖의 현실과 동떨어져 마음 공간에 홀로 갇혀 있는 느낌을 덜어준다.

인격체로서 신이라는 개념은 두려움에 대한 심리적 반응이기도 하다. 두려움은 주로 사건의 무작위성에서 비롯된다. 미래가 두려운 이유는 깜깜한 숲처럼 일어날 일을 알 수가 없고 예측할 수 없으며 위험이 가득할 수 있기 때문이다. 자연재해, 질병, 죽음, 사랑하는 사람과의 이별, 생계 등 수많은 두려움이 존재한다. 하지만 신이 그 모든 사건을 주관한다고 믿는다면, 그리고 그 사건의 결과가 긍정적일 거라고 믿는다면 무작위성과 공포는 사라진다. 적어도 그 정도가 덜하다. 모든 것이 신의 계획의 일부로서 이미 정해져 있기 때문이다.

사후 세계라는 개념 역시 종교가 지닌 중요한 매력이다. 원주민들도 사후 세계를 믿는다. 하지만 그들이 일반적으로 생각하는 사후 세계는 천국이나 하늘나라가 아니다. 천국은 신자들의 모든 욕구가 충족되고 그들이 지극히 행복하게 영생을 누린다는 곳이다. 많은 사람이 내세에서 자신의 영혼이 이생에서와 거의 똑같은 방식으로 살게 될 거라고 믿는다. 원주민들은 죽음을 보다 영적인 개념으로 생각하여, 죽음을 우리 개개인의 영혼이 우주에 깃든 생명력, 즉 영靈과 다시 합쳐지는 순간으로 본다. 그들에게 죽음은 우리가 지구의 자궁으로 돌아가는 바로 그 순간이다.

그러나 휴머니아는 우리의 삶이 곧 고통 ─ 심리적 고통, 억압과 갈등으로 인한 사회적 고통 ─ 이라고 속삭인다. 때문에 우리는 사후 세계를 지상에서의 고달픈 삶을 보상해줄 수 있는 평화로운 곳으로 정해놓는다. 내세는 우리가 비참한 현실을 견디게 도와주는 일종의 집단적 몽상이 되었다. 이생에서 우리가 얻지 못한 것 ─ 욕구 충족과 성취와 만족 ─ 을 모두 누릴 수 있는 미래의 장소가 되었다. 특히 우리 조상들, 농노와 소작농, 노예로서 '궁핍하고 참혹하고 짧은' 삶을 산 이들에게는 평화로운 내세에 대한 믿음이 무엇보다 필요했다. 그것마저 없었다면 삶이 잔인하고 무의미한 농담처럼 보였을 것이다.

집단 정체성과 권력

종교는 인간의 최상위 욕구에서부터 최하위 욕구까지 모두 충족시키게 도와줄 수 있다. 이것을 매슬로의 욕구단계설과 연결시켜 생각해보면 영적 유형의 종교는 '자기실현' 욕구 충족에 일조한다. 욕구단계설에 따르면, 인간의 자기실현 욕구는 가장 높은 단계의 욕구다. 종교는 우리가 도덕성과 연민을 키우고 자기중심성과 고립을 초월하고 거룩한 마음을 갖게 도와준다.

종교적 믿음은 집단 정체성의 기반을 제공한다. 특정 종교 집단이 확고하게 자리를 잡으면 사람들은 그 집단의 믿음을 받아들인다. 그들에게는 집단이 제공하는 정체성과 소속감이 필요하기 때문이다. 그리고 종교 집단은 구성원의 아이들에게까지 그들의 믿음을 전달한다. 민족 집단을 제외하면 인간에게 집단 정체성을 제공하는, 그리고 집단 갈등을 초래하는 가장 커다란 원천은 교조주의적 종교일 것이다. 그리고 당연히 민족 정체성과 종교 정체성은 자주 하나로 결합한다. 아일랜드 개신교 집단과 아일랜드 가톨릭교 집단, 보스니아 이슬람교 집단과 세르비아 기독교 집단이 그 예다. 두 정체성이 상호 강화하여 갈등의 골이 훨씬 깊어진다.

지위 및 권력 욕구도 교조주의적 종교를 하나의 수단으로 자주 활용한다. 다른 사람을 자기 종교로 개종시키려는 충동은 그의 종교가 다르다는 데서 느끼는 모욕을 다루는 방법이다. 게다가 그 충동은 권력을 확장하려는 욕구에서 생겨난다. 궁극적으로 교조주의적 종교 집단의 구성원들이 원하는 결과는 제국주의자와 식민주의자들이 원한 것과 조금도 다르지 않다. 그들은 '복음을 전한다'고 다정하게 말하지만 사실은 알렉산더 대왕이나 스탈린을 충동질한 그 권력욕과 지배욕을 채우기 위해 행동하고 있는 것이다. 1980년대 말, 소비에트 연방이 해체되자 엄청난 수의 선교사들이 옛 사회주의 국가로 몰려들었다. 그와 함께 엄청난 수의 서방 기업들이 물밀듯이 들어와 새로운 시장을 개척하려고 열심이었다. 선교사와 기업가, 양측이 원한 것은 단 하나, 자신의 제국을 넓히는 것이었다.

인문주의자들이 종교에 강하게 반대하는 이유 가운데 하나는 종교가 분열과 갈등을 조장한다고 믿기 때문이다. 그 말이 사실이라는 것은 의심의 여지가 없다. 그러나 집단 갈등과 유전적 차이에 대한 나의 주장을 다시 요약하자면, 분열과 갈등을 조장하는 것은 종교가 아니라 집단 정체성 욕구이다. 종교에서 집단 정체성을 얻을 수 없다면 사람들은 다른 원천을 찾아 정체성을 얻을 것이다. 민족이나 지역, 정치적 신념, 축구팀 등이 그 원천이 된다.

리처드 도킨스Richard Dawkins는 과학과 이성이 결국에는 종교를 대체하리라고 믿는 교조주의적 무신론자다. 하지만 바로 위에서 말한 이유 때문에 종교는 결코 사라지지 않을 것이다. 서양인들의 삶은 비교적 수월하고 억압이 없다. 따라서 조상들과 달리 우리에게 종교는 그렇게까지 중요하지 않다. 우리의 삶에는 고통이 별로 없고, 그러므로 평화로운 내세에 대한 몽상이 그다지 필요하지 않다. 하지만 종교의 필요성은 여전히 어느 정도 존재한다. 여전히 우리는 심리적 고통을 받기 때문이다. 우리는 휴머니아로 인한 심리적 고통을 다룰 방법이 필요하다. 어떤 사람들은 오락과 활동에 열중함으로써 그 고통을 덜어내려고 한다. 또 어떤 이들은 부와 지위를 추구함으로써 그것을 없애려고 노력한다. 유사 종교 활동에 열심인 사람도 있는데, 특정 축구팀을 추앙하거나 특정 정당을 열렬히 지지하는 사람이 그들이다. 특히 과학과 합리주의가 종교의 신빙성을 감소시켜 왔기 때문에 이 두 방법론의 인기가 날로 높아지고 있다. 하지만 교조주의적 종교가 여전히 휴머니아에 응답하는 효과적인 수단이기 때문에, 사람들은 계속 종교를 이용할 것이다. 휴머니아가 살아 있는 한, 교조주의적 종교는 언제까지든 살아남을 것이다.

8장

불안과 충동은 어디에서 오는 걸까

신체 질환과 달리, 정신 질환은 그 원인을 정확히 찾아내기가 무척 어렵다. 한 예로, 정신분열증의 정확한 원인을 아는 사람은 없다. 다만 여러 가지 가능성이 수없이 제시될 뿐이다. 유전적 요인이나 뇌 화학물질 세로토닌과 도파민의 불균형 등, 뇌 손상, 심지어 바이러스 감염, 여기에 트라우마나 약물 남용 같은 환경적 요인도 거론된다.

휴머니아는 어떤가? 앞에서 나는 휴머니아가 에고 분리와 인지 부조화 두 가지 요소로 이루어진다고 말했다. 인간이 이 두 요소를 악화시키는 원인을 찾아낼 수 있을까? 그것을 알아내는 최선의 방법은 먼저 휴머니아를 겪지 않는 사람을 관찰하는 것이다.

원주민들의 조화로운 마음

이미 말했듯이 세계 곳곳의 원주민들은 대체로 휴머니아를 겪지 않는 듯하다. 적어도 휴머니아 정도가 우리와는 비교할 수 없이 낮다. 그렇다면 그들이 우리와 다른 이유는 무엇일까?

나는 주로 북미 원주민 부족을 예로 들었다. 하지만 그 밖에도 셀 수 없이 많은 원주민 집단이 존재한다. 호주 원주민 집단도 한둘이 아니며, 인도와 보르네오, 뉴기니, 폴리네시아 등 여러 나라의 숲과 들에 다양한 부족 집단이 살고 있다. 하지만 유럽인과의 접촉으로 무수한 원주민 사회가 파괴되거나 분열되는 비극을 겪었다. 그 결과, 현재 심각한 사회적, 심리적 문제에 시달리는 집단이 많다. 그럼에도 일부 공동체, 특히 외딴 지역의 원주민 집단은 여전히 전통적인 생활 방식에 따라 살아간다.

그런데 유럽의 식민지 통치자와 선교사들은 원주민을 열등하다못해 하등한 인간이라고까지 단정했다. 그 이유는 바로 원주민에게서는 휴머니아 증상이 보이지 않았기 때문이다. 예를 들어, 초기 식민지 통치자는 '게으르기 짝이 없어' 보이는 원주민들의 모습에 아연했다. 유럽인과 달리, 그들은 자신의 마음에서 달아나기 위해 오락과 활동에 열중할 필요가 없었기 때문이다. 유럽인의 생각에 나태는 죄악이었다. '악마는 게으른 손에 할 일을 찾아준다'는 속담이 있을 정도로, 게으른 사람은 악마에게 휘둘려 악행을 저지를 수도 있다고 믿었다. 그러나 미국의 원주민들도 필요한 만큼은 일을 했다. 여섯 달 동안 일하고 그 후 여섯 달은 꼬박 쉴 때도 있었다. 그들은 팔거나 저장할 목적으로 음식이나 그 밖의 물건을 잔뜩 쌓아두기 위해 계속 일을 해야 할 필요성을 느끼지 못했다.

비슷한 사례가 또 있다. 전통적인 수렵채집인 집단을 자세히 관찰하던 인류학자들은 그들의 '노동' 시간이 매우 적다는 것을 알고 깜짝 놀랐다. 그들이 음식을 구하는 데 들이는 시간은 일주일에 고작 12시간에서 20시간에 불과했다.[1] 나머지는 마음대로 쓸 수 있는 자기만의 시간이었다. 요즘에도 전통적인 생활을 하는 호주 원주민은 하루에 4시간 정도만 음식을 찾는 일에 소비한다. 나머지 시간에는 노래를 하고 옛이야기를 들려주고 전통적인 수공예품을 만들고 가족이나 친구와 수다를 떤다.[2] 다시 말해서 그들은 '아무 일도 하지 않는 것'을 문제로 여기지 않았다. 현대의 원주민들도 특별히 하는 일 없이 조용히 있으면서 불안이나 욕구 불만을 전혀 느끼지 않는, 참으로 부러운 능력을 갖고 있다.

그렇기 때문에 원주민들은 '기다리는' 능력도 갖고 있다. 인류학자들의 관찰에 따르면, 그 능력은 가히 놀라울 정도다. 사냥을 하러 가게 날씨가 좋아질 때까지, 또는 물고기를 잡으러 가게 바다가 잔잔해질 때까지 몇 시간이고 기다려야 하거나, 심지어 눈이 녹아서 산을 넘어갈 수 있게 며칠을 기다려야 할 때도 원주민들은 다급하거나 초조한 기색이 없다. 인류학자 앤드류 미러클Andrew Miracle과 후안 데디오스Juan de Dios는 칠레의 아이마라Aymara 원주민은 어떤 경우에도 조바심을 내는 법이 없다고 말했다. 시장까지 타고 갈 트럭을 서너 시간이나 기다려야 할 때조차 그러했다.[3] 북미 원주민과 함께 생활하며 그들을 관찰한 미국의 인류학자 에드워드 홀Edward T. Hall에 따르면, 병원이나 교역소에서 몇 시간 동안 기다리고 있을 때 원주민들은 조금도 짜증을 내지 않은 반면 유럽인들은 안절부절못하고 마구 화를 냈다.[4] 유럽인들이 그렇게 화가 난 이유는 오락과 활동에 주의를 쏟으려는 욕구 때문이었다.

달리 말해서 원주민들의 심리적 부조화 정도는 우리와 큰 차이가 난다. 그들의 마음은 더 잘 통합되고 더욱 평화로운 듯하다. 이것은 인류학자들의 보고와도 일치한다. 그들은 원주민이 주아 드 비브르, 즉 삶의 환희를 누린다고 일관되게 묘사한다. 심지어 곤경에 처해도 태평하고 쾌활하다. 초기 식민지 통치자와 탐험가들을 아연하게 한 원주민들의 특성 중하나가 바로 그것이었다. 18세기 초의 탐험가 콜벤Kolben은 남아프리카의호텐토트족Hottentot을 가리켜 "지금까지 지구상에 출현한 가장 친절하고가장 자유롭고 서로에게 가장 자애로운 사람들"이라고 묘사했다. 러시아의 동물학자이자 철학자 표트르 크로포트킨Peter Kropotkin은 이 말을 1902년에 출간한 저서 『만물은 서로 돕는다』에서 인용한 뒤 다음과 같이 적었다. "그 이후에도 오스탸크족Ostyak, 사모예드족Samoyede, 에스키모족Eskimo, 다야크족Dayak, 알류트족Aleoute, 파푸아족Papua 등, 미개인에 관한 최고의 권위자들의 묘사에서 그와 유사한 표현이 언제나 등장한다. 나는 또한 퉁구스족Tungus, 추크트치족Tchuktchi, 수족Sioux과 그 밖의 여러 부족에게도 동일한 표현을 적용한 글을 읽은 기억이 있다."[5]

현대에 들어서는 영국의 인류학자 콜린 턴불Colin Turnbull이 중앙아프리카의 피그미족Pygmy을 비슷하게 표현했다. 1950년대에 그들과 3년 동안 함께 생활한 턴블은 피그미족을 "걱정 근심이 없고 기쁨과 행복으로 충만한 경이로운 존재"라고 묘사했다.[6] 최근에는 인류학자 다니엘 에버렛Daniel Everett이 아마존에 사는 피라항Pirahán족을 이렇게 표현했다. "처음 도착하여 그들과 함께 밤을 보낸 날부터 나는 그들의 참을성과 행복과 친절에 깊은 인상을 받았다." 감탄은 계속 이어진다. 피라항족에게는 "우울증이나 만성피로, 극단적 불안, 공황 발작 등 산업 사회에서 흔히 나타나는 다양한 정신 질환의 증후가 보이지 않는다."[7]

물론 행복은 지극히 주관적인 상태이며 탐험가나 인류학자들이 받은인상을 물적 증거로 삼을 수는 없다. 그리고 원주민이 우리보다 더 행복하다는 보고가 사실이더라도 거기에는 다른 요인도 관계가 있을 것이다. 자연과의 근접성, 더 낮은 스트레스 수준, 더욱 단합된 공동체 등이 그런 요인이다. 하지만 휴머니아가 없는 사람이라면 틀림없이 그런 종류의 행복을 경험할 것이라고 우리는 예상할 수 있다. 미하이 칙센트미하이 역시 원주민들은 '심리적 엔트로피통제할 수 없는 임의적인 내적 수다'가 없는 것 같다고 지적하며 이렇게 말한다. 그들은 "차별이 일상인 사회에서 온 방문객이 틀림없이 부러워할 심적 평온을 자주 보여준다."[8] 그리고 유럽 식민지 통치자들이 평온하고 자애로워 보인다고 증언한 원주민이 한 명도 없다는 사실도 언급할 필요가 있겠다. 지금껏 보았듯이 그들은 하나같이 정반대 의견을 제시했다.

앞에서 말했듯이 원주민들은 대체로 소유물을 축적하려는 욕구가 없고 지위와 권력에 무심한 평등주의자다. 평등주의는 수렵 채집인 집단에서 특히 두드러진다. 인류학자 제임스 우드번James Woodburn은 '즉시 보상immediate return' 수렵 채집 사회의 '심원한 평등주의'에 대하여 말한다. 즉시 보상 사회란 채집한 자원이나 물건은 무엇이든 즉시 사용한다는 원칙에 따라 살아가는 집단을 말한다. 우드번은 "인간의 생활 방식 중에서 그들의 방식처럼 그렇게 철저히 평등을 강조하는 방식은 없다."[9]고 말하며 그 수렵 채집 사회에 대해 다음과 같이 묘사한다.

> 평등사회 — 부의 평등, 권력의 평등, 지위의 평등…… 이들 사회에서는 긴밀하게 상호 연결되고 상호 강화하는 일련의 제도적 절차를 통해 평등을 적극 장려하고 불평등을 적극 거부한다.[10]

"당신은 무엇으로 생각하십니까?"

"우리는 여기에서 생각합니다."

이렇게 말하며 마운틴 레이크 추장은 심장을 가리켰다.

이 수렵 채집 집단에서는 어느 누구도 다른 구성원에게 무엇을 하라고 지시할 권리가 없으며 집단의 의사 결정은 민주적으로 이루어진다. 추장이 있더라도 그의 권력은 제한적이고 그는 다수의 의견에 반하는 어떤 행동도 취할 수 없다. 인류학자 크리스토퍼 보엠Christopher Boehm은 국제연합(UN)이 회원국 사이의 합의로 결정을 내린다는 점에서 수렵 채집 집단과 현저히 유사한 방식으로 운영된다고 말했다.[11]

또한 원주민 집단에서 여성은 대체로 지위가 높다. 예를 들어, 식민지 시대 이전에 아프리카에서는 여성이 자주 추장과 마을 지도자가 되었고 평의회에서는 여성 의원이 흔했다. 북미 원주민 부족의 여성도 상당한 권위를 갖고 있어서 추장을 새로 임명하는 역할을 자주 맡았다. 한 예로, 원주민 집단이 초기 유럽인들과 협약을 체결할 때 그 서류에는 반드시 여성이 서명해야 했다. 남성의 서명은 어떤 효력도 없었기 때문이다. 이와 비슷하게 타히티에서도 여성은 추장이 되고 남자들과 마음껏 스포츠를 즐길 수 있으며 성적 자유도 보장되었다. '즉시 보상' 수렵 채집 사회에서 남성의 권위는 여성의 권위를 결코 능가하지 못한다. 여성은 배우자를 고르고 자신이 하고 싶은 일을 결정하고 자신이 원할 때마다 일을 한다. 결혼 생활이 깨지면 여성이 양육권을 갖는다.[12] 이처럼 원주민 사회에서는 여성의 지위가 아주 높고 성性에 무척 개방적이다. 이것을 보더라도 결혼 전에 성관계를 갖거나 이혼을 요구한다는 이유로 여성을 죽일 수 있는 문화는 그야말로 제정신이 아니라 하겠다.

원주민들은 또한 대체로 평화로우며 비호전적이다. 이 주제는 논란이 분분하다. 우리는 원주민을 '야만인'으로 생각하도록 조건화되었기 때문이다. 그래서 원주민이라는 말에 몽둥이로 서로 머리를 후려치고 이방인에게 창을 던지며 날뛰는 종족을 떠올린다. 게다가 우리는 광포하게 싸우고 사로잡은 적의 머리 가죽을 벗기는 미개한 원주민의 이미지로 가득한 서부 영화를 보며 자랐다. 여기에 스티븐 핑커Steven Pinker 같은 진화심리학자들도 한몫 거든다. 그들은 전쟁이 인간의 천성이라고 믿으며, 선사 사회와 원주민 사회에서 후대 사회 못지않게 전쟁이 빈발했다는 것을 입증하려고 애쓴다. 하지만 그들은 대개 증거를 조작하거나 유리한 증거만 골라서 제시한다.[13] 이에 반해, 많은 인류학자가 고유의 환경에서 살아가는 원주민 집단은 지극히 평화로우며 갈등을 피하려고 최선을 다한다고 말한다. 원주민 집단이 다른 부족을 정복하고 그들의 부와 영토를 차지하려는 욕망을 드러내는 일은 드물다. 인류학자 덴넌Johan M. G. van der Dennen은 500개 이상의 원주민 집단을 조사하고, 그 결과를 저서 『전쟁의 기원The Origin of War』에 소개했다. 그에 따르면, 조사 대상 집단의 절대 다수가 '매우 비호전적'이었으며 소수의 부족이 '온건한, 그리고/또는 정도가 약한, 그리고/또는 의례화된ritualized 전쟁'을 치른다고 한다.[14]

예를 들어, 호주 원주민 부족들은 서로 싸우는 일이 극히 드물다. 간혹 싸울 때조차 두 부족 간의 갈등을 두 사람 간의 싸움으로 '의례화'하는 일이 흔하다. 양측 부족을 대표하는 남성을 선정한 후, 그 두 남성이 15 내지 20미터 거리를 두고 꼼짝도 않고 서서 서로에게 창을 던진다. 그 중 한 명이 상처를 입으면 '전쟁'은 끝난다.[15] 호주 원주민 부족 사이에 갈등을 초래할 수 있는 상황이 하나 있다. 한 부족의 사냥꾼들이 다른 부족의 거주지에 접근할 때가 그렇다. 하지만 여기에는 긴장을 완화하는 또 하나의 전통적인 의례가 있다. 사냥꾼들은 거주지에서 멀리 떨어진 곳, 그러나 자신들이 확실히 보일 수 있는 곳에서 기다린다. 그런 다음 그들 중

미혼 남성, 그리고 아내와 오랫동안 떨어져 지낸 남성들이 바닥에 눕는다. 해질녘에 거주지의 원주민 여성들이 그곳으로 걸어와 그들과 성관계를 맺는다.[16]

원주민들이 대체로 휴머니아 증상을 보이지 않는 이유는 에고 분리와 인지 부조화 정도가 극도로 낮기 때문일 것이다. 그들도 어느 정도는 자신을 개별적인 존재로 인식한다. 하지만 2장에서 강조했듯이 그들의 개체감은 우리의 것보다 훨씬 약하다. 그러므로 그들은 타인, 다른 생물, 자신의 땅, 지구 자체와 따로 떨어져 있다고 느끼지 않는다. 따라서 우리의 삶에 부정적인 결과를 수없이 초래하는 고립감과 결핍감을 그들은 느끼지 않는다.

앞서 말했듯이 원주민들은 아무것도 하지 않고 조용히 기다리는 능력이 있으며 주변 세상을 강렬하게 지각한다. 우리와 달리 그들의 마음은 수다스런 생각으로 소란하지 않다는 말이다. 카를 융이 뉴멕시코의 원주민 추장에게 어째서 유럽인들이 미쳤다고 생각하는지 그 이유를 묻자 추장은 이렇게 대답했다.

"그들은 머리로 생각한다고 합니다."
융이 말했다.
"당연하지요. 당신은 무엇으로 생각하십니까?"
"우리는 여기에서 생각합니다."
이렇게 말하며 마운틴 레이크 추장은 심장을 가리켰다.[17]

그러므로 원주민들의 마음 공간은 우리의 것보다 당연히 더욱 조화로울 것이다. 따라서 그들은 그 안에서 머무는 것을 아주 좋아한다. 부모가 날마다 싸워서 적대감이 감도는 집에 있으려 하지 않는 십대 딸이 우리라고 한다면, 원주민은 금슬이 좋은 부부의 어린 자녀라고 할 수 있다. 그들의 집은 평화롭고 편안하다.

타락

지금까지 보았듯이 원주민들은 휴머니아를 겪지 않는다. 겪는다고 하더라도 그 정도가 우리보다 훨씬 낮다. 그렇다면 의문이 든다. 어째서 우리는 그들과 달리 휴머니아를 심하게 겪는 것일까? 이 질문에 정답을 내놓기는 불가능하다. 하지만 일종의 심리적 변화인 에고 광기가 역사의 어느 시점에 형성되기 시작했다는 신빙성 있는 가설을 제시할 수는 있다. 휴머니아의 근원은 뚜렷한 경계선을 지닌 매우 강한 에고다. 이 강한 에고를 나는 '과잉 발달한 에고'라고도 부른다. 약 6,000년 전인 B. C. 4000년 무렵, 수백 년 동안 에고가 그렇게 과잉 발달했을 거라는 증거가 있다.

유럽과 중동, 아시아의 민족들 — 현재 휴머니아를 가장 심하게 겪는 민족들 — 의 조상은 주로 중앙아시아와 중동에서 유래했다. 고고학적 자료는 그들이 B. C. 4000년경에 고국을 떠나 이주하기 시작했음을 보여준다. 이 무렵부터 개별성의 징후가 나타나기 시작했다. 시신 공동 매장이 아닌 개별 매장, 사유 재산, 개인의 이름과 업적을 적은 문서, 개인을 주인공으로 삼은 신화의 등장이 그것이다. 이 시기에 중앙아시아와 중동 전역에서 엄청난 전쟁이 한 차례 있었고, 그와 함께 가부장 사회와 계급

사회의 조짐이 처음 나타났다.

그 심리적 변화가 일어난 시점을 역사에서 찾을 수 있다면 아마도 그 무렵일 것이다. 이것은 추측에 근거한 가설일 뿐이다. 하지만 그 심리적 변화는 환경적 변화와 관계가 있을 것이다. B. C. 이전까지 중앙아시아와 중동 지역은 토지가 비옥하고 동식물이 풍부했으나 그 무렵에는 전 지역에 걸쳐 사막화가 진행 중이었다. 강우량이 줄어 강과 호수가 말라붙자 숲과 들이 사라지고 기근이 닥쳤다. 농사를 지을 수 없게 되었고 물이 부족해서 사냥에 의지할 수도 없었다. 당시 그 지역은 세계의 다른 지역과 비교해서 인구가 밀집한 곳이었다. 하지만 이제는 엄청난 수의 동물과 사람들이 더 비옥한 땅을 찾아 떼 지어 그곳을 탈출했다.

이러한 환경 변화 때문에 우리 조상들이 심리적 변화를 겪으면서 에고가 더욱 고립되고 지나치게 발달하기 시작했다. 또한 이기심과 개별성이 강화되었다. 사람들은 공동체의 생존보다는 개인의 생존을 우선시할 수밖에 없었다. 그와 동시에 이 곤경은 새로운 지적 능력을 자극했다. 살아남기 위해 사람들은 더 뛰어난 문제 해결 능력과 탁월한 논리력, 추상적 사고는 물론이고 미래를 계획하는 새로운 능력까지 갖춰야 했다. 그리고 이런 종류의 지적 능력은 더욱 강력한 에고를 필요로 했다. 에고는 우리 정신mind의 일부이며, 우리는 정신으로 사고하기 때문이다. 에고는 자기 성찰 능력과 추상화 능력에 더해서 미래를 상상하는 능력까지 제공한다. 원주민들 역시 이 다양한 능력을 어느 정도는 갖추고 있다. 하지만 그것들은 우리 조상들에게서 훨씬 더 크게 발달했다.

이런 종류의 지적 능력 발달은 매우 유익하다. 이 지적 능력에 힘입어 우리는 도시를 건설하고 우주선을 띄우고 컴퓨터를 발명하고 생명을 구하는 치료법을 발견할 수 있다. 하지만 그 지적 능력의 발달에는 대단히 해로운 면도 있으니 바로 에고 고립과 인지 부조화다.

이 가설이 옳다면, 원주민들이 휴머니아를 겪지 않는 이유는 아마도 그들은 그런 심리적 변화를 겪지 않았기 때문일 것이다. 우리 조상들이 겪은 그 엄청난 환경 변화를 그들은 경험하지 않았고, 따라서 에고가 강하게 발달하지 않았다. 그러므로 그들은 휴머니아가 일으키는 심각한 심리적, 사회적 문제를 결코 겪지 않는다.

광적인 식민 지배

그러나 원주민들도 엄청난 문제에 직면했다. 중증 휴머니아를 앓고 있는 유럽 식민주의자들이 쳐들어온 것이다. 유럽인들은 수많은 원주민 부족을 정복하고 학살하고 그들의 문화를 짓밟았다. 에고 광기의 파괴력을 입증하는 참혹한 광경이었다.

'휴머니아 환자' 집단이 휴머니아가 없는 집단과 만날 때 전자는 필연적으로 후자를 파괴한다. 공감 능력 결여에 더해서 권력과 부에 대한 욕망의 충동질에 전자는 후자 집단을 예속시키고 결국 제거한다. 전통적으로 사회적 억압과 전쟁이 없는 후자 집단은 휴머니아 집단의 잔인성과 군사력에 대항할 무기도 없고 대항할 성정도 아닐 가능성이 크기 때문에 특히 취약하다.

바로 이것이 세계 도처 원주민들에게 벌어진 일이다. 유럽인의 유입은 흑사병처럼 그들에게 치명적이었다. 그들의 인구는 충격적인 속도로 줄어들었다. 콜럼버스가 발을 딛기 전에 북미 대륙의 인구가 정확히 몇 명이었는지 알 수 없지만 보통 2천만 명에서 1억 명으로 추산한다. 그런데 1920년경, 미국과 캐나다의 원주민 수는 고작 22만 명이었다. 유럽인이 침략하기 전에 적어도 1백만 명에 이르던 호주 원주민 수는 1930년대에 3만 명으로 줄었다.[18]

거우 500년 전만 해도 원주민 집단은 북미와 호주를 비롯하여 지구의 많은 지역에서 살고 있었다. 그런데 지금은 거의 눈에 띄지 않는다. '휴머니아' 집단이 문화적, 지리적으로 지구를 지배하고 있다. 휴머니아의 최종 목적은 완전한 지배, 지구 전체를 정복하는 것이다. 하지만 불행하게도 그것은 우리 인간 종의 파멸을 의미하기도 한다.

아동기의 조화로운 마음 상실

휴머니아가 없는 사람을 찾는다고 세상을 구석구석 돌아다닐 필요는 없다. 당신의 집에도 한두 명 있을지 모른다. 적어도 당신은 길에서 그들을 매일 지나친다.

그 주인공은 당연히 어린아이다. 원주민처럼, 어린아이는 자기 자신을 마음 공간에 홀로 갇혀 있는 '나', '저 밖'의 세상과 동떨어진 연약한 에고로 감지하지 않는다. 세상과 자신이 별개라고 느끼지 않고 세상과 하나로 섞인다. 비유를 하자면 강둑에 서서 흐르는 강물을 바라보는 사람이 아니라 강에 들어가 수영을 하는 사람과 비슷하다. 그러므로 어린아이는 외로움과 불완전감을 느끼지 않는다. 결핍감도, 정체성을 북돋우려는 욕구도 없다.

　게다가 어린아이의 마음은 과거와 미래에 대한 온갖 생각으로 부산하지도 않다. 어린아이들은 지난 경험을 끝없이 재생하거나 앞으로 있을 일을 기대하지 않는다. 우리 어른들을 괴롭히는 부정적인 생각들, 그리고 그런 생각이 촉발하는 걱정, 불안, 슬픔, 후회도 없다. "다음 주에 생일잔치에 가야 하는데 걱정이야. 다 모르는 아이들인데, 나를 따돌리면 어떻게 하지? 그게 무서워." 다섯 살배기 여자아이가 이렇게 말하는 것을 들은 적이 있는가? 다섯 살짜리 사내아이가 "저번 주에 길거리에서 저 애가 날 모른 척했어. 그러니까 오늘 저 애한테 아무 말도 안 할 거야."라고 말하는 것을 들어보았는가? 어린 아이들은 온전히 현재에 존재한다. 우리는 "우리에게 속하지 않은 시간 속에서 방황한다."는 파스칼의 비난은 어린아이에게는 결코 해당되지 않는다. 아이들은 '다른 곳'을 떠도는 일이 드물다.

　그렇기에 어린 시절을 떠올릴 때 사람들은 그 시절에는 모든 것이 참으로 생생하고 훨씬 더 사실적이었다고, 색깔도 더 선명하고 맛과 향도 훨씬 더 풍부했다고 말하는 것이다. 또한 그렇기에 어린아이의 눈에는 이 세상이 마치 항상 처음 보는 듯 신기하고 새로운 것이다. 어린아이들은 자신의 경험을 매번 강렬하게 지각하기 때문이다. 하지만 이것은 단순히 주의의 문제이기도 하다. 무엇을 하든지, 그러니까 초콜릿을 먹거나 목욕을 하거나 자장가를 듣거나 그네를 타거나 할 때 어린아이들은 자신의 경험에 온통 주의를 기울인다. 아이들에게는 지금 여기서 경험하는 지각과 감각으로부터 주의를 돌려놓는 수다스런 생각이 없다. 놀이터에서 노는 아이는 내일 유치원에서 해야 할 일을 생각하거나 얼마 전에 가본 놀이터와

초콜릿을 먹거나 목욕을 하거나 자장가를 듣거나 그네를 타거나 할 때
어린아이들은 자신의 경험에 온통 주의를 기울인다.
아이들에게는 지금 여기서 경험하는 지각과 감각으로부터
주의를 돌려놓는 수다스런 생각이 없다.

이 놀이터를 비교하는 일에 시간을 허비하지 않는다. 아이들은 지금 하고 있는 놀이의 기쁨과 흥분에 완전히 몰입한다. 우리 어른들의 마음에는 막연한 이미지와 생각들로 이루어진 사고의 안개가 항상 흐릿하게 깔려 있어서 지각과 감각의 강도를 약화시킨다. 이 막연한 사고의 안개가 없으므로 아이들의 경험은 더욱 풍부하고 더욱 생생하다.

다시 말해서, 어린아이들은 심리적 부조화 정도가 어른보다 훨씬 더 낮다. 아이들도 틀림없이 심리적 부조화를 자주 경험한다. 욕구가 채워지지 않거나 피곤하거나 불안할 때 아이들은 보통 마구 짜증을 부린다. 하지만 이 강렬한 불만은 금세 사라지고 아무 흔적도 남기지 않는다. 심리적 부조화가 거의 없으므로 계획이 없는 자유 시간이 생기거나 주위가 고요하고 한적할 때도 아이들은 별로 불안해하지 않는다. 물론 어린아이들은 새로운 활동과 활발하게 움직이는 것을 좋아하고 부모가 내버려두면 열심히 TV를 보기도 한다. 하지만 위에서 말한 짧고 강렬한 불만을 빼면, 아이들은 활동이 끝나도 불안을 느끼지 않는다. 아이들이 외적 대상에 열중하는 이유는 단지 그 활동이나 오락이 재미있어서다. 반면에 우리 어른들은 주로 심리적 부조화에서 달아나기 위해 오락을 찾는다. 이것이 어린아이와 어른 사이의 확실한 차이점이다.

그러므로 어린아이들은 마약이나 알코올에 취할 필요도 없고 물건을 소유할 필요도 없다. 민족 집단이나 종교를 통해 정체성을 규정할 필요도 없다. 물론 그렇다고 해서 어른들이 어린아이에게 종교를 억지로 주입하는 일을 그만두지는 않을 것이다. 어린아이에게는 애써 외면해야 할 불만도 없고, 굳이 채워야 할 불완전함도 없으며, 반드시 보상해야 할 무가치감도 없다. 나의 아이들은 생활환경이 열악한 도심에 있는 학교에 다닌다. 그 학교에서는 민족과 종교가 다양한 아이들이 함께 공부하는데, 보통 백인, 흑인, 아시아인 아이가 동일한 비율을 차지한다. 나의 두 아이는 여덟 살과 다섯 살이다. 글짓기 시간에 두 아이의 학급 친구들은 서로 다른 사회적 정체성을 구분하는 일이 결코 없다. 실로 감탄스러울 정도다. 아이들은 모든 개념에서 벗어나 오직 인간으로서 순수하게 어울린다. 그 결과, 다 함께 완벽하게 섞인다. 내 맏아들의 단짝 친구 두 명은 모두 아시아 출신이다. 어린아이들 사이에서는 그렇게 완벽한 어울림이 흔하다. 하지만 보통 11살 무렵이 되면 민족적, 종교적 차이를 드러내기 시작하고, 그에 따라 서로를 더 많이 구분한다.

어린아이들의 에고는 광기가 없다. 이 에고 광기 결여는 단순히 심리적 발달의 문제다. 수천 년 전에 우리 조상들이 에고 광기를 발달시켰으므로 그 강한 에고는 우리의 심리적 발달 계획에 이미 포함되어 있다. 어린아이에게 에고 광기가 없는 이유는 단지 그 아이가 아직 그 발달 단계에 이르지 않았기 때문이다.

심리학자들은 아기는 자아감이 없고, 따라서 자신과 세상 사이의 분리감도 없다고 말한다. 자아감과 분리감은 생후 6개월부터 생기지만 완전히 발달하는 시기는 십대 후반이다. 이는 육체가 완전히 발달한 시기와 거의 일치한다. 8, 9세 이하의 아이는 자아감이 매우 약하다. 에고와 세상 사이의 경계선이 매우 흐릿해 마치 허술한 철조망으로 두 지역을 구분하는 것과 비슷하다. 에고 경계선은 십대 중반 무렵이 되어서야 뚜렷해진다. 그 시기에 우리는 자신의 육체 속에 마음이 살고 있는 느낌을 처음 실감한다. 영국의 철학자 길버트 라일Gilbert Ryle의 말을 인용하면, "기계 속 유령ghost in the machine"을 처음으로 또렷하게 감지한다.

'수다스런 생각의 기원'

수다스런 생각도 유사한 과정을 거친다. 이 인지 부조화를 강한 에고의 부산물로 여길 수 있다. 수다스런 생각은 강한 에고와 나란히 발달하여 십대 중반에서 후반에 우리의 마음을 장악하기 시작한다. 특정 시점에 이르면 우리는 마음속 자신에게 말을 걸고 자신과 대화하고 자신의 경험을 숙고하고 해석하는 능력을 발달시킨다. 앞서 말했듯이 역사의 어느 시점에서 우리 조상들은 강한 에고와 고등 인지능력을 발달시켰다. 그리고 우리가 청소년기에 들어서면서 심리적 발달 과정 중에 바로 그 일이 일어난다. 어느 누구도 예외가 아니다.

이 자기 성찰 능력은 우리에게 매우 유익해야 한다. 사실 유익할 때가 많다. 이 '이성의 힘'의 도움으로 우리는 삶을 조직하고 상황을 판단하고 계획을 세우고 결정을 내릴 수 있다. 또한 그 '이성의 힘'을 갖추었기에 인간이 동물보다 우월하다고도 한다. 그런데 불행하게도 이 자기 성찰 능력에 오류가 생긴 듯하다. 자기 의지를 갖게 된 컴퓨터처럼, 자기 성찰 메커니즘은 우리의 통제에서 벗어나 뒤죽박죽 섞인 인상과 이미지를 끝없이 내놓는다.

이 자기 성찰 능력이 기억하는 능력과 상상하는 능력, 기대하는 능력과 상호작용한 결과물이 바로 수다스런 생각이다. 자기 성찰이 자동적이고 임의적으로 일어날 때 그 능력은 기억력과 상호작용하여 과거의 경험을 재생한다. 그리고 상상력과 상호작용하여 우리가 열중할 가상현실을 창조한다. 또한 기대하는 능력 — 미래를 계획하고 예상하는 능력 — 과 상호작용하여 미래에 있을 이벤트의 시나리오를 창작한다. 수다스런 생각은 사실 일종의 정신이상, 즉 정신의 기이한 버릇으로 보아야 한다.

힘겨운 청소년기

청소년기를 유난히 힘들게 보내는 사람들이 있다. 그 이유는 주로 그 시기에 에고가 지나치게 강해지기 때문이다. 청소년기에는 아동기의 새로움과 즐거움이 무미건조와 혼란으로 바뀐다. 세상 속에서 경험의 일부로 살다가 하루아침에 세상 밖으로 밀려나 자신의 마음 공간에 홀로 갇힌다. 어린 시절의 강렬한 지각을 상실하고 우리는 막연한 사고의 안개 틈으로 세상을 지각하며 휴머니아의 심리적 부조화와 고통을 맛보기 시작한다. 휴머니아가 너무 생소하기 때문에, 그리고 충만하고 자유로운 아동기가 끝나기가 무섭게 들이닥치기 때문에 우리는 그것을 특히 강렬하게 느낀다.

청소년기에 겪은 이 충격적인 변화를 나는 또렷하게 기억한다. 근심 걱정 없는 어린 시절이 끝나고 어느 날 갑자기 나의 내부에 갇힌 느낌이 들었다. 남들은 아무도 모르는 나만의 생각과 감정들과 함께 홀로 떨어진 느낌이었다. 게다가 타인의 시선을 예민하게 의식했다. 나의 일거수일투족, 내뱉는 한 단어 한 단어를 모두 의식했다. 그러니 더 이상은 어떤 것도 자연스럽게 하지 못했다. 길을 걸을 때는 무방비로 노출된 느낌이었다. 사람들이 창가에서 나를 지켜보고 있는 것 같았다. 밤에 문을 잠그고 내 방에 혼자 있을 때만 편안했다. 나는 여름이 싫었다. 낮이 너무 길고 환해서 내가 드러났다는 느낌이 더 강해지고 그래서 더 어색했기 때문이다.

청소년기의 에고는 유난히 연약하고 무방비 상태다. 그렇기 때문에 청소년은 특정 집단과 범죄 조직의 일원이 되려는 강렬한 소속 욕구를 느끼고 무시에 지나치게 예민하다. 이것은 그들이 연약한 에고를 강화하기 위해 사용하는 주요 전략이다. 그러나 성인기로 넘어가면서 우리는 다른 전략을 사용하기 시작한다. 그리고 결국에는 그 전략을 훨씬 더 중요시한다. 그 전략은 바로 에고를 위해 부착물을 모으는 것이다. 즉 에고를 강화하려고 거기에 뭔가를 자꾸 덧붙인다.

성인기 초기에는 직업이나 남편/아내, 엄마/아빠와 관계가 있는 이름표를 붙인다. 심리적으로는 신념, 성취, 지식, 희망, 야망, 부와 성공 등에 집착한다. 이 모든 것이 에고를 고양시킨다. 허술한 방파제를 보강하는 모래주머니와 비슷하다. 결국 이 여러 가지 부착물에 의해 에고가 지나치게 강해져서 청소년기의 연약한 에고는 완전히 파묻혀 드러나지 않는다. 우리는 더 힘이 세고 더 안정적이라고 느낀다. 하지만 동시에 뭔가 상실한 느낌을 자주 받는다. 자발성과 새로움이 증발한 느낌, 수많은 부착물의 육중한 무게 때문에 자신이 세상에서 훨씬 더 멀리 떨어진 곳에 갇혀 있는 느낌이 든다.

원주민이나 어린아이가 휴머니아를 겪지 않는다고 해서 그들이 우리보다 우월한 것은 아니다. 휴머니아가 없다는 사실이 그들의 마음 상태가 우리가 반드시 돌아가야 할 이상적인 상태라는 의미는 아니다. 앞에서 설명했듯이 과잉 발달한 에고는 우리에게 중요한 인지 능력을 부여했다. 그것을 포기하는 것은 어리석다. 우리는 돌아서지 말고 앞으로 나아가야 한다. 그러한 고등 인지 능력을 여전히 누리는 새로운 상태, 휴머니아의 끔찍한 고통에서 벗어난 새로운 상태로 나아가야 한다. 이것은 조화로움과 온전한 정신으로 돌아가는 것을 말한다. 그러나 돌아가되 다른 모습으로 돌아가야 한다.

어떻게 하면 그런 조화로운 상태로 돌아갈 수 있을까?

이제부터 그것을 알아보자.

2부
조화로움과 온전한 정신

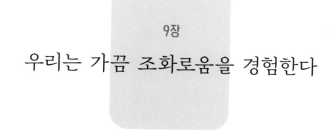

9장

우리는 가끔 조화로움을 경험한다

대학교에서 강의하던 시절에 나는 무척 힘든 시간을 보내고 있었다. 새로 온 관리자가 나를 마뜩잖아 해서 사사건건 트집을 잡았다. 어느 금요일 오후, 나는 아기를 데리고 산책을 하면서 나의 힘든 현실을 곱씹어보았다. 월요일에 강의하러 갈 생각을 하자 못 견디게 불안했다. 그런데 갑자기, 아무 이유도 없이, 나의 모든 생각이 일시에 멈추었다. 막연한 사고의 안개가 말끔히 걷히고 마음이 깨끗하게 텅 비었다. 그 순간, 나는 걱정할 이유가 하나도 없다는 것을 깨달았다. 직장이라는 곳은 원래 그런 법이고, 그 문제에 대해 고민한다고 해서 달라지는 것은 하나도 없을 터였다. 어쨌든 그것은 미래에, 사흘 후에나 벌어질 일이었다. 그러니 지금의 나와는 아무 상관이 없었다.

마음이 이렇게 깨끗이 텅 비는 것이 전적으로 당연하고 올바르다는 느낌이 들었다. 바로 그 직전까지 몰두한 내적 방황이 마치 최면처럼 느껴졌다. 문제가 시작된 이후 줄곧 그 마음 상태에 빠져서 그것을 정상으로 여긴 것이 터무니없어 보였다. 이제는 나의 마음이 널찍하고 가볍다고 느껴졌다. 그리고 바깥세상이 참으로 아름다워 보였다. 빗방울이 채 마르지 않은 나무와 풀숲은 연둣빛으로 반짝이고 잎사귀가 하나하나 더욱 또렷하게 보였다. 나무들이 살아 있었다. 지각을 갖춘 생명체 같았다. 갑자기 웃음이 터져 나왔다. 나는 허리를 숙여 유모차에 앉아 있는 우리 아기에게 입을 맞추었다. 이 체험담은 내가 '존재의 조화로움'이라고 부르는 경험의 전형이다. 휴머니아에서 잠깐 벗어날 때, 인지 부조화가 사라져서 마음이 고요하고 잔잔할 때, 분리감과 불완전감을 느끼지 않을 때 우리는 존재의 조화로움을 경험한다.

위에서 묘사한 대로 이 경험은 때때로 뚜렷한 이유 없이 불쑥 찾아오는 것처럼 보인다. 밤새 푹 자고 아침에 눈을 떴을 때 아주 잠깐 경험하기도 한다. 수다스런 생각이 오늘 하루를 예상하며 재잘거리기 전 몇 초 동안 당신의 마음은 텅 비고 고요하다. 더 바랄 게 없이 행복하고 완벽하다는 낯선 느낌이 온몸을 휘감는다, 또는 어느 날 아침 일찍 일어나 식탁에 앉았을 때도 경험할 수 있다. 주변의 모든 것이 정지한 듯 고요하고, 당신의 마음도 고요하고 잔잔하다. 당신은 지극한 만족감으로 충만하다. 창밖으로 보이는 정원이 옅은 새벽빛 속에서 서서히 윤곽을 드러내고 그 풍경이 문득 눈물겹게 아름답다. 늘 보던 정원이 마치 처음 보는 듯 신기하고 새로우며 이제껏 못 보았던 꽃과 풀이 또렷하게 눈에 들어온다. 온 세상이 참으로 고요한 동시에 참으로 생생하고 활기차다.

여름에 공원에서 아이들이 뛰노는 것을 보고 있을 때 존재의 조화로움을 경험하기도 한다. 당신은 주변을 둘러본다. 나뭇잎 사이로 햇살이 빛의 폭포처럼 쏟아지고 하늘은 구름 한 점 없이 푸르고 아이들의 웃음소리가 울려 퍼진다. 그 장면이 더없이 완벽해서 시간이 멈춰선 느낌이다.

또는 운전을 하는 중에 일몰의 아름다움이 충격처럼 다가올 때도 있다. 낮게 걸린 해가 마지막 빛을 뿜어내고 하늘의 구름과 먼 들판은 온통 주홍빛으로 눈부시다. 아주 잠깐 당신의 마음도 환하게 달아오르는 느낌이다. 따뜻한 행복감이 몸과 마음에 가득 차오른다.

'존재의 조화로움' 경험

조화로움을 이렇게 저절로 경험하는 경우는 아주 드물다. 존재의 조화로움은 대개 특정 행동이나 상황과 관계가 있다. 예를 들어, 그런 경험을 자주 유도하는 스포츠가 있다. 조깅이나 장거리 달리기를 하는 사람들은 달리기에 강력한 심리적 효과가 있어서 자신을 더욱 고요하고 더욱 깨어 있고 더욱 안정시켜준다고 말한다. 나의 동료는 하루도 빠짐없이 달리는 이유를 이렇게 말했다.

> 달리기는 마음을 비우는 데 도움이 됩니다. 나 자신으로 돌아가게 도와주지요. 내가 세상을 다시 받아들이고 세상과 다시 화합하게 해줘요. 특히 업무 스트레스를 씻어줍니다. 업무에 관한 모든 것이 마음에서 사라지고, 나는 내가 서 있는 곳, 나를 둘러싼 모든 것에서 기쁨을 얻지요.

수영도 조화로운 상태를 유도할 수 있다. 예전에 내가 명상 강의를 할 때 한 아가씨가 말했다. "저는 수영할 때 그래요!" 그리고 말을 이었다.

수영을 할 때 저는 제 동작의 규칙적인 리듬과 미끄러지듯 물을 통과하는 느낌에 몰두해요. 그 느낌에 완전히 빠져들어서 모든 것을 까맣게 잊어요. 그저 피부에 닿는 물을 느끼고 수면에서 반짝이는 빛과 수면을 따라 퍼지는 물결을 올려다볼 뿐이지요. 그 모든 게 더없이 완벽해 보여요. 그러고 나서 물 밖으로 나오면 저는 달라져 있어요. 정말 행복하고 평화로워요.

달리기나 수영보다 위험하고 까다로운 활동도 존재의 조화로움을 일으킬 수 있다. 등반이나 비행, 다이빙 등이 그러하다. 이런 활동은 극한의 집중을 요하기 때문에 일상의 사소한 걱정을 잊게 도와준다. 지금 반드시 해야 하는 일 — 다음 동작을 취하거나 잠재적 위험을 피하는 일 — 이 마음을 완전히 사로잡아서 수다스런 생각이 사라지고 과거와 미래는 더 이상 존재하지 않는다. 그리하여 등반가나 조종사는 완전함과 충족감을 느끼고 주변 세상의 아름다움을 강렬하게 지각하며 때로는 그 모든 것과 하나가 되는 느낌도 받는다.

한 예로, 자칭 "강박적인 장난꾸러기"인 시인이자 조종사 다이앤 애커먼Diane Ackerman은 비행을 하는 이유를 이렇게 말한다. 비행은 자신이 "완전히 깨어 있되 생각에서 벗어나게" 해주는데, 그 상태는 "일종의 황홀경"이다.[1] 미국의 탐험가 리처드 버드Richard Byrd의 경험담도 이와 비슷하다. 두 번째 남극 탐사 중에 섭씨 영하 80도의 추위 속에서 혼자 있을 때 경험한 조화로움을 그는 다음과 같이 묘사한다.

장엄한 순간이었다. 나는 오로지 지극히 평온한 마음만 의식하고 있었다. 유유히 흐르는 가상의 아름다운 물결 위에서 마음이 부유하고 있었다. 마치 주위 환경의 힘과 섭리에 순순히 응하는 한 척의 배처럼, 남자가 지극한 평온을 느끼는 순간은 드물다. 하지만 그 드문 순간이 일생 동안 그를 견디게 해준다. 그때 나는 나의 마음이 얼마나 평온해질 수 있는지 그 한계를 발견한다. 그 장중한 메아리는 오래오래 울려퍼졌다.[2]

집중을 요하는 활동에 사람들이 매혹되는 이유 중 하나가 바로 이런 경험 때문이라는 것은 의심할 여지가 없다. 당신이 달리기나 수영을 하는 주된 이유는 몸매를 가꾸기 위해서일지도 모른다. 성공적으로 해냈다는 성취감이 좋아서 등반이나 비행을 즐기기도 한다. 하지만 그러한 활동이 유도하는 내면의 조화로움 때문에 그것에 매력을 느낄 수도 있다. 그런 활동은 수다스런 생각을 잠재워서 마음을 비워주고 당신에게 살아 있는 느낌을 되찾아준다.

패러글라이딩이나 행글라이더, 번지 점프 같은 위험한 활동을 즐기는 사람들을 '아드레날린 중독자'라고도 부른다. 하지만 '조화로움 추구자'라는 호칭이 더 적절할 것이다. 그들은 짜릿한 스릴을 찾고 있을지 모르지만 존재의 조화로움도 추구하고 있다. 까다로운 활동일수록, 심지어 위험한 활동일수록 더 많은 집중을 요하고, 따라서 마음을 더 고요하게 해주며 당신을 존재의 조화로움으로 이끌 가능성이 더 크다.

비슷한 이유로 성행위 역시 조화로운 상태로 자주 이어진다. 성행위 중에 우리가 느끼는 감각들은 보통 대단히 유쾌하고 강력해서 마음을 가라앉히는 효과가 있다. 우리는 완벽하게 현재에 존재하므로 과거와 미래에 대한 생각이 사라진다. 행위가 끝난 뒤, 당신은 안락하고 나른한 행복감에 휩싸인 채 파트너의 품에 안겨 밤의 소리에 귀를 기울이며 온화하고 농후한 어둠을 응시한다. 그런 다음, 커튼을 걷고 창밖을 보면 모든 것이 조금 달라진 느낌이 든다. 밤하늘을 비껴 흐르는 구름이 더욱 입체적이고 사실적으로 보이며 그 사이의 검은 허공은 이전보다 더욱 짙어 칠흑 같다. 그리고 거리의 모든 것이 꼭 있어야 할 자리에 제대로 있는 느낌이다. 집 앞에 세워진 차들과 길가의 나무와 가로등도 더없이 완벽하다. 가로등 불빛이 더욱 환하고 다정하게 느껴진다.

여기서는 화학적 변화도 물론 중요하다. 성행위 후 희열을 느끼는 한 가지 이유는 엔도르핀의 분비 때문이다. 달릴 때나 격렬하게 운동할 때도 엔도르핀이 분비된다. 하지만 이때 경험하는 조화로움을 화학적인 측면에서 완벽하게 설명하기란 불가능하다. 그 경험은 생리학을 뛰어넘는 중요한 심리적 변화의 결과이다. 인지 부조화가 감소하고 에고 고립이 소멸하는 심리적 변화가 그 원인인 것이다.

자연을 접하는 것도 조화로움의 주요 원천이다. 많은 사람들이 시골을 좋아하는 이유도 여기에 있다. 자연의 웅장함과 아름다움은 우리가 수다스런 생각에서 주의를 거두게 해주고, 정적이고 드넓은 공간은 우리를 훨씬 더 이완시킨다. 그 결과, 마음이 점차 고요해지고 에고 경계선이 희미해져서 우리는 고립을 초월하고 주변 세상과 연결되어 있음을 느낀다.

자연과의 접촉이 약물치료나 심리치료만큼 우울증에 효과적이라는 최근의 연구 결과는 놀랄 일이 아니다. 2007년, 엑세스 대학의 연구진이 우울증 환자 집단을 연구했다. 그 결과, 한적한 시골길을 산책한 뒤 전체 환자의 90%가 자부심 수준이 높아지고, 약 75%는 우울증 수준이 약화되었다. 동일한 연구진의 또 다른 연구 결과에 따르면, 정신 질환자의 94% 가 자연을 접하면 기분이 더욱 긍정적으로 바뀐다고 대답했다. 이러한 연구는 '생태 치료echotherapy'의 발전으로 이어졌다. 생태 치료란 정신 건강 전문가들이 자연과의 접촉을 일종의 치료법으로 이용하는 것을 말한다.[3]

아름다운 자연 풍경뿐 아니라 아름다운 사물이나 아름다운 현상은 무엇이든지 비슷한 효과를 발휘하여 마음을 진정시킨다. 경이로운 자연, 웅장한 건축물, 위대한 예술 작품 등이 그 예다. 실제로 보는 나이아가라 폭포나 타지마할, 반 고흐의 「해바라기」나 모네의 「수련」처럼 색채가 화려한 유화 작품, 비틀즈나 모차르트, 말러의 도취적인 멜로디, 이 모든 것이 쉬지 않고 돌고 도는 마음을 멈춰 세우고 우리를 온전히 현재에 머물게 하며 조화로운 상태로 인도한다. 그렇기에 우리는 그런 아름다운 풍경과 사물, 소리에 흠뻑 빠져든다. 단순히 그것의 미적 측면 때문만이 아니라 그것이 마음에 끼치는 효과 때문에 아름다운 대상에 매혹되는 것이다. 우리는 일부러 찾아가 그것을 보고 듣고 느끼려고 한다. 아름다운 것에는 우리의 마음 뒤꼍에서 재잘대는 수다스런 생각을 잠시 잠재우고 마음을 일시적으로 비워주고 불안과 부조화를 없애주는 강력한 힘이 있기 때문이다.

휴가 역시 동일한 매력을 지닌다. 사람들이 휴가를 가는 이유는 물론 다양하다. 스트레스를 풀고 재충전하기 위해, 술을 마시고 신나게 놀기 위해, 새로운 인연을 만나기 위해, 일상의 잡다한 걱정에서 벗어나기 위해서 등 각양각색이다. 그러나 우리가 휴가를 중요시하는 주된 이유는 따로 있을지도 모른다. 휴가는 우리의 지각을 강화하고 마음을 진정시킴으로써 우리를 존재의 조화로움에 더 가까이 데려다 줄 수 있다.

우리는 매일 접하는 주위 환경에 대체로 주의를 기울이지 않는다. 한 가지 이유는 단지 그것이 너무 익숙하기 때문이다. 지나치게 익숙해서 그 존재에 신경 쓰지 않는다. 주변 세상이 더 이상은 사실적으로 느껴지지 않고, 따라서 관심을 기울일 가치가 없어 보인다. 날마다 재방송되는 옛날 TV 드라마를 또 볼 가치가 없는 것과 똑같다. 하지만 새로운 곳, 단순히 유명 관광지가 아니라 생전 처음 보는 곳에 가면 주변의 모든 것이 낯설다. 이국적인 건물과 거리, 색다른 음식과 언어와 문화가 참으로 생생하고 사실적으로 다가온다. 완전히 다르고 완전히 새로워서 결코 무심히 지나칠 수가 없다. 난생처음 보는 그 세상에 당신은 훨씬 더 많이 주의를 기울인다. 따라서 당신의 마음은 다른 곳을 떠돌지 않고 집에서보다 휴가지에서 훨씬 더 많이 현재에 존재한다. 얼마나 많은 수다스런 생각이 마음을 휘젓는지 측정할 수 있다면 우리가 낯선 환경에 있을 때 그 수가 훨씬 적다는 사실을 확인할 수 있는 것이다. 이렇게 인지 부조화가 감소하기 때문에 우리는 존재의 조화로움에 더욱 가까워진다.

휴가 중에 실제로 휴식을 취하는 것도 중요하다. 평소에 우리는 항상 바쁘게 활동해야 한다는 압박감에 시달린다. 우리의 내부에 무자비한 상사가 들어앉아서 '이봐, 쉴 틈이 어디 있어, 계속 일해!'라고 다그치는 것 같다. 바쁨busyness은 심리적 부조화에 대한 반응이기도 하지만 어느 정도는 일종의 습관이다. 쉬지 않고 이어지는 활동은 점점 가속도가 붙어서 멈추기가 어렵다. 그러나 일상에서 멀리 떠나 낯선 환경에 처하면 이 가속도가 줄어들고 무자비한 상사는 입을 다문다. 물론, 인지 부조화가 줄어서 속도를 늦추고 현재에 머물기가 더욱 쉬워지기도 한다.

열중과 주의 집중

독서와 TV 시청 같은 활동은 일종의 도피 수단인 데 반해, 위에서 묘사한 종류의 활동은 우리를 현실에 더 가까이 데려간다. 우리의 밖이 아닌 안으로, 그리고 현재로 데려간다.

이 두 종류의 활동 사이에는 중요한 차이가 하나 있다. 독서와 TV 시청 같은 활동은 열중absorption 상태를 유도하는 반면, 스포츠와 예술작품 감상, 자연과의 접촉 같은 활동은 주의 집중focused attention을 포함한다는 것이다. 열중 상태와 주의 집중 상태는 그 차이가 상당히 모호하지만 분명 서로 다르다. 열중하고 있을 때 당신은 특정 과제나 활동에 빠져들어서 나머지 환경과 차단된다. 그러나 주변에서 일어나고 있는 다른 일들을 어렴풋이나마 의식하기 때문에 새로운 자극이 열중 상태를 쉽게 무너뜨릴 수 있다. 한 예로, 사무실에서 컴퓨터 작업에 열중하고 있는데 전화벨이 울리거나 누군가 당신의 이름을 부를 때가 그렇다. 당신은 이런저런 생각이 마음을 휘젓고 다니는 것을 의식한다. 당신의 일부는 내부의 다른 곳을 떠돌고 있는 것이다. 마음을 열중 상태에 가둬놓은 채 당신은 현재에서, 현실 세계에서 벗어나 있다. 열중 상태에서는 이렇게 내적 방황이 일어난다.

그러나 수영이나 성행위, 등반, 비행 같은 활동을 할 때는 이런 식으로 열중하지 않는다. 산을 오르거나 훌륭한 그림을 감상하는 사람은, 엄밀히 말해 자신의 행위에 열중하고 있지 않다. 그들은 주의 집중 상태에 있다. 이 상태가 열중과 다른 점은 특정 대상에 주의를 집중하지만 그것에 빠져들지는 않는다는 것이다. 오직 그 대상에만 초점을 맞추고 있더라도 마음이 그 상태에 갇혀 있지 않다. 그들의 마음은 여전히 활짝 열려서 현재에 예민하게 반응한다. 나머지 환경으로부터 차단되거나 현재에서 벗어나지 않고 그들은 여전히 환경의 일부로 존재한다.

몰입

열중과 주의 집중, 이 두 상태는 미하이 칙센트미하이가 '몰입flow'이라고 부르는 상태와 매우 비슷하다. 그의 설명에 따르면, 몰입은 우리가 자기 자신과 환경을 의식하지 못하는 상태로서 몰입 상태에서는 어떤 행위를 하든지 전혀 힘이 들지 않아서 모든 행위가 물 흐르듯flow 저절로 이어진다. 그는 몰입을 재즈 즉흥 연주에 비유했다. 재즈 뮤지션은 자신이 연주하고 있는 음악에 대해 숙고하지 않고 단지 철저히 몰입한다. 그는 무엇을 어떻게 연주할지 전혀 모르지만 그가 연주하는 음 하나하나가 자연스럽고 완벽하다. '몰입'할 때 우리는 활기차고 살아 있다고 느끼는 동시에 자신의 마음을 통제하고 있음을 감지한다.

'몰입'을 가능케 하는 활동은 어느 정도의 기술과 집중을 요하는 도전적인 활동이어야 한다. 적어도 처음에는, 노력하지 않아도 모든 행위가 저절로 이어질 때까지는, 주의 집중이 필요하다. 따라서 TV 시청 같은 수동적인 활동이 몰입을 유도하는 일은 드물다. 미국의 청소년들에 관한 칙센트미하이의 연구에 따르면, 스포츠와 취미 활동은 전체 활동 시간의 39% 동안 몰두하는 데 비해 TV 시청과 음악 감상에 의한 몰입은 전체 시간의 15%를 차지했다.

'몰입'을 유도할 확률이 가장 높은 활동은 창조적이고 도전적인 활동이다. 무용, 작문, 체스, 또는 등반이나 비행처럼 위험하거나 고난도의 스포츠 활동 등이 그렇다. 금방 몰입할 수 있는 직업을 가진 사람은 정말로 운이 좋다. 콜 센터에서 일을 하거나 감자 캐는 일을 한다면 몰입이 쉽지 않을 것이다. 하지만 교사나 요리사, 목수, 그래픽 아티스트 등은 일에 쉽게 몰입할 수 있다.

한 무용가는 몰입 경험을 칙센트미하이에게 이렇게 설명했다. "완벽하게 집중해요. 마음은 결코 떠돌지 않고, 다른 어떤 것도 생각하지 않아요. 내가 하고 있는 행위에 철저히 몰두하지요. 긴장이 풀려서 느긋하고 편안하고 활기가 넘쳐요."[4] 또 어떤 등반가는 이렇게 말했다. "산을 오르고 있을 때는 산을 오르는 행위 자체가 하나의 세계가 됩니다. 오직 그 세계 하나만 중요해지지요. 그것은 일종의 집중입니다. 일단 그 상태에 들어서면 그것은 믿을 수 없이 생생합니다. 그리고 그 생생한 현실을 나 자신이 전적으로 통제하지요."[5]

칙센트미하이에 따르면, 몰입은 웰빙의 주요 원천 중 하나다. 그 이유에 대하여 그는 몰입이 '심리적 엔트로피'를 소멸시키기 때문이라고 말한다. 이 점이 중요하다. 몰입하고 있을 때는 마음이 고요해지고 우리는 자신의 생각을 통제할 수 있다. 생각하고 싶지 않은 것에 관해서는 더 이상 생각할 필요가 없다. 사실, 우리는 굳이 생각할 필요가 없다.

다른 말로 하면, 몰입 중에는 휴머니아가 치유된다. 적어도 일시적으로는 그러하다.

명상

일시적으로나마 휴머니아를 치유하는 가장 효과적이고 직접적인 방법은 명상이다. 사실 휴머니아 치유, 즉 심리적 부조화를 없애서 존재의 조화로움을 경험하게 해주는 것이 명상의 궁극적 목표 — 적어도 한 가지 — 라고 말할 수 있다.

대체로 명상은 특정 대상에 주의를 모으는 것을 의미한다. 만트라 같이 속으로 읊조리는 단어나 문구, 정신적 이미지, 자신의 호흡 등이 주요 대상이다. 보통 눈을 감고 조용히 앉아 (주로 가부좌를 틀고 앉지만 반드시 그럴 필요는 없으며) 그 대상에 초점을 맞추려고 노력한다. 듣기에는 쉬워 보여도 실제로는 극도로 어렵다. 명상을 하고 있을 때 우리는 자신의 마음이 미친 듯이 날뛰고 그것을 통제하기란 불가능에 가깝다고 깨닫는다. 수다스런 생각이 끝없이 이어져서 도저히 주의를 모을 수 없을 때도 있다. 한없이 풀려나오는 생각을 차단하는 것은 거센 폭풍 속에서 배를 고정시키려고 애쓰는 것과 비슷하다. 또 어떤 때는 명상의 대상에 아주 잠깐 집중하는가 싶은데 곧바로 새로운 생각들이 파도처럼 밀려와 당신을 집어삼킨다. 자신도 모르는 새에 그날 오전에 사무실에서 겪은 일을 떠올리거나 며칠 후로 앞질러 가서 주말에 어떤 일이 있을지 상상하고 있는 것이다.

하지만 이렇게 주의가 흩어질 때마다 인내심을 갖고 만트라나 정신적 이미지, 자신의 호흡에 다시 초점을 맞추면 마음이 고요해지기 시작한다. 생각의 파도가 그렇게 별안간 밀어닥치지도 않고 당신을 집어삼키는 힘도 조금씩 약해진다. 마음이 서서히 침묵하고 당신은 내면의 행복과 완전함을 느끼기 시작한다. 마음 공간에 머무는 것이 차차 편안해진다. 그 공간이 활짝 열려 있으며 조금씩 더 넓어진다. 이와 동시에 미묘한 '정체성 변화'를 감지한다. 자신이 조금 다른 사람, 조금 더 완전하고 조금 더 참되고 조금 더 안정적인 사람이 되었다는 느낌이 든다.

그런 다음 명상이 끝나서 눈을 뜨고 주위를 둘러보면 자신이 지금 여기에 존재하고 있음이 강렬하게 느껴진다. 당신을 둘러싼 모든 것이 더욱 사실적이고 더욱 아름답고 흥미로워 보인다. 색깔이 더 선명하고 사물 하나하나가 세세한 곳까지 더욱 또렷하게 보인다. 그것들은 그 모양 그대로 지금까지 그 자리에 있었지만 당신이 다소 등한시 해왔음을 깨닫는다. 컵이나 티셔츠의 무늬, 마룻바닥에 길게 누운 햇살의 무늬를 당신은 이제야 실제로 보고 있는 셈이다. 모두 처음 보는 것 같기 때문이다. 정원이나 하늘의 아름다움에 감탄하기도 한다. 이와 함께 저 바깥세상과 동떨어져 있다는 느낌이 사라진다. 당신과 '저것' 사이에 놓인 경계선이 흐려진다. 따라서 주변 세상과 서로 원활하게 소통하고 있는 느낌이 든다.

앞서 말했듯이 수다스런 생각에 몰두하는 것은 꿈을 꾸고 있는 것과 별반 다르지 않다. 그리고 명상을 할 때 나는 위에서 묘사한 대로 '깨어나는' 느낌을 강렬하게 경험한다. 막연한 사고의 안개가 서서히 흩어지고 보통 10여 분 후 갑작스런 변화가 찾아온다. 나는 주변 세상을 훨씬 더 생생하고 강렬하게 자각한다. 두꺼운 구름 장막이 걷히고 드넓은 새파란 하늘이 드러나는 것과 비슷하다. 그런 유형의 자각이 바람직하다는 것을 나는 확실히 느낀다. 그러한 마음 상태가 가장 올바르고도 가장 자연스럽다는 사실을 깨닫는 것이다. 그것과 비교하면 평소 나의 마음 상태는 갑갑하고 구름이 끼어 흐릿하다.

조화로움의 원천

그렇다면 그런 순간에 우리는 정확히 어떤 이유로 휴머니아에서 벗어나는 것일까? 명상이나 성관계, 등반, 달리기의 어떤 점이 존재의 조화로움을 유도하는 것일까? 아마도 각각의 경우에 작동하는 동일한, 적어도 유사한 심리적 과정에 답이 있을 것이다.

짐작하겠지만 가장 중요한 요인은 위의 활동들 모두 마음 집중을 가능케 해서 우리가 특정 대상에 한결같이 주의를 기울이도록 한다는 것이다. 어떤 경우에는 집중이 유난히 잘 된다. '몰입'을 유도하는 활동을 할 때 그러하다. 이와 달리 수영이나 달리기나, 시골길 산책 같은 활동은 주의 집중을 덜 의식하고 더욱 느긋하다. 그렇지만 두 경우 모두 특정 대상을 향한 한결같고 지속적인 주의 집중이 수다스런 생각을 잠재우는 효과를 발휘한다. 그 이유는 수다스런 생각은 우리가 제공하는 주의를 연료로 삼아 더욱 활발해지기 때문이다. 우리의 내부에 들어앉아 온갖 생각을 미친 듯이 들쑤시는 기계는 주의를 연료로 삼는다. 수다스런 생각에 열심히 귀를 기울이고 몰두하는 한, 그 기계는 영원히 돌고 돈다. 하지만 수다스런 생각에서 잠시, 적어도 5분 정도 주의를 거두면 그것은 차츰차츰 잦아든다. 연료가 떨어지면 자동차가 서서히 멈춰서는 것과 똑같다.

미국의 작가이자 자연주의자 애니 딜라드Annie Dillard의 글이 이것을 명확하게 보여준다. 애니 딜라드는 사향쥐를 관찰하려고 열심히 집중해서 그 흔적을 따라다닐 때의 경험을 다음과 같이 묘사했다.

사향쥐를 끈질기게 따라다니는 일은 지금 이 순간에 벌어지는 일종의 게임이다. 야구보다 훨씬 더 현실적이다. 사향쥐는 매순간 다가오거나, 머물거나, 달아난다. 이것은 오로지 나의 기술에 달려 있다.

나는 정지한 듯 고요히 멈춰 설 수 있을까? 사람들은 고요히 멈춰 서지 못한다. 아니 고요히 멈춰 서지 않으려 한다. 그런 사람들이 얼마나 많은지 깜짝 놀랄 정도다. 나는 30분도 고요히 머물지 못했고, 머물지 않으려 했다. 그러나 개울가에서 나는 걸음을 늦추고 마음을 비우고 집중한다. 흥분하지 않는다. 호흡은 느리고 규칙적이다……. 딱딱하게 긴장하지 않고 고요해진다. 어디에 있든지 그곳에 집중한다. 나는 균형과 고요를 발견한다. 뒤로 물러난다. 물러나 내 안으로 들어가는 것이 아니라 내 밖으로 나온다. 그리하여 나 자신이 오감을 이루는 하나의 세포가 된다. 눈에 보이는 것은 무엇이든 풍성하고 풍부하다. 나는 바람이 쓰다듬고 가는 개울의 수면이다. 나는 꽃잎이고, 깃털이다. 나는 돌멩이다……. 이런 경험이 아주 흔해서 나는 느릿느릿 움직이다 갑자기 멈춰서는 동작을 의식하지 않는다. 이것은 이제 나의 제2의 천성이다. 고작 몇 분 동안의 이런 자기 망각으로도 엄청난 활력이 샘솟는다.[6]

마음이 이런 식으로 고요하게 멈춰 설 때 수다스런 생각의 야단법석과 부정적인 특성이 모두 사라진다. 우리는 내면의 침묵을 느낀다. 내면에 말 그대로 침묵이 존재하기 때문이다. 잔잔한 호수처럼 우리의 존재가 고요해진다. 우리의 내부에 들어앉아 신랄한 비난을 일삼던 사람도 사라진다. 항상 우리의 행동을 비난하고 과거의 언짢은 경험과 미래의 걱정거리를 줄기차게 일깨워주던 사람이 입을 다무는 것이다. 우리에게 죄책감을 심어주고 미래를 두려워하거나 과거를 후회하게 만드는 사람이 이제는 사라지고 없다.

수다스런 생각의 침묵은 에고 경계선을 완화하는 효과가 있다. 에고를 먹여 살리는 것은 주로 사고인데 사고는 에고가 하는 일이다. 다시 말해 수다스런 생각은 에고가 스스로에게 하는 말이다. 운동이 근육을 튼튼하게 해주듯이, 어떤 생각이든 에고를 조금씩 강화한다. 조금 다른 시각에서 보면, 사고하는 주체인 '나'가 항상 존재하고 사고하는 대상인 '그것'이 항상 존재하기 때문에 수다스런 생각은 에고가 창조한 '나/그것'의 이원성을 끊임없이 강화한다. 따라서 수다스런 생각에서 장시간 주의를 거두면 에고 경계선이 흐려지고 우리는 더 이상 고립감과 불완전감을 느끼지 않는다. 그러므로 칙센트미하이가 강조하듯이, 몰입 중에는 우리가 하고 있는 활동과 에고 사이의 구분이 사라진다. 자각의 범위가 더욱 확대되는 상황에서는 주변 세상과 에고 사이의 구분이 사라진다. 이원성 대신 일체성으로 들어선다. 즉 관찰하는 대신 참여하고, 분열하는 대신 완전한 전체가 된다. 평소에 느끼던 결핍감이 사라지고, 나와 내 경험이 자연스럽게 하나로 연결된다. 우리 개개인은 따로 떨어진 섬처럼 보이지만 해수면이 내려가면 우리 모두 동일한 해저 대륙의 일부라는 사실을 깨닫는다.

수다스런 생각의 침묵은 지각을 강화하는 효과도 있다. 앞에서 명상을 예로 들어 설명했듯이 존재의 조화로움을 경험할 때 지각이 보통 그렇게 강렬해진다. 그 이유는 이제는 사고나 에고 유지에 정신적 에너지를 모두 써버리지 않으므로 남은 에너지를 지각에 사용할 수 있기 때문이다. 평소에 우리의 지각은 에너지 절감 대책의 일환으로 상당히 자동적으로 이루

나는 균형과 고요를 발견한다.
뒤로 물러난다.
물러나 내 안으로
들어가는 것이 아니라
내 밖으로 나온다.
그리하여 나 자신이
오감을 이루는
하나의 세포가 된다.
눈에 보이는 것은 무엇이든
풍성하고 풍부하다.

어진다. 즉 우리는 주변의 사물이나 환경을 지각하기 위해 의식적으로 노력하지 않는다. 하지만 조화로움을 경험하고 있을 때는 정신적 에너지를 더 이상은 절약할 필요가 없다. 따라서 남은 에너지를 지각이 사용한다. 이제는 자동으로 지각하지 않는다. 그러므로 우리가 보는 세상은 더욱 사실적이고 살아 있고 활기차다.

마음 공간에서 쉬기

심리적 부조화가 훨씬 적어졌으므로 우리는 더 이상 자신의 밖으로 달아나 오락에 열중하지 않는다. 대신 이제는 마음 공간에 머물 수 있다. 자신 안에 존재하는 동시에 세상 속에서, 그리고 현재에 존재할 수 있는 것이다. 우리는 자신의 내부로 들어가 드넓은 공간과 충만을 느낀다. 수다스런 생각이 마음의 표층에서 소란을 일으키면 우리는 안으로 깊이 들어갈 수 있다. 그리하여 더욱 광활하고 더욱 완전해진 느낌이 든다. 작고 좁은 방에서 나와 드넓은 벌판으로 들어서는 것과 비슷하다.

마음의 표층은 수다스런 생각의 야단법석과 부정성으로 어수선하지만 그 밑에는 고요와 행복으로 충만한 드넓은 공간이 있음을 우리는 알아차린다. 마음의 표층은 거친 바다처럼 우리를 마구 뒤흔들어 우리는 방향 감각을 잃고 불안해한다. 하지만 바다 밑으로 깊이 들어가자마자 한순간에 무한한 침묵과 고요로 충만한 넓은 공간이 나타난다.

이 깊고 넓은 공간에 들어서면 우리는 어떤 에너지가 자신을 가득 채움을 알아차린다. 풍부하고 농밀하고 강력한 그 에너지가 행복의 원천인 듯하다. 이 에너지는 의식consciousness이 내뿜는데, 물의 본성이 촉촉함이듯 의식의 본성은 행복이다.

이 공간에서 우리가 느끼는 만족은 단순히 불만의 부재가 아니다. 불만 부재는 만족도 없고 불만도 없는 중립적 상태일 뿐이다. 하지만 그 드넓은 공간에서 느끼는 만족은 마음 깊은 곳에서 샘솟는 강렬하고도 긍정적인 행복이다. 불만이 소멸하자마자 깊은 만족이 들어선다. 마음에는 두 층이 있다. 불만이 만연한 얇은 표층과 행복으로 충만한 그 밑의 넓은 심층이 그것이다.

앞에서 말했듯이 명상은 '정체성 변화'를 일으킨다. 존재의 조화로움을 경험하는 것도 동일한 효과를 갖는다. 성행위나 장거리 달리기, 아름다운 음악에 몰입할 때 당신은 자신이 더욱 심원하고 더욱 진실해진 자아self로, 당신 자신을 진정으로 아는 사람으로 변했다고 느낀다. 예전의 자아는 일종의 사기꾼에 가깝다고 느껴진다. 즉 휴머니아 상태의 자아는 당신을 속여서 그 자아가 진짜 당신이라고 믿게 만든 사기꾼 같다. 이제 당신은 그 자아에서 멀찍이 떨어져 그것이 거짓이며 한계가 있다는 사실을 깨닫는다. 다시 말해서, 마음의 두 층은 정체성과 관련하여 두 개의 자아를 나타낸다. 얇은 표층은 휴머니아를 겪는 자아를, 그 밑의 넓은 심층은 심원하고 근원적인 자아를 나타낸다. 인도 철학에서 후자는 아트만atman이라고 부르는 순수 의식이다.

명상을 하거나 존재의 조화로움을 경험할 때는 이렇듯 심리적 부조화가 사라진다. 심리적 부조화의 소멸은 우리가 쉬지 않고 활동해야 한다는 강박에서 벗어나 그저 존재할 수 있다는 것을 의미한다. 사실, 아무것도 하지 않는 능력은 조화로운 상태의 가장 긍정적인 측면 중 하나다. 소파에 앉아 있거나 동네를 산책하면서 우리는 그저 지금 여기에 존재한다는 것만으로도 얼마든지 만족할 수 있다. TV나 라디오를 틀거나 잡지를 들추거나 메일을 확인하거나 친구에게 전화를 걸어 수다를 떨려는 충동이 없다.

존재의 조화로움의 두드러진 특징 중 하나는 그 상태가 참으로 당연하게 느껴진다는 것이다. 집에 돌아온 느낌, 자신의 천부적인 권리를 되찾은 느낌이다. 원래의 나 자신, 마음이 휴머니아로 오염되기 전의 진정한 나를 만나고 있는 듯하다. *

---

* 나의 전작 『잠에서 깨어나기Waking From Sleep』를 읽은 독자라면 '존재의 조화로움' 경험이 그 책에서 언급한 '깨어나는 경험'과 어떻게 다른지 궁금할 것이다. 본질적으로 그 두 가지는 동일한 경험이다. 차이점이라면 그 두 경험이 강조하는 점이 다르다는 것뿐이다. 존재의 조화로움은 내적 측면, 즉 우리가 감지하는 내면의 완전함과 행복감을 강조한다. 반면에 깨어나는 경험은 외적 측면, 즉 우리의 지각, 그리고 우리와 세상과의 관계가 어떻게 바뀌는지를 강조한다. 깨어나는 경험에서 '깨어남'은 주로 시각적인 경험, 새로운 현실과 세상의 아름다움과 의미를 새롭게 지각하는 경험, 동떨어진 듯 보이는 것들을 하나로 이어주는 숨은 일체성을 인식하는 경험이다. '존재의 조화로움'을 경험할 때를 인지 부조화와 예고 분리에서 벗어나므로 조화로움을 감지한다. 즉 내적 고요와 충만을 경험한다. 그렇기는 하지만 깨어나는 경험은 거의 언제나 존재의 조화로움 경험이며, 존재의 조화로움 경험 역시 거의 언제나 깨어나는 경험이다. 내적 행복은 언제나 지각의 변화를 수반한다. 단 한 가지 예외가 있다. 『잠에서 깨어나기』에서 나는 깨어나는 경험에는 두 가지 유형이 있다고 말한다. 하나는 뇌와 육체의 정상 가능이 무너질 때 경험하는 깨어남이다. 이것을 '항상성homeostasis 붕괴 상태'라고 부르는데, 단식이나 수면 박탈, 자해, 호흡 훈련 환각제 등이 이 상태를 일으킬 수 있다. 다른 하나는 우리의 내적 에너지 — 우리 존재의 에너지, 즉 생명 에너지life-energy — 가 강렬해지고 고요해질 때 경험하는 깨어남이다. 이것을 ISLE 상태라고 부르는데 '생명 에너지의 강화와 고요intensification and stilling of life-energy'를 의미한다. 명상, 스포츠, 성행위, 자연과의 접촉 등이 이 상태를 야기할 수 있다. 이 두 유형의 중요한 차이점은 '항상성 붕괴'는 존재의 조화로움 경험이 아니라는 것이다. 이 유형의 깨어나는 경험은 내적 고요와 평화로운 행복감을 주지 않는다. 수다스런 생각이 여전히 존재하며, 그것이 증폭되고 왜곡되어 환각이나 망상으로 나타난다. HD 상태에서도 평화로운 행복을 느낄 수는 있다. 하지만 이때의 행복감은 거칠고 사납고 불안정하고 들떠 있다. 평온함이나 내적 평화보다는 황홀경이나 희열에 가까운 '고도의 흥분high arousal' 상태. 그러나 ISLE 상태는 곧 존재의 조화로움 경험이다.

영원한 조화로움

　존재의 조화로움을 경험하는 것이 얼마나 중요한지는 아무리 강조해도 지나치지 않다. 그 경험은 우리의 정신이 정말로 온전해지는 드문 순간이다. 그 순간에는 심리적 고통이 잠시 사라지고 우리는 마음 저 깊은 곳의 행복과 완전함을 느낀다. 존재의 조화로움을 경험할 때 우리는 어린 아이가 느끼는 일체감과 새로움, 원주민이 느끼는 만족과 연결감을 잠깐 감지한다. 그 드문 순간에 우리는 행동하는 인간이 아니라 존재하는 인간이 된다. 이제 우리는 스트레스와 부조화로 가득한 투쟁 대신에 더없이 편안하고 느긋한 삶을 누릴 수 있다.

　그럼에도 당신은 이렇게 반박할 것이다. 이런 경험의 문제는 그것이 단지 경험일 뿐이라는 데 있다고. 그렇다. 이 경험은 일시적이다. 두세 시간 지속될 수는 있지만 조만간 광기에 사로잡힌 에고가 돌아온다. 진통제를 삼킨 뒤 잦아든 두통이 두세 시간 후에 도지는 것과 비슷하다. 어느 순간, 마음은 다시 재잘거리고 에고를 둘러싼 벽은 더 높아지고 심리적 부조화도 다시 고개를 든다. 휴머니아에 걸린 마음은 언제나 스스로를 재건하는 듯하다. 마음을 매번 그 상태로 똑같이 찍어내는 '거푸집'을 하나 갖고 있는 것 같다. 잠시 무한한 자유와 만족을 느끼고 주변 세상과 하나로 연결되었다가 당신은 걱정과 스트레스가 산재한 일상으로 돌아온다.

　하지만 존재의 조화로움이 단지 일시적인 경험이어서는 안 된다. 이 점이 중요하다. 이제 우리는 일시적인 경험을 통해 조화로운 마음을 확인했으므로 영원히 조화로운 상태가 어떠한 것일지 쉽게 짐작할 수 있다. 마음이 영원한 고요한 상태, 수다스런 생각이 날뛰지 않아서 내부에 소란과 부정성이 없는 상태를 이제는 안다. 우리는 마음이 영원히 고요하고 드넓은 상태를 경험할 것이다. 그 상태에 이르면 에고가 온화해져서 더 이상은 고립감과 불완전감을 느끼지 않는다. 이제 에고는 고립된 개체가 아니라 진정한 자아와 영원히 통합되어 그 일부로 남는다.

다음 10장과 11장에서는 이 영원한 조화로움에 이르는 방법을 탐구할 것이다.

10장

마음 공간에 머물기

치유의 1단계 – 4단계

최근에 입증된 가장 경이로운 과학적 사실은 신경가소성이다. 얼마 전까지만 해도 과학자들은 개인이 일단 성인이 되면 뇌가 완전히 형성되어서 여생 내내 동일한 상태로 유지된다고 믿었다. 뇌의 기능은 고정적이고 특정 행동 양식과 태도가 '이미 내장되어' 있으며 뇌 손상이나 뇌 질환이 없는 한 결코 변하지 않다가 노년기에 이르러 망가지기 시작한다고 추측했다. 그런데 현대의 최첨단 뇌 영상 기법의 도움으로 그 추측이 틀렸음이 드러났다. 뇌는 믿을 수 없을 만큼 유연한 조직으로, 계속 성장 중이며 스스로를 끊임없이 개조한다.

이런 방식으로 뇌졸중 환자가 회복된다. 새로운 뇌세포가 생겨나고 오래된 뇌세포들이 새로 연결된다. 게다가 손상된 뇌 영역의 기능은 온전한 다른 영역으로 옮겨갈 수 있다. 예를 들어, 시각 정보를 처리하는 뇌 영역이 뇌졸중으로 손상되면 다른 영역이 그 기능을 떠맡는다.

우리가 뇌를 '운동' 시킬 때마다 비슷한 일이 일어난다. 새로운 정보를 흡수하고 새로운 기술이나 지식을 배우고 기억력이나 집중력 등의 인지능

력을 테스트할 때 새로운 뇌세포가 태어난다. 이것을 신경발생neurogenesis
이라고 한다. 또한 우리는 신경망 — 상호 연결되어 함께 작동하는 뇌세
포 집단 — 도 새로 만들어내고 다양한 뇌 화학물질의 수치도 바꿀 수
있다.

2005년도 연구는 신경 발생이 매우 빠른 속도로 일어날 수 있음을 발
견했다. 연구진은 의과 대학생들이 시험공부를 하고 있을 때 그들의 뇌를
촬영했다. 고작 두세 달 만에 후두엽과 측두 두정엽 — 정수리 바로 뒤
에 있는 영역 — 의 뇌세포 수가 크게 증가했다.[1]

신경가소성은 우리가 뇌를 지배하고 있다는 것을 보여준다. 우리는 자
신이 육체를 지배하고 있음을 안다. 그리고 육체를 단련하고 건강하게 유
지할지 아니면 약해지게 방치할지 그 결정권이 자신에게 있음을 안다. 이
제는 뇌에 관해서도 그렇게 생각해야 한다. 우리는 뇌를 훈련시켜서 특정
영역을 더욱 발달시키고 전반적으로 더욱 민활하고 예리하게 유지할 수
있다. 또는 그 반대로, 새로운 뇌세포를 만들지 않고 신경 연결을 약화시
켜서 뇌가 쇠퇴하게 내버려둘 수도 있다.

이런 연구 결과는 비할 수 없이 중요하지만 휴머니아와는 별로 관계가
없다. 휴머니아는 신경 상태가 아니라 심리 상태이기 때문이다. 다만 신경
가소성과 매우 유사한 한 가지 성질은 관계가 있다. 그 성질을 나는 '심리
가소성psychoplasticity'이라고 부른다. 여기서 심리가소성은 마음 — 정신 —
이 뇌처럼 가소적이고 유연하다는 것을 의미한다. 뇌를 훈련시켜 그 구조
를 바꿀 수 있듯이 우리는 마음 또한 개조할 수 있다.

특히 휴머니아를 치유하는 방향으로 마음을 개조하는 것이 가능하다.
우리는 트라우마를 치유하고 에고의 구조와 기능을 바꿀 수 있다. 에고

는 그렇게 확고한 경계선을 고수한 채 마음을 지배하는 영역이 되어서는 안 된다. 우리의 마음은 부조화로 채워져서는 안 된다. 우리는 마음을 새로 만들어낼 수 있다.

나는 10장과 11장에서 이 목표에 이르는 여덟 단계를 소개할 것이다. 각 단계를 순서대로 제시하지만 그 순서가 절대적인 것은 아니다. 특히 마지막 세 단계는 얼마든지 서로 바꿀 수 있으며 거꾸로 밟아나갈 수도 있다. 당신의 마음 상태에 따라 각 단계에 시간과 노력을 얼마나 들여야 하는지가 결정된다. 앞의 두세 단계를 이미 어느 정도 끝낸 사람도 있다. 예를 들어, 자신과 홀로 시간을 보내는 데 익숙할 수도 있고 치료를 통해 트라우마를 치유했거나 부정적인 사고에 대응하는 훈련을 받았거나 하는 식으로 말이다. 그런 사람은 나중 단계 중 다른 한 곳에서 시작하면 된다. 간단하다. 자신이 어느 단계까지 끝냈는지, 그리고 어느 단계에서 시작해야 좋을지는 당신이 결정해야 한다.

여덟 단계는 각기 독립적이지 않고 총체적이다. 이 점도 기억해야 한다. 즉 각 단계는 단순히 밟아 올라가는 사다리의 가로장이 아니라 한 층 한 층 더해야 하는 것으로 서로를 보완한다. 앞 단계를 꾸준히 훈련하면서 거기에 다음 단계를 하나씩 추가해야 한다는 말이다. 불교의 팔정도八正道, 불교 수행의 여덟 가지 올바른 길 또는 요가의 팔지八支, 여덟 단계로 이루어진 요가 수행법를 행할 때와 똑같다. 그러므로 이전 단계를 반드시 완벽하게 '마스터'한 뒤에 다음 단계로 넘어가야 한다고 생각할 필요는 없다. 어떤 단계에서 어느 정도 진전을 보아서 그 단계에는 상당히 자신이 있다고 느끼면 충분하다.

사실, 서너 단계를 한꺼번에 훈련하는 것이 유용하다. 예를 들면, 일단 7단계(규칙적으로 명상하기)로 넘어가면 그 단계를 훈련하는 동시에 3단계(생각에서 물러나기)와 4단계(부정적인 사고방식 바꾸기)에서 이미 배우고 익힌 것을 더욱 다지는 식이다.

휴머니아 치유의 전제조건

그러나 여덟 단계 그 자체만으로는 충분하지 않다. 휴머니아 치유에는 두 가지 전제 조건이 있다. 꼭 휴머니아가 아니어도 어떤 장애나 질환이든 이 두 조건이 전제되어야 한다. 첫 번째는 그 질환이 존재한다는 것을 알아차리고 자신의 증상을 추적하여 특정 원인을 찾을 수 있음을 인식하고 그 원인을 확인하는 것이다. 휴머니아와 관련하여 이 조건을 충족시키기는 그리 쉬운 일이 아니다. 휴머니아는 우리와 무척 가까워서 휴머니아와 자신을 떼어놓기가 어렵다. 우리가 곧 휴머니아이기 때문에 보통은 문제로 삼지 않는다. 하지만 당신이 여기까지 읽었다면 휴머니아가 하나의 정신장애라는 것을 확실히 깨달아야 한다.

두 번째 전제 조건은 휴머니아가 문제임을 인정하고 그 질환과 직면할 용기를 갖는 것이다. 심각한 병에 걸렸을 때 이 곤란한 현실을 단순히 외면하려는 사람이 많다. 그들은 그 질병이 보기와 달리 심각하지 않다고 우기거나 그것에 대해 생각조차 하지 않으며 갖가지 활동과 오락에 열중한다. 하지만 이런 방법은 하등 도움이 되지 않는다. 오히려 두려움을 이겨내지 못하고 다만 억압할 뿐이다. 억압된 두려움은 밑에서 점차 커지다가 결국 폭발하고 만다.

휴머니아에서 달아나는 것은 어렵지 않다. 사실 우리는 지금까지 살면서 줄곧 그렇게 해왔다. 하지만 그런 행동은 결혼 생활에 문제가 있음을 알아차리고서도 그대로 살면서, 상황을 바꾸기 위한 노력은 꺼린 채 문제가 저절로 사라지기만을 바라는 것과 비슷하다. 그런 식으로는 저변에 존재하는 배우자와의 불화를 어찌하지 못한다. 다시 사이좋게 살기를 원한다면 어느 시점에서든 용기를 내서 문제에 직면하고 해결책을 강구해야 한다. 이렇게 장애나 질환을 인정하고 직면하는 것이 치유 여정의 출발점이다.

1단계 : 내부로 주의 돌리기

존재의 영원한 조화로움에 이르기 위한 첫 번째 단계는 자신의 안으로 들어가는 것이다. 이 말이 진부하게 들릴 수도 있다. 하지만 우리는 거의 언제나 자신의 밖에서 살기 때문에 자신의 안으로 들어가기란 결코 쉬운 일이 아니다.

이것은 어느 정도는 습관의 문제다. 주의를 밖으로 돌려 과제와 활동, 오락에 열중하는 것이 아예 몸에 배어서 이제는 주의의 방향을 바꿔 안을 들여다보는 것이 어색한 것이다. 흡연이나 도박 등 특정 행동은 반복할수록 '습관의 힘'이 쌓이고 쌓여서 결국에는 그 행동을 자동으로 하게 된다. 자신이 통제할 수 없는 한 가지 행동 유형으로 고착되는 것이다. 성인이 되고 나서 우리는 주의를 밖으로 돌리는 행동을 하루에 수십 번씩 반복해왔으므로 그것이 쌓아올린 습관의 힘은 어마어마하다.

문제는 이것만이 아니다. 자신의 밖에서 지나치게 많은 시간을 보내기 때문에 우리는 마음 공간에 머무는 일에 익숙하지 않다. 안으로 들어가서 심리적 부조화와 만나는 순간, 우리는 엄청난 충격을 받고 불안을 느낀다. 그 만남이 그렇게 충격적인 건 자신의 마음이 너무도 낯설기 때문이다. 시골에 틀어박혀 살던 사람이 난생 처음 대도시 중심가에서 온갖 소음과 혼돈을 접하고 충격을 받는 것과 비슷하다.

명상을 처음 시작할 때 이런 문제를 겪는 사람들이 있다. 엄격하고 까다로운 명상 기법을 배운 데다 지침을 자세히 듣지 못한 사람들이 특히 그러하다. 그들은 거칠고 황량한 자신의 마음에, 그 마음을 휘저으며 날뛰는 수많은 생각에 소스라치게 놀란다. 내부의 혼돈에 두려움을 느껴서 명상이 끝난 후에는 명상에 들기 전보다 오히려 더 불안하고 심란해한다.

그러므로 우리는 자신과 함께 시간을 보내려고 의식적으로 노력해야 한다. 처음에는 조금 불편하더라도 자신의 마음 공간에 머물러야 한다. 오락을 어느 정도 제한하고 TV 시청이나 인터넷 서핑, 쇼핑에 소비하는 시간을 줄이려고 노력해야 한다. 이는 요리하고 설거지할 때 라디오나 음악을 틀어놓지 않고, 출근길에 아이팟으로 노래를 듣지 않고, 지하철이나 버스에서 메일이나 문자메시지를 보내지 않는 것을 의미하기도 한다. 모든 중독이 그렇듯이 오락이나 활동도 점진적으로 줄이는 것이 바람직하다. 그것에 소비하는 시간을 조금씩 줄여나갈 뿐 아니라 주의를 덜 빼앗는 조금 더 '가벼운' 오락으로 차츰차츰 바꿔야 한다. TV 시청이나 인터넷 서핑에 쓰는 시간을 줄이고 독서와 음악 감상에 쓰는 시간을 늘리는 식이다.

마음 공간에서 시간을 보낼 수 있게 주의를 모아주는 활동도 추천한다. 9장에서 예로 든, 존재의 조화로움을 유도하는 모든 활동이 이 단계에서 도움이 된다. 장거리 달리기, 수영, 등반 같은 스포츠나 시골길 산책도 좋고, 악기 연주나 무용, 글쓰기, 그림 그리기, 정원 가꾸기 등 몰입을 이끄는 창조적인 활동도 좋다. 하지만 이 단계에서 명상은 적절하지 않다.

'가벼운' 오락이나 창조적인 활동으로 옮겨가는 것은 즐거움을 다른 관점에서 보는 것을 의미하기도 한다. 즐거움에는 두 가지 유형이 있는데 첫번째는 쾌락을 주는 즐거움이다. 이 즐거움은 심리적 부조화에서 도피하거나 그것을 외면하게 도와준다. 음주, 마약, 쇼핑, 정크 푸드, 나이트클럽, 파티, 자동차 폭주 등이 그런 즐거움의 예다. 이 활동들은 우리의 뇌에 있는 '쾌감 중추'를 자극하거나 쾌감을 일으키는 화학 변화를 촉발한다. 이런 유형의 즐거움은 강렬하지만 대체로 지속 시간이 짧으며 그 활동이 끝난 뒤에는 기분이 더 나빠진다.

두 번째 유형은 조화로움을 유도하는 활동이 주는 즐거움이다. 앞에서 소개한 스포츠, 조용한 산책, 창조적 활동 등이 여기에 속한다. 이 활동들은 마음의 상태나 구조를 바꿈으로써 행복을 가져온다. 심리적 부조화에서 도피하게 도와주는 것이 아니라 그것을 치유하게 해준다. 이 활동들은 화학적인 행복이 아닌 영적인 행복을 준다.

그러므로 조화로움에 이르기 위해서는 두 번째 유형의 즐거움에 더욱 익숙해져야 한다. 수도승처럼 살면서 맛있는 음식과 와인과 사교 생활을 즐겨서는 안 된다는 말이 결코 아니다. 나 역시 이런 활동을 즐기고 있다. 이것은 정도의 문제이자 태도의 문제이다. 음식과 교제는 당신이 그것을 어떻게 대하느냐에 따라 쾌락을 줄 수도 있고 조화로움을 유도할 수도 있다. 음식을 천천히 조용히 먹는다면 이 활동은 대단히 효과적인 명상이된다. 또한 연민을 갖고 열린 마음으로 다른 사람을 만나서 그에게 온전히 주의를 기울인다면 이러한 교제는 강한 연결감을 제공하여 에고 고립을 초월하는 경험이 된다.

이런 활동들은 존재의 조화로움을 잠시 경험하게 해준다. 동시에 자신의 밖으로 주의를 돌리는 습관을 약화시키고 마음 공간에 머무는 새로운 습관을 익히게 도와준다. 우리는 외국에 있는 이방인과 비슷하다. 그곳에서 새로운 삶을 시작하려면 우선 그 공간에 적응해야 한다.

2단계 : 트라우마 치유하기

그러나 심리적 부조화 때문에 우리는 애초부터 밖으로 주의를 돌릴 수밖에 없었다. 따라서 그것을 감소시킬 방법도 찾아야 한다. 앞에서 소개한 비유를 이어가보자. 부모의 불화로 싸늘한 분위기 때문에 집밖에서 시간을 보내는 십대 딸은 부모가 어느 정도 화해해서 집안이 편안해진 뒤에야 집에 머물 수 있을 것이다. 이와 마찬가지다. 심리적 부조화가 어느 정도 줄어든 후에야 우리는 마음 공간에 편안하게 머물 수 있다.

과거에 트라우마를 겪은 적이 있다면 그 경험이 심리적 부조화 수준을 높였을 가능성이 있다. 따라서 그런 사람은 이 트라우마에 초점을 맞추는 것부터 시작해야 한다. 트라우마가 일으킨 심리적 고통이 아직도 남아 있거나 그 경험으로 마음의 구조가 손상되었다면 치료를 통해 트라우마의 영향을 어느 정도 치유한 후에야 조화로운 마음에 이를 수 있다.

가장 효과적인 트라우마 치유법 중 하나는 안구 운동 민감 소실 및 재처리 요법EMDR, Eye Movement Desensitization and Reprocessing이다. 비교적 참신한 이 치료법은 미국의 심리학자 프랜신 샤피로Francine Shapiro가 개발하여 지난 20년 동안 발전시켰다. EMDR은 트라우마 경험이 극도로 충격적이어서 마음이 그 경험을 적절하게 처리할 수 없다는 원칙에 기반을 둔다. 그 고통스런 경험은 뇌의 주 기억계로 들어가 저장되지 않고 따로 떨어져 나와 그것들만 모인 기억계로 들어가는데, 그곳에서 합리화되지도, 의식적으로 처리되지도 못한다. 트라우마 경험은 이렇게 비정상적인 방식으로 저장되어 불안과 심리적 고통을 일으킨다.

EMDR의 목표는 내담자가 이 트라우마 기억을 적절히 처리하게 도와주고, 그럼으로써 고통을 줄여주는 것이다. EMDR 세션에서 내담자는 트라우마와 관계가 있는 시각적 이미지를 떠올린다. 그러면서 좌우로 움직이는 치료자의 손가락을 눈으로 좇는다. 이유는 확실하지 않지만 그런 자발적인 안구 운동이 스트레스와 불안을 줄여준다. 그리고 치료자는 내담자가 트라우마 기억을 '재처리'하여 조금 더 익숙하고 편안한 기억으로 바꾸고 두려움을 완화하게 격려한다. 그 결과, 내담자는 트라우마 경험에 둔감해진다. 그것들만의 고립된 기억계에서 일단 풀려나면 그 트라우마 기억은 그제야 주 기억계로 들어가는데, 이 과정도 두려움 완화에 일조한다고 한다.

EMDR은 터무니없이 간단해 보인다. 하지만 그 효과가 실로 탁월해서 미국 정부는 EMDR을 참전 군인의 외상 후 스트레스 장애PTSD, post-traumatic stress disorder 치료법으로 승인했다. EMDR은 자연재해와 테러 공격으로 인한 트라우마의 치유에도 대단히 효과적이다. 보통 2, 3회의 치료만으로도 내담자들은 트라우마 기억을 떠올려도 더 이상은 고통스럽지 않다고 보고한다.

트라우마 치유에 좋은 효과를 보여주는 또 다른 기법은 노출 치료 Exposure Therapy이다. 이 치료법에서 내담자는 트라우마 사건을 다시 체험함으로써 그것에 점차 둔감해진다. 재체험은 그 사건을 시각화하거나 마치 지금 경험하고 있는 듯이 처음부터 끝까지 현재 시제로 말함으로써 이루어진다. 내담자가 이렇게 트라우마 사건을 재체험 하는 동안 치료자는 그가 긴장을 풀 수 있게 유도하고 그 사건에 대한 생각들을 재구성하여 부정적인 생각과 감정을 떨쳐내게 격려한다.

가상현실을 이용해서 트라우마 사건을 재체험할 수도 있다. 그 사건과 관계가 있는 소리, 냄새, 장면에 내담자를 노출시키는 것이다. 예를 들어, 참전 군인에게 폭발음과 총소리를 들려주고 화약 냄새를 맡게 한다. 이런 노출은 내담자가 트라우마 사건에 점차 익숙해져서 더 이상은 부정적인 감정을 느끼지 않을 때까지 수없이 되풀이된다.

노출 치료와 비슷하고 똑같이 효과적인 치료법으로 수용-전념 치료 ACT, Acceptance and Commitment Therapy가 있다. 이 기법은 내담자가 트라우마 사건을 외면하지 않고 수용하게 격려한다. 우선 내담자는 트라우마 사건과 관계가 있는 부정적인 생각과 믿음을 검토한다. 그러는 동안 치료자는 내담자가 그 생각과 믿음이 곧 자기 자신은 아니라는 사실을 깨닫게 도와준다. 즉 내담자는 자신이 그 부정적인 생각들과는 별개의 정체성을 갖고 있으며 그것들을 관찰하고 통제할 수 있음을 깨닫는다. 트라우마 사건에 대한 부정적인 생각이 자신의 삶에 어떤 영향을 끼치고 있는지 알아차리면 내담자는 생각을 바꿀 수 있다. 이 시점에 이르면 그 부정적인 생각과 믿음을 바꾸고 삶의 질을 높이는 과정에 전념한다.

이 밖에도 트라우마 치유에 그 효과가 입증된 기법들이 있다. 피터 레

바인Peter Levine의 신체적 경험Somatic Experiencing과 인지 행동 치료가 그렇다. 위에서 소개한 치료법 모두 인지 행동 치료의 요소를 포함한다. 자신에게 꼭 맞는 치료법이나 자신이 겪은 트라우마 유형에 가장 적합한 치료법이 있을 것이다. 성폭행 같은 특정 유형의 트라우마에는 노출 치료가 결코 적합하지 않다. 효과적인 치료법이 다양하므로 자신을 무력한 트라우마 피해자라고 단정하고 절망할 이유가 없다. 트라우마는 엄청난 심리적 손상을 가한다. 엄연한 사실이다. 하지만 우리의 마음은 대단히 유연하므로 그 손상은 놀라울 정도로 쉽고 빠르게 치유된다.

심리치료가 신경가소성을 통해 뇌의 형태와 기능을 얼마나 빨리 변화시킬 수 있는지를 뇌 영상으로 확인할 수 있다. 미국 UCLA 의과대학의 정신의학자 제프리 슈워츠Jeffrey M. Schwartz는 강박 장애 환자들을 치료하면서 치료 전후에 그들의 뇌를 촬영했다. 치료 후의 영상은 강박 행동과 연관된 뇌 영역미상핵caudate nucleus의 활성화 수준이 감소했음을 보여준다.[2]

이러한 변화가 신경적 수준에서 일어날 수 있다면 심리적 수준에서도 틀림없이 일어날 수 있을 것이다.

3단계 : 생각에서 물러나기

내부로 주의를 돌리는 습관을 익히기 시작했는가? 트라우마 기억이 더 이상은 그렇게 고통스럽지 않은가? 그렇다면 다음 단계로 넘어가자. 이제 는 인지 부조화를 줄이려고 노력해야 한다. 수다스런 생각은 그 자체가 문제다. 언제나 마음을 소란스럽게 하기 때문이다. 거의 모든 수다스런 생각이 지닌 부정적인 특성 역시 문제다. 그 부정성이 부정적인 감정을 유발하기 때문이다.

앞에서 강조했듯이 고립된 에고가 일으킨 불안감이 수다스런 생각을 부정성으로 물들인다. 그러나 부정적인 생각의 다수는 부모에게서 전해 받거나 배워 익히거나 자신의 경험에 대응하여 발달한다. 부정적인 생각과의 관계를 바꾸든지 또는 부정적인 생각 자체를 바꿀 수 있다면 심리적 부조화가 더 많이 줄어들고 마음 공간에 머물기가 훨씬 더 쉬워진다.

수다스런 생각과 관련하여 우리가 반드시 배워야 할 중요한 것이 있다. 바로 그 생각들과 '탈동일시dis-identification, 동일시하던 대상으로부터 떨어져 나와 그것에서 벗어나기'하기다. 평소에 우리는 생각에 몰두하고 우리의 정체성은 그 생각과 밀접한 관계가 있다. "나는 생각한다, 고로 나는 존재한다."는 데카르트의 말을 조금 바꾸어 표현하자면, '내가 생각하는 것이 바로 나다.' 우리는 생각이 감정을 좌우하게 내버려둔다. 예를 들어, '내일 그 지겨운 회의에 참석해야 돼, 정말 짜증나.' '나는 왜 항상 재수가 없을까?' 같은 부정적인 생각을 하면 기분이 조금 가라앉는다. 부정적인 생각을 연달아 떠올리면 조금 우울해질 것이다. 그리고 부정적인 생각에 습관적으로 골몰하는 사람은 우울증에 걸릴 가능성이 높다.

이에 반해, '정말 신난다, 2주 후에는 휴가야.' '오늘은 일을 아주 잘했어.' 같은 긍정적인 생각을 하면 기분이 조금 좋아진다. 그리고 긍정적인 사고가 몸에 밴 사람은 대체로 행복할 가능성이 크다.

생각은 다양한 감정을 일으킨다. 누군가에게서 불쾌한 말을 들은 어제 일을 떠올리면 화가 치민다. 아깝게 놓친 절호의 기회를 자꾸 되새기면 안타깝고 후회스럽다. 과거에 겪은 부정적인 사건에 이렇게 습관적으로 우리는 생각하는 자아에서 관찰하는 자아로 옮겨가야 한다.
자신의 정체성을 후자의 자리로 옮겨놓아야 한다.

몰두하는 사람은 걸핏하면 '화내는' 사람, 또는 늘 '후회만 하는' 사람이라는 인상을 줄 것이다.

수다스런 생각의 어조와 성질은 사람마다 다르다. 당신의 수다스런 생각은 대체로 낙천적일 수도 있고 비관적일 수도 있다. 불안할 수도 자신만만할 수도 있으며, 자기 비난적일 수도 있고 자기 옹호적일 수도 있다. 당신은 자신에 관하여 특정한 '핵심' 태도를 갖고 있다. 이 핵심 태도는 당신의 생각을 통해 표현되며, 어린 시절에 배운 부모의 태도와 당신이 살면서 겪은 다양한 경험에 기원을 둔다. 정도는 더 적지만 핵심 태도가 생물학적 유전의 결과일 수도 있다. 당신은 애초부터 낙관적이거나 비관적인 성격 또는 행복하거나 우울한 성향을 타고났을지도 모른다.

어린 시절에 고생을 하고 커서도 고통스러운 일을 자주 겪은 사람은 '나는 결코 행복해질 수 없어, 내가 하는 일은 뭐든지 잘못 될 거야.' 같은 부정적인 핵심 태도를 갖고 있을 수 있다. 반면에 행복한 어린 시절을 보내고 그 후에도 주로 즐거운 사건을 경험한 사람은 보다 긍정적인 핵심 태도를 지닐 가능성이 크다. 따라서 그는 '나는 행복할 거야, 내가 원하는 것은 모두 이룰 수 있어.'라고 확신한다. 이렇듯 습관적인 사고는 개인의 성격을 결정하는 데 큰 영향을 끼친다. 사고방식에 따라 당신은 소심하거나 자신만만하고, 불안하거나 느긋하고, 낙천적이거나 비관적이다.

하지만 그 생각들이 곧 당신 자신은 아니라는 점을 반드시 알아야 한다. 습관적인 사고가 아무리 강하다 해도 마찬가지다. 앞에서 소개한 수용-전념 치료가 강조하듯이, 진짜 '당신'은 당신의 생각들과는 별개다. 당신은 강둑에 서서 흘러가는 강물을 바라보는 사람이다. 평소에 우리는 강물 속에서 이런저런 생각에 일희일비하지만 강물 밖으로 나오는 법을 배워야 한다. 깊은 명상 중에 알아차리듯이 우리는 실제로 두 개의 자아를 갖고 있다. 하나는 생각이 창조한 자아ego이고, 다른 하나는 의식 또는 정수essence다. 의식은 생각이 창조한 자아를 관찰할 수 있으며 그 자아가 활동하지 않을 때 — 명상이나 깊은 수면 중에 — 도 여전히 그것을 인식한다. 영성 철학에서는 그 의식을 '목격자' 또는 '참자아Self'라고도 부른다. 고대 인도의 철학서 『우파니샤드』에서는 두 개의 자아를 한 나무에 거하는 두 마리 새에 비유한다. 한 마리가 쉬지 않고 이리저리 날아다니며 나무에 달린 "과일을 따 먹는" 동안 다른 새는 "완전한 침묵 속에서 지켜본다."

우리는 생각하는 자아에서 관찰하는 자아로 옮겨가야 한다. 자신의 정체성을 후자의 자리로 옮겨놓아야 한다. 생각이 창조한 자아가 부정적인 수많은 생각과 감정으로 만신창이가 되어서 자신, 즉 에고를 파괴하려는 충동을 느낄 때 순간적으로 정체성이 그렇게 옮겨갈 수 있다. 극도의 혼란을 겪고 있을 때 특히 그러하다. 영적 교사이자 작가인 에크하르트 톨레Eckhart Tolle가 바로 그런 일을 겪었다. 오랜 세월 동안 불안과 우울증에 시달리다가 자살하기 직전에 갑자기 그의 정체성이 자리를 옮겼다. 저서 『지금 이 순간을 살아라』에서 묘사하듯이 '이런 식으로는 더 이상 살아갈 수가 없어.'라는 생각이 그의 마음을 끝없이 휘저었다. 순간적으로 그는 그 생각이 암시하는 이원성을 불현듯 깨달았다. 이런 식으로 더 이상 살아갈 수 없는 '나'와 그런 생각을 하고 있는 '나'가 존재함을 알아차린 것이다. 이렇게 자신의 내부에 두 개의 자아가 존재하고 있음을 깨닫고 에크하르트 톨레는 생각하는 자아로부터 즉시 떨어져 나왔다. 그리고 관찰하는 자아가 진짜 자신이라는 것을 깨달았다. 그러자 고통을 겪는 에고는 소멸하고 관찰하는 자아가 그의 영원한 자아가 되었다.

『어둠 밖으로Out of Darkness』에서 나는 켄 볼드윈의 경험을 소개했다. 그는 샌프란시스코의 금문교에서 자살을 시도했다. 다리에서 뛰어내리는 순간, 그는 고통을 겪는 에고와 부정적인 모든 생각으로부터 떨어져나왔다. 마치 사고의 짙은 안개가 일시에 걷히는 느낌이었다. 바로 그때 그는 자신이 사실은 죽고 싶어 하지 않는다는 것을 알아챘다. 그리고 "내가 바꿀 수 없다고 생각한 내 삶의 모든 것을 얼마든지 바꿀 수 있었다. 하지만 지금 뛰어내린 이 행동만은 결코 바꿀 수 없다."는 것을 알았다. 천만다행히도 그는 금문교에서 뛰어내리고도 살아남아서 삶을 새로 시작할 기회를 얻은 극히 드문 사람들 중 하나였다.

우리는 수다스런 생각과 탈동일시하는 훈련을 할 수 있다. 한 가지 방법이 위파사나 명상vipassana meditation이다. 대다수의 명상 기법이 마음을 고요하게 하는 것이 목표인 반면, 위파사나의 목표는 단순히 관찰하는 것이다. 강물처럼 끝없이 이어 흐르는 자신의 경험들로부터 한 걸음 물러나 생각과 감정과 지각이 생기고 사라지는 것을 그저 지켜보는 것이다. 이런 방식을 통해 위파사나 기법은 우리가 생각과 감정과 탈동일시하고 관찰자와 동일시하게 훈련시킨다. 이런 점에서 위파사나는 전통 명상보다는 일종의 알아차림 명상으로 여기는 것이 적절하다. 명상과 알아차림의 차이에 관해서는 뒤에서 간단히 설명할 것이다.

위파사나 명상을 조금 단순화시켜서 연습할 수도 있다. 아침이나 밤에 침대에 누워 있을 때 2, 3분 동안 생각의 흐름을 관찰하라. 그와 동시에 그 생각들이 당신을 끌어들이려고 얼마나 애쓰는지 알아차려라. 이것은 파티에서 흥미로운 대화에 끌려들어가는 것과 비슷하다. 당신의 일부는 대화에 참여하기를 원하고 그렇게 하지 않으면 뭔가를 놓칠 거라고 느낀다. 하지만 그 대화, 즉 당신의 생각을 그저 관찰하라. 그 생각을 따라가고 싶은 마음을 억누르면 그것은 곧바로 사라진다. 하지만 그 생각에 몰두할 경우, 그것은 당신의 주의를 연료로 삼아 금방 수십 개의 다양한 생각으로 변형되어 날뛰며 천지사방으로 당신을 끌고 다닌다.

매우 유익한 위파사나 연습이 또 있다. 2장에서 소개했듯이, 당신의 생각을 거꾸로 추적하는 것이다. 우리는 잇달아 떠오르는 생각에 끊임없이 골몰하다가 결국 그 생각들에게 이리저리 끌려 다닐 때가 빈번하다. 그렇더라도 그 일련의 생각이 끝나는 순간, 그 종착점에서 시작하여 출발점에 도착할 때까지 생각을 역추적하라. 출발점에서 종착점에 이르기까지 당신의 생각이 지난 모든 지점을 거꾸로 밟아가는 것이다. 당신은 그 짧은 시간 동안 자신의 생각이 겪은 황당한 여정을 확인하고서 아연실색할 것이다. 자기 의지를 지닌 생명체처럼 그 생각들은 아무 이유도 연관도 없이 이 주제 저 주제로 쉴 새 없이 옮겨 다니며 온갖 우여곡절을 다 겪었을 것이다. 이 연습은 당신이 자신의 생각에서 멀찍이 떨어져서 그것을 단지 관찰하는 습관을 익히게 도와준다. 이 점이 가장 중요하다.

수다스런 생각과의 탈동일시는 두 가지 방식으로 심리적 부조화를 줄여준다. 첫째, 주의가 더 이상은 연료를 공급하지 않으므로 수다스런 생각이 동력을 상실하여 조용해진다. 따라서 자신의 생각에 몰두하지 않고 그것을 다만 알아차리는 행위가 수다스런 생각의 힘을 약화시킨다.

둘째, 뒤로 물러나 생각을 지켜보는 법을 배움으로써 당신은 생각과 감정 사이의 연결 고리를 어느 정도 끊어놓는다. 생각이 떠오르는 순간, 그것을 알아차리고 그 생각에 몰두하는 대신 뒤로 물러선다면 그 생각이 부정적인 감정을 촉발할 가능성이 훨씬 작아진다. 한 예로, 다음 주로 예정된 토론에 대한 생각이 떠오르면 이 생각이 불안을 촉발할 수 있다. 과거의 부정적인 사건에 대한 생각은 모욕감이나 후회를 촉발할 가능성이 크다. 이때 이 과정을 알아차리면 그 생각의 영향력이 감소한다. 관찰하는 자아가 당신에게 이렇게 말한다. '잠깐, 이건 단지 생각일 뿐이야, 관심을 기울일 필요가 없어.' 떠오른 생각은 힘이 빠져서 당신에게 영향을 끼치지 못한다. 당신에게 중요하지 않은 사람의 비난과 다를 게 없다.

4단계 : 부정적인 사고방식 바꾸기

수다스런 생각과 어느 정도 탈동일시했다면 이제 사고방식을 바꾸는 과정을 시작할 수 있다. 고립된 에고는 불안을 일으키고, 휴머니아에 걸린 부모는 그들의 부정적인 태도를 우리에게 전해주었다. 그렇기 때문에 우리는 부정적으로 사고하는 습관이 있다. 이 인지적 습관은 뿌리가 매우 깊어서 잘 드러나지 않지만 소심함, 조바심, 불안, 불신 등을 통해 표출된다. 또는 우리가 그런 특성을 무마하기 위해 사용하는 전략에서도 명확하게 드러난다. 오만, 나르시시즘, 고압적인 성격 등이 그런 전략의 예다. 하지만 그 특성 뒤에 숨어 있는 부정적인 믿음과 생각을 찾아내면 그것을 바꾸는 일은 놀라울 정도로 쉽다. 이것이 심리가소성의 한 가지 혜택이다. 마음은 대단히 유연하므로 새로운 인지적 습관이 이전의 습관을 금방 대체할 수 있다.

이것이 인지 행동 치료의 궁극적인 목표다. 행복이나 불행의 근원은 우리가 살면서 겪는 사건이나 경험이 아니라 그것을 해석하고 사고하는 방식이라는 점을 인지 행동 치료는 통찰했다("좋거나 나쁜 것은 따로 있는 게 아니야, 다 생각하기 나름이지."라고 셰익스피어는 "햄릿"에서 말한다). 부정적인 생각은 부정적인 감정을, 긍정적인 생각은 긍정적인 감정을 일으킨다. 어떤 사건을 겪을 때 우리의 인지적 태도와 편견이 그 사건을 긍정적으로 보느냐 아니면 부정적으로 보느냐를 결정한다.

우리는 중립적인 사건을 종종 문제로 간주한다. 우리의 생각이 유도한 부정적인 시각 때문에 중립적인 사건, 심지어 긍정적일 수도 있는 사건을 문제로 보는 것이다. 예를 들어, 회사에서 프레젠테이션 업무를 맡으면 당신은 난제를 떠안았다고 생각해 며칠 전부터 걱정할 지도 모른다. 하지만 다른 사람은 이 사건을 긍정적인 시각에서 보고 프레젠테이션이 자신의 의견을 제시하고 지식을 입증할 수 있는 기회라고 간주해 오히려 기대할지도 모른다. 친구의 결혼식 초대에 당신은 이렇게 생각할 수 있다. '와, 잘됐다! 옛날 친구들을 모두 만날 수 있겠어.' 하지만 다른 사람은 생각이 다를지도 모른다. '세상에, 샐리까지 결혼한다는데, 나는 아직도 혼자야. 내 친구들은 이제 다 결혼했어. 정말 창피해.' 몇 년 전, 아내의 마흔 살 생일에 아내 친구들이 아침 식사를 하러 우리 집에 모였다. 한 친구가 이렇게 말했다. "우리가 벌써 마흔이라는 게 믿어지지 않아. 너무 우울해. 우린 늙어가고 있어." 다른 친구 케리는 북아프리카 출신인데, 그곳에 사는 친구와 친척 중에는 20, 30대에 사망한 사람도 있었다. 그래서 케리는 나이 듦에 다른 태도를 갖고 있었다. "마흔이어도 난 우울하지 않아. 내가 마흔까지 살았다는 게 정말 기뻐."

이 사례는 문제처럼 보이는 사건을 다루는 최선의 방법을 제시한다.

그 방법이란 바로 자신의 삶을 바꾸려 하지 말고 사고방식을 바꾸는 데 초점을 맞추는 것이다. 연인에게 불만이 많다면 당신은 그 관계를 끝내고 새로운 연인을 찾으려 할지도 모른다. 하지만 그러기 전에 먼저 스스로 ― 그리고 연인 ― 에 대한 당신의 생각이 둘의 관계에 어떤 영향을 끼치고 있는지부터 검토하는 편이 좋다. 직업이나 외모, 지금 살고 있는 집이 못마땅할 때도 마찬가지다. 물론 진짜 문제 ― 불만의 타당한 이유 ― 가 있을 수도 있다. 폭력을 일삼는 연인이라든가 적성에 안 맞아 성취감을 주지 못하는 직업 등이 그렇다. 그러면 실제로 관계를 청산하거나 더 나은 직업을 찾아야 한다. 하지만 연인이나 직업 자체가 아니라 그것을 대하는 당신의 태도와 생각이 진짜 문제일 가능성도 매우 크다.

인지 행동 치료에서 치료자와 내담자는 서로 협력하여 부정적인 생각과 태도를 찾아낸다. 한 예로, 치료자는 내담자가 언제나 최악을 예상한다는 것을 알아차릴 수 있다. 그는 '세상은 나에게 가혹해. 내가 하는 일은 모두 실패해.' 같은 문장이 쓰인 대본을 한 권 갖고 있는 것이다. 내담자는 부정적인 대본을 부모에게서 전해 받았을 수도 있다. 거기에는 '나는 사랑받을 자격이 없어.' '사람들은 나를 싫어해.' '남을 믿어서는 안 돼.' 등의 대사가 쓰여 있다. 내담자는 사소한 것에도 쉽게 상처를 받아서 다른 사람의 말과 행동을 매번 자신을 무시하는 것으로 해석할지도 모른다. 또한 인지 행동 치료는 비행 공포증이나 거미 공포증 등 내담자의 두려움과 공포증을 치료하기도 한다.

부정적인 사고방식을 찾아내면 치료자와 내담자는 그것을 긍정적인 생각과 태도로 대체하려고 노력한다. 예를 들어, '내가 하는 일은 모두 실패해.'라는 대사를 바꾸기 위해 내담자는 그 생각과 상반되는 증거를 찾

아내고 자신이 성공한 경험을 떠올리고 그 리스트를 작성한다. 쉽게 상처받는 사람의 경우, 치료자는 그가 상황을 '객관화'하여 상대방의 시각에서 바라보고, '무시'로 간주한 행동이 단지 상대방의 건망증이나 실수일 때가 흔하다는 것을 깨닫게 도와준다. 한 예로, 어떤 사람이 인사도 없이 지나가서 무시당한 느낌에 화가 났다고 하자. 하지만 그가 인사하지 않은 이유는 단지 너무 바빴거나 당신을 못 보았기 때문일 수도 있다. 그 사람이 실제로 당신을 존중하지 않고 무례하게 행동했더라도 이유가 있을 것이다. 어쩌면 그는 당신을 질투하거나 두려워하는지도 모른다.

인지 행동 치료는 '숙제'가 많다는 이유로 비난을 받는다. 내담자는 자신의 생각과 일치하는 증거와 상반되는 증거를 리스트로 작성하기, 생각을 계속 기록하기 등을 숙제로 해야 한다. 하지만 이러한 숙제는 오래된 부정적인 인지 습관을 긍정적인 새로운 습관으로 바꾸고 새로운 사고방식을 강화하는 데 꼭 필요하다.

인지 행동 치료가 피상적이고 단기적인 변화를 가져올 뿐이라는 비난도 있다. 장기적인 효과를 위해서는 인지 행동 치료를 더 심오한 치료법 — 인간 중심 치료나 심리 역동적 치료 등 — 과 결합해야 한다고 주장하는 심리학자들이 있다. 그럼에도 인지 행동 치료의 뛰어난 효과를 입증하는 인상적인 증거가 있다. 최근에 한 연구진이 '병적인 완벽주의자달성 불가능한 기준을 세우고 그로 인해 항상 실패감과 불안을 느끼는 사람' 집단에게 12주 과정의 인지 행동 치료를 적용하고 치료 전후에 그들의 뇌 활성화 수준을 측정했다. 그 결과, 인지 행동 치료가 뇌의 피질을 크게 변화시킨다는 것을 발견했다. 인지 행동 치료를 받은 완벽주의자 집단은 통제 집단과 비교해서 '대뇌 피질의 억제' 수준이 훨씬 더 높았으며 불안과 무의식적인 사고가 감소했다.[3] 이 연구는 신경가소성이 얼마나 빨리 작동할 수 있는지를 보여주는 또 하나의 예다.

나 역시 인지 훈련의 효과를 직접 경험했다. 맨체스터 대학에서 일반인에게 4년 동안 행복 심리학을 가르칠 때 나는 행복 수준을 높여주는 다양한 훈련을 시도했다. 그중에서 효과가 탁월한 훈련이 두 가지 있었는데, 하나가 '감사 리스트' 작성이었다. 칠판에 '나는 (   )해서 기쁘다.' '나는 (   )해서 감사하다.' '나는 (   )하지 않아서 기쁘다.' '나는 (   )해서 다행이다.'라는 문장을 적은 후, 나는 학생들에게 각자의 경우에 해당되는 말을 괄호 안에 집어넣어 문장을 완성하라고 했다. 그들은 괄호에 넣을 말을 배우자와 열심히 상의했다. 나는 종이와 펜을 나눠주고 이 문장이나 이와 비슷한 문장을 8개 이상 적어서 각자의 '감사 리스트'를 작성하라고 했다.

수업이 끝나고 학생들은 그 리스트를 집에 가져가서 매일 읽을 수 있는 곳에 붙여놓았다. 부엌 벽, 거실, 심지어 화장실도 상관없었다. 날마다 적어도 5분씩 그 리스트를 읽고 각 문장의 의미를 되새기는 것이 중요했다. 학생들은 이것을 충실히 지켰다. 4주 뒤, 강의가 끝났을 때 그들 모두 감사 리스트 덕에 인생관과 정서가 크게 바뀌었다고 했다. 그들은 하나같이 감사하는 마음이 훨씬 더 커지고 대체로 더욱 행복해졌다. 나중까지도 연락을 주고받은 학생들은 감사하는 태도가 습관이 되었다고 말했다. 그리고 지금껏 당연시해온 수많은 것, 즉 건강, 친구, 가족, 자유, 성공, 삶 자체의 소중함을 항상 느끼고 있다는 말도 했다.

그러나 최고로 효과적인 훈련은 다양한 부정적인 감정을 없애는 훈련이었다. 여기에 선정된 부정적 감정은 두려움/불안, 죄책감, 질투/선망, 슬픔/분노이다. 세 칸으로 나뉜 워크 시트를 한 장씩 받은 후, 학생들은 각자 부정적인 감정을 느끼는 상황을 한두 개 떠올려서 첫째 칸에 간단히 적는다. 그런 다음 둘째 칸에는 그 상황에서 자신이 어떤 생각을 하는지를 적는다. 한 예로, '친구가 도움을 필요로 할 때 외면한 것에 죄책감을 느낀다.'라고 적으면 그에 따른 생각은 '나는 너무 이기적이야. 나 자신이 부끄러워.'일 수 있다. 불안을 느끼는 상황으로 '사무실에 나를 싫어하는 직원이 있다.'라고 적으면 이와 관련된 생각은 '나는 따분한 사람이야. 직원들은 대체로 나를 싫어해.'일지도 모른다.

그런 다음에 학생들은 지혜로운 친구가 옆에 있다고 상상한다. 그 친구는 부정적인 생각을 반박하는 이성적인 조언을 해준다. 이 조언은 셋째 칸에 적는다. 따라서 '나 자신이 부끄러워.'를 반박하는 생각은 '이미 다 지난 일이야. 나는 그 일에서 배우고 앞으로 더 잘할 수 있을 뿐이야.'일 수 있다. '직원들은 대체로 나를 싫어해.'라는 생각에는 '나를 좋아하는 사람이 많아. 설령 누군가가 나를 싫어한다 해도 그건 자연스러운 거야. 모든 사람이 나를 좋아하길 바랄 수는 없어.' 또는 '내가 나를 좋아한다면 다른 사람들의 생각은 중요하지 않아.'라고 반박할 수 있다.

끝으로, 부정적인 생각을 반박하는 현명하고 합리적인 생각을 적었다면 그 반론을 모두 적은 리스트를 새로 작성한다. 이것이 '확언affirmation' 리스트다. 확언 리스트는 그 사람 특유의 부정적인 생각을 중점적으로 다루는, 오직 그 한 사람에게만 적용되는 리스트다. 학생들은 그 리스트를 배우자와 함께 철저히 검토한다. 그리고 그다음 날부터 매일 아침 식사하기 전에 확언 리스트에 적힌 긍정적인 생각을 소리 내서 읽거나 운전 중에 큰 소리로 말하는 습관을 들여야 한다.

나는 일부 종류의 확언에 대해서는 회의적이다. '끌어당김의 법칙'류가

마음속에 생각이 아예 존재하지 않을 때,
또는 적어도 평소보다 아주 적을 때
우리는 진정한 행복을 느낀다.

특히 그렇다. 그 법칙을 신봉하는 사람들은 삶에서 자신이 원하는 것을 말로 표현하거나 상상하는 것만으로도 그것을 모두 얻을 수 있다고 생각한다. 나는 그것이 기이한 유형의 소망 충족이자 나르시시즘이라고 생각한다. 그러나 현실적이고 각자 고유의 성격과 필요에 꼭 들어맞는 확언은 긍정적인 생각을 강화하고 새로운 인지적 습관을 익히는 매우 효과적인 방법이다. 뉴질랜드 심리학자들이 수행한 1980년도 연구에 따르면, 2주 동안 아침마다 10분씩 확언을 암송한 피험자들은 행복 수준이 25% 증가했다. 이 연구에서 중요한 것은 확언의 내용이 피험자 각자에게만 해당되고 지나치게 거창하지 않았다는 점이다. 그 피험자들은 "나는 나의 결정을 확신해." "앞으로 좋은 일이 있을 거야." "나에게 결점이 있다는 걸 알아. 하지만 나는 그걸 고칠 수 있어." "어떤 일을 하든지 나는 그것을 아주 즐겁게 할 수 있어." 등, 오직 자신에게만 적용되는 확언을 이용했다.[4] 그러나 최신 연구는 자부심이 낮은 사람이 모호한 긍정적인 확언, 이를 테면 '나는 사랑받을 수 있어.'와 같은 문장을 암송할 경우 오히려 자부심이 감소한다는 것을 발견했다.[5] 이 연구 결과는 확언을 올바로 사용하는 것의 중요성을 강조했다.

나의 학생들은 이 훈련의 효험을 실감했다. 확언 훈련을 처음 시도한 수업이 끝날 무렵에 강의실 분위기는 그야말로 환상적이었다. 자기만의 확언을 읊조린 학생들이 예외 없이 한껏 고양되었기 때문이다. 그들은 이 긍정적인 태도가 그 뒤로도 몇 주 동안 지속되었다고 말했다.

경험에 근거한 증거가 또 있다. 6주 또는 8주 과정의 강의 첫 주에 나는 학생들에게 질문지를 나눠주고 자신의 전반적인 행복 수준을 1점에서 10점까지의 점수로 평가하라고 한다. 질문지에는 두 가지 질문이 쓰여 있다. 첫째, '당신은 전반적으로 얼마나 행복하십니까? 또는 얼마나 불행하십니까?' 각 점수 옆에는 설명이 붙어 있다. 0점은 '극도로 불행하다', 5점은 '보통이다', 6점은 '조금 행복하다', 10점은 '극도로 행복하다', 이런 식이다. 두 번째 질문은 이렇다. '행복하다고 느끼는 시간은 전체의 몇 %입니까? 불행하다고 느끼는 시간은 전체의 몇 %입니까? 보통이라고 느끼는 시간은 전체의 몇 %입니까?' 이때 중요한 것은 세 가지 대답을 모두 더하면 반드시 100%가 되어야 한다는 것이다. 이 질문지는 웰빙 연구의 선구자인 마이클 포다이스Michael Fordyce 박사가 개발했다. 나는 학생들의 응답지를 가져가고 6주 또는 8주 뒤 강의 막바지에 학생들에게 동일한 질문지를 새로 나눠주고 그 점수와 처음의 점수를 비교한다.

나는 12명에서 20명으로 이루어진 성인 집단을 대상으로 6주 또는 8주 과정의 강의를 통틀어 네 번 했다. 매 강의마다 그들의 행복 수준이 크게 증가했다. 두 질문의 점수 모두 상승했다. 첫 번째 질문에서 가장 큰 증가치는 평균 행복 수준이 6.8점에서 8.3점으로, 가장 작은 증가치는 7.0점에서 7.9점으로 오른 경우였다. 이 결과는 위에서 소개한 두 가지 인지 훈련이 실제로 효과가 있다는 것을 암시한다.

마음은 대단히 유연하므로 새로운 사고방식이 습관화되는 데 걸리는 시간은 고작 몇 주에 불과하다. 새로운 사고방식을 적용한 지 얼마 지나지 않아 더 이상 일부러 긍정적으로 생각할 필요가 없다는 말이다. 그 뒤에는 감사 리스트나 확언 리스트를 굳이 외울 필요가 없다. 긍정적인 태도가 확실히 자리를 잡았기 때문이다. 그때는 긍정적인 사고가 자동으로 이루어진다. 이런 이유로 인지 행동 치료가 그렇게 금방 효과를 보이는 것이다. 보통 주 1회씩 6주에서 8주의 치료만으로도 충분하다.

새로운 습관이 들기까지 겨우 21일이 걸린다는 말이 유행이지만 그것은 다소 과장인 듯하다. 2009년에 유니버시티 칼리지 런던의 연구진이 새로운 습관을 들이려고 애쓰는 96명의 피험자를 추적 조사했다. 그들은 점심으로 과일 한 조각 먹기, 일어나자마자 물 한 컵 마시기, 매일 15분씩 달리기 등을 습관화하는 중이었다. 그 행동이 습관으로 굳어지기까지 걸린 기간은 평균 66일이었다.[6] 그러나 66일은 결코 긴 시간이 아니다. 사고의 변화가 얼마나 엄청난 효과를 발휘하는지를 고려하면 특히 그러하다. 긍정적인 사고는 심리적 부조화를 줄여주고 행복 수준을 높여준다. 그에 따라 자신의 내부에 머무는 능력이 훨씬 커진다.

그러나 이와 같은 인지 훈련의 효과에는 확실히 한계가 있다. 긍정적 사고를 가르치는 인지 행동 치료 전문가들은 긍정적인 마음의 틀을 확립하는 것을 최종 목표로 삼는다. 하지만 그것은 사실 중간 목표에 불과하다. 사고는 여전히 사고일 뿐이다. 긍정적인 사고도 마찬가지다. 사고방식을 바꾸는 것은 행복에 이르는 중요한 단계다. 그러나 훨씬 더 중요한 단계는 생각을 완전히 초월하는 것이다. 마음속에 생각이 아예 존재하지 않을 때, 또는 적어도 평소보다 아주 적을 때 우리는 진정한 행복을 느낀다. 이 긍정적인 감정은 생각이 일으키는 것이 아니다. 마음속 깊은 곳에 존재하는, 우리가 타고난 행복의 원천에서 생겨난다. 그리고 긍정적인 사고는 우리가 그 원천에 조금 더 쉽게 다가갈 수 있게 해준다. 마음 공간에 편안하게 머물게 도와준다. 참으로 편안해서 우리는 마음을 완전히 비울 수 있다. 이것이 명상의 한 가지 목표다. 이 점은 뒤에서 간단히 설명할 것이다. 그보다 먼저 우리는 일상생활에 두 가지 훈련을 더 추가해야 한다. 이제부터 그것을 알아보자.

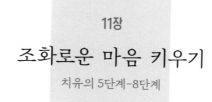

11장

조화로운 마음 키우기

치유의 5단계–8단계

개인의 성장이나 영적 성장을 추구하는 사람들은 때때로 이기적이라는 비난을 받는다. 타인의 행복이 아닌 자신의 행복만을 추구한다고 비난받는다. 그들은 세상일에 관여하여 세상을 더 좋은 곳으로 바꾸려 애쓰기보다는 한적한 곳에 틀어박혀 눈을 감고 명상을 한다.

나는 이러한 자세가 전적으로 옳다고는 생각하지 않는다. 영성 수행자 가운데는 수도원이나 아쉬람에 은둔하거나 일상 세계를 하등 중요하지 않은 허상으로 단정하는 이들도 있다. 가장 극단적인 예는 인도의 신비주의자 라마크리슈나이다. 사회 개선 활동의 가치에 대한 질문에 그는 이렇게 대답했다. "병원과 진료소, 그런 것은 모두 현실이 아닙니다. 현실은 오직 신 하나뿐입니다······ 어찌하여 우리는 신을 망각하고 그렇게 많은 활동에 몰두하는 걸까요?"[1]

그러나 대다수의 경우, 영적 성장은 자기중심성을 줄여주고 연결감을 높여준다. 연민을 강화하고 사회문제와 전 지구적인 문제에 더 많은 관심을 갖게 해준다. 홀로 은둔하는 수행자들은 예외 없이 '행동하는 영성가'

시절을 보낸 적이 있다. 그 시기에는 타인을 섬기는 일에 삶을 헌신한다. 일부 영성가들은 수행자의 길에 들어선 초기에 혼자서 '영성 수련'을 하지만 아빌리아의 성 테레사, 시에나의 성 카타리나, 바알 셈 토브Baal Shem Tov, 유대교 영성 운동인 하시디즘의 창시자, 조지 폭스George Fox, 퀘이커교의 창시자, 비베카난다Vivekananda, 인도의 힌두교 지도자, 간디 같은 신비주의자와 그 밖의 많은 이들이 위대한 이타주의자의 삶을 살면서 불의와 압제에 항거하고, 억압받고 가난한 사람들의 처지를 개선하고 고통을 덜어주려고 노력했다.

앞에서 말했듯이 공감 능력의 결여, 그에 따른 이타심의 결여는 휴머니아의 특징이다. 확고한 에고 경계선은 벽을 쌓아 다른 사람들로부터 우리를 떼어놓고 그들과 공감 어린 관계를 맺지 못하게 방해한다. 게다가 우리는 자신의 심리적 부조화에 열중해서 타인에게 관심을 기울이기가 어렵다. 자신의 문제에 지나치게 골몰한 나머지 타인의 문제에 대해서는 걱정할 겨를이 없는 것이다. 철학자 켄 윌버Ken Wilber의 말을 빌리자면, 우리는 '에고 중심적인egocentric' 인생관을 갖고 있다. 사회문제와 전 지구적인 문제에 관심을 갖게 하거나 '세상을 더 좋은 곳으로 바꾸려는' 더욱 광범위한 사회 중심적인 또는 세계 중심적인 인생관을 갖게 하지 못한다.

그러므로 트라우마를 치유하고 부정적인 사고방식을 바꾸기 시작하면 우리는 공감 능력이 더욱 커지고 더욱 이타적인 존재로 자연스럽게 변한다. 부조화로 가득한 자기 세계에 덜 몰두함에 따라 타인의 마음 공간에 더 가까이 다가갈 수 있다. 그들과 '함께 느낄' 수 있다. 그들의 고통이나 행복을 마치 자신의 것인 양 고스란히 느낄 수 있다.

5단계 : 봉사하기

그러나 이와 함께 봉사를 일종의 성장 훈련으로 삼는 것이 중요하다. 봉사는 이타적 행위를 실천하는 행동이다. 우리는 봉사를 의식적으로 이용하여 마음을 치유할 수 있다. 봉사 행위는 우리가 고립에서 벗어나도록 도와준다. 타인과 공감 어린 관계를 맺게 도와줌으로써 에고 경계선을 완화한다. 또한 자신의 진정한 자아는 섬처럼 혼자 떨어진 개별적인 의식이 아니라 모두가 공유하는 커다란 의식의 일부임을 일깨워준다. 타인에게 봉사할 때, 즉 이타적으로 행동하여 타인의 고통을 덜어주고 곤경을 해결해주고 성장을 도와줄 때 우리는 그들과 연결될 뿐만 아니라 동떨어진 듯 보이는 모든 것을 하나로 아우르는 더 높은 차원의 의식과 연결된다. 그리고 이 고차원 의식과 더 많이 연결됨에 따라 자기중심성이 감소하고 우리는 고립에서 벗어난다.

어린 자녀나 연로한 부모님을 보살피는 사람이나 간호사나 카운슬러, 교사로 일하는 사람들은 봉사를 성장 훈련으로 이미 이용하고 있다. 이에 해당되지 않는 사람이라면 자원봉사 업무를 찾아보라. 자선 단체, 지역사회 조직, 호스피스 병동, 병원, 노숙자 쉼터, 노인 요양 시설, 환경 보호 단체 등 자원봉사자가 필요한 곳이 수없이 많다. 또는 지구 환경, 사회, 정치와 관련된 사회운동을 통해 이 세상에 만연한 부조화와 억압을 조금이라도 줄이려고 노력함으로써 전 인류에게 봉사할 수도 있다.

수천 년 동안 이 세상에 고통을 주었으니 이제라도 우리 모두 이곳을 치유하려고 애써야 하는 것은 너무도 당연하다. 이 세상은 우리가 줄 수 있는 최대한의 이타심을 필요로 한다. 그 긴 세월 내내 전쟁과 억압, 불균형을 통해 휴머니아가 이 세상을 잔인하게 파괴해왔기 때문이다. 우리는 이 세상에 존재하는 고통을 덜어주어야 할 집단적 의무가 있다. 그리고 타인의 고통을 덜어주는 과정에서 자기 내면의 고통도 치유할 수 있다.

6단계 : 의식적으로 주의 기울이기

어디에서 무엇을 하든지 우리가 주의를 기울일 수 있는 대상은 세 종류이다. 항상 우리 곁에 있는 그 세 가지 대상은 바로 수다스런 생각, 활동이나 오락, 그리고 현재, 즉 주변 세상과 자신의 경험이다. 예를 들어 병원 대기실에서 진료를 기다린다고 하자. 이때 당신은 공상에 빠질 수 있다. 예정된 주말여행을 상상하거나 직장에서 겪는 문제에 골몰할지도 모른다. 또는 잡지에 열중할 수도 있다. 아니면 주변 사람들과 대기실에 놓인 사물과 실내장식을 관찰할 수도 있다. 조깅을 하고 있을 때는 공상에 빠질 수도 있고 이어폰으로 열심히 음악을 들을 수도 있고 길가의 풍경과 자연을 유심히 바라볼 수도 있다. 이 세 가지 상태, 즉 공상Abstraction, 수다스런 생각에 골몰하기, 열중Absorption, 주의Attention를 줄여서 '쓰리 에이three As'라고 부른다.

물론 이 세 가지는 철저히 단절된 독립적인 상태가 아니다. 공상이나 열중 상태에 있을 때도 당신의 일부는 주의 상태에 있다. 예를 들어, 조깅을 하면서 공상에 골몰하거나 음악에 열중하더라도 어느 정도는 주변 환경에 주의를 기울인다. 달리는 차에 주의하거나 조깅 루트를 고수하려고 주의한다. 그러나 이때의 주의는 매우 기본적이고 기능적인 것에 불과하다. 당신의 정신 에너지는 거의 모두 공상이나 열중에 쓰이고 있다.

삶의 매순간에 우리는 이 세 가지 상태를 무의식적으로 평가하고 그중 하나를 선택한다. 평소에는 공상과 열중 상태 중에서 하나를 고른 뒤, 당연히 내적 방황이나 외적 방황을 시작한다. 하지만 앞의 다섯 단계를 제대로 마친 사람이라면 주의 상태에 소비하는 시간이 더 많아야 한다. 심리적 부조화가 줄어듦에 따라, 그리고 자신의 마음 공간에 더 익숙해지고 오락과 활동에 덜 의지함에 따라 당신은 현재 경험하고 있는 것을 의식적으로 관찰하기가 더욱 쉬워진다. 그러나 봉사 행위처럼, 의식적인 주의도 그 자체가 하나의 훈련이며 양성하고 촉진할 수 있는 습관이다.

이 말은 지금 여기에 주의를 기울이려고 의식적으로 노력해야 한다는 뜻이다. 자신이 다른 곳을 헤매고 있음을 깨달을 때마다 지금 여기로 돌아오는 습관을 들여라. 수다스런 생각에 골몰하고 있음을 알아차릴 때마다 거기서 주의를 돌려 주변 세상과 현재의 경험에 다시 초점을 맞추어라. 당신이 있는 공간, 주변에 놓인 사물과 사람들, 귀에 들리는 소리에 주의를 모아라. 물건의 색깔과 모양, 그 물건들의 관계를 눈여겨보라. 당신이 지금 앉아 있는 의자, 손에 쥐고 있는 펜, 서 있는 카펫의 질감을 느껴라. 후각을 사용하려고 의식적으로 노력하라. 당신이 지각하지 못한 온갖 냄새가 공간에 가득할 것이다. 오락이나 활동에 열중하려는 충동을 느낄 때마다 이렇듯 지금 여기에 초점을 맞추어라.

이 일은 천천히 부드럽게 하라. 이 점을 기억해야 한다. 수다스런 생각에서 갑자기 확 주의를 돌리지 마라. 그렇게 하면 저항감이 일어서 현재에 머물기 어렵다. 의식적인 관찰을 강요해서는 현재에 존재할 수 없다. 느긋하고 자연스러운 알아차림을 이용해야 현존이 가능하다. 자신을 억지로 몰아붙이지 말고 그저 천천히 부드럽게 현재로 다시 이끌어라. 그리하여 지금 여기에 다시 적응시켜라. 이것은 자꾸 길을 벗어나 다른 곳으로 아장아장 걸어가는 아기와 함께 공원을 산책하는 것과 비슷하다. 두세 걸음 옮길 때마다 당신은 아기를 천천히 부드럽게 이끌어서 올바른 자리에 데려다놓아야 한다.

예를 들어, 아침에 지하철역으로 걸어가고 있는데 당신의 마음은 지난밤에 겪은 일이나 오늘 해야 할 일에 대한 수많은 생각으로 소란하다고 하자. 그렇다면 당신의 마음을 살며시 붙잡아 그 잡다한 생각에서 돌려세운 뒤 현재로 데려오라. 수다스런 생각에서 주의를 거두고 하늘을 올려다보라. 달리는 자동차, 주변의 가로수와 건물에 초점을 맞추고 육체 속에 존재하는 자신을 자각하면서 그 환경의 한가운데에서 걸어가라. 저녁 식사 중에 자신이 신문을 보고 있음을 알아차린다면 마음을 살짝 돌려서 지금 먹고 있는 음식의 맛과 씹고 삼키는 행위와 그 느낌에 주의를 기울여라. 회의 도중에 대화에서 잠깐 주의를 돌려 당신이 앉아 있는 회의실을 의식적으로 관찰하라. 회의실의 형태와 색깔, 그곳에 놓인 물건을 알아차려라. 회의실에 앉아 있는 자신을 자각하라. 의자와 맞닿은 엉덩이, 등받이에 기댄 등, 바닥을 딛고 있는 발을 자각하라.

대체로 우리는 운전이나 식사, 요리 같은 활동이 그 자체만으로는 뭔가 부족하다고 생각한다. 그 활동이 원래 일상적이고 지루하기 때문이다. 거기에 오락을 덧붙여야 할 것 같다. 음식을 먹으며 TV를 보거나 요리를 하며 라디오를 듣는 식이다. 그럼으로써 지루함을 조금 줄이려고 한다. 그러나 그 활동에 실제로 온전히 주의를 기울일 경우, 정반대의 사실을 깨닫는다. 그 활동들은 그 자체로 충분하다. 실제로 그것은 오락이나 공상이 결코 줄 수 없는 조화로움과 편안함을 제공한다.

의식적으로 주의를 기울이면 온 세상이 훨씬 더 아름답고 매력적으로 변한다. 사물과 풍경은 우리가 그것에 기울인 주의의 양에 비례하여 꼭 그 만큼만 아름답고 매력적이다. 아름다움은 선천적인 것이 아니며 어떤 사물이 이미 갖고 있는 성질이 아니다. 아름다움은 우리가 만들어낸다. 주의를 많이 기울일수록 아름다움과 매력을 훨씬 더 많이 인식한다. 사물과 풍경이 하나같이 평범하고 따분해 보이는 이유는 우리가 그것에 진정으로 관심을 갖지 않기 때문이다. 주위의 사물과 풍경에 의식적으로 초점을 맞추어라. 그러면 그것은 우리가 일부러 박물관까지 찾아가 감상하는 고대 유물이나 장시간 날아가 구경하는 이국의 낯선 풍경 못지않게 참으로 아름답고 매력적이다.

주의를 돌려 현재에 초점을 맞추는 습관이 들었다면 당신은 그 일이 실제로 아주 쉽다는 것에 감탄할 것이다. 현재에 존재하는 것이 참으로 자연스럽게 느껴지고 예전에 자주 골몰한 공상 상태가 터무니없어 보인다. 당신은 이렇게 중얼거릴지도 모른다. '경이로움으로 충만한 섬세하고 풍요로운 세상이 바로 내 앞에 있는데 어째서 나는 미친 듯 휘몰아치는 수많은 기억과 공상에 사로잡혀 살아온 것일까?' 현재의 경험을 의식적으로 관찰하지 않고 수다스런 생각에 골몰하는 것은 파리나 베니스 같은 아름다운 도시로 여행을 가서 호텔에 틀어박혀 줄곧 TV를 보는 것과 다를 바 없다.

의식적인 주의와 인간관계

의식적인 주의 훈련은 인간관계에서 특히 중요하다. 함께 있는 사람에게 온전히 주의를 기울이지 않거나 그들과 진정으로 대화하지 않는 이유는 우리의 일부가 다른 곳을 떠돌고 있기 때문이다. 특히 오랜 세월 함께해온 친구나 배우자의 경우 그 사람의 존재를 당연시하기에 우리는 그들과 대화하는 중에 자신의 수다스런 생각에 쉽게 골몰한다. 또는 훨씬 더 노골적으로 TV 화면을 흘긋거리거나 라디오에 귀를 기울이기까지 한다. 아내가 힘겨운 하루에 대해 이야기하고 있지만 비슷한 하소연을 지금까지 백 번은 들었기에 당신의 마음은 오늘밤에 있을 축구 중계방송이나 내일 제출해야 할 보고서에 관한 생각으로 부산하다. 지난 3년 동안 옆자리에서 일한 동료가 여름 휴가 계획을 들려주지만 조금 따분하다고 생각하는 당신은 그저 기계적으로 고개를 끄덕이며 신입 여직원에 대한 공상에 빠져 있다.

오랫동안 관계를 유지해온 커플이나 부부가 대체로 이렇다. 그들은 서로 알고 지낸 기간이 무척 길어서 더 이상은 상대방의 말을 경청하지 않는다. 자동으로 주의를 차단하고 상대방의 말에는 다른 사람이 들려줄 수 있는 재미있고 새로운 것이 하나도 없다고 단정한다. 그 결과, 그들은 서로에게 이방인이 된다. 이제는 생각과 감정을 공유하지 않는다. 의견과 정서, 에너지를 주고받지 않으므로 더 이상은 진정한 관계를 맺지 못한다. 두 사람 사이에는 항상 벽이 놓여 있다. 양측의 수다스런 생각이 바로 그 벽이다. 그리하여 그들의 자아는 실제로 만나는 일이 결코 없다.

이것은 인간관계에 부조화를 야기한다. 친구나 배우자와 함께 있을 때 자주 다른 곳을 떠도는 사람은 그들에게 무의식적으로 이렇게 말하고 있는 것이다. '너는 나에게 중요한 사람이 아니야.' 그들은 이 말을 감지하여 불안해하고 무시당하고 있다고 느끼며, 이것은 분노와 적의로 이어진다.

두 사람이 각자 다른 곳을 떠돌기도 한다. 이것은 그들이 서로를 진정으로 알지는 못한다는 것을 의미한다. 당신이 자기 자신을 진정으로 알지 못하는 것과 마찬가지다. 그들은 진심으로 솔직하게 대화하지 못하고, 진정한 자아를 드러내지 않은 채 표층에 존재하는 에고를 통해서만 대화한다. 이것은 오해와 불신을 낳기 때문에 관계의 부조화로 이어진다. 누군가가 진정으로 알지 못하면 그의 행동과 의도를 오해하기 쉽다. 당신에 대한 그의 감정을 결코 확신하지 못한다.

휴머니아에서 벗어나기 시작한 사람은 대체로 삶의 매순간에 존재할 수 있다. 그러므로 휴머니아를 치유함에 따라 당신은 주변 사람들에게 자연스럽게 온전히 주의를 기울일 수 있다. 하지만 이렇게 온전한 주의 역시 의식적으로 훈련하는 것이 유익하다. 배우자와 친구, 동료와 함께 있을 때 현재에 존재하려고 의식적으로 노력하라. 오락과 소음을 없애라. TV와 라디오도 끄고 신문과 잡지도 치우고 오직 그 사람과 단둘이 존재하려고 노력하라. 그에게 온통 주의를 기울여라. 그 사람의 존재를 당연시하지 않으리라는 것과 그의 생각과 감정은 무엇이든 소중하다는 것을 자꾸 떠올려라. 그 사람과 단둘이 있는 것이 처음에는 어색할 것이다. 무위와 침묵과 고독이 어색하게 느껴지는 것과 똑같다. 하지만 그 사람과 진정한 관계를 확립하고 서로 공감하고 있음을 느끼기 시작하면 어색함은 금방 사라진다.

그다지 가깝지 않은 사람에게도 이 훈련을 적용하라. 가게 점원, 택시 운전사, 병원의 접수 직원, 웨이터, 지하철 옆자리에 앉은 사람 등, 이들에게 온전히 주의를 기울이려고 노력하라. 그들을 물건 다루듯 대하지 말고 존중하고 이해하라. 타인과의 찰나의 접촉으로도 얼마든지 공감대가 생겨날 수 있다.

인간관계는 종종 역동적인 힘을 발휘한다. 한 사람이 상대방의 우위에 서는 일이 흔하다. 예를 들어, 교사는 자신이 학생을 지배하는 위치에 있다고 느낀다. 사장은 자신이 직원들보다 우월하다고 느끼고, 택시 승객은 자신이 운전사보다 지위가 높다고 느낀다. 성적인 관계에서 한 사람이 상대방을 지배하고 있다고 느낄 수도 있다. 그 관계 자체가 끝없는 힘겨루기여서 한 사람이 또는 두 사람 모두 상대방이 자신을 무시한다고 생각하여 그의 의지를 꺾으려고 싸움을 벌이기도 한다. 심지어 친구와 동료들 사이에서도 우리는 자신보다 강하고 자신감이 넘쳐서 열등감을 심어주는 친구가 있다고 생각한다. 반면에 어떤 동료에게는 마치 자신이 지배자인 양 자신감과 우월감을 갖고 상대하기도 한다.

하지만 타인에게 온전히 주의를 기울이면 이 역동적인 힘은 더 이상 중요하지 않다. 이제 우리는 개별적인 존재가 아니다. 이제는 지배권을 놓고 다투지 않으며 지위 고하에 따라 우월감이나 열등감을 느끼지 않는다. 공감대가 우리 모두를 하나로 묶으면서 우리들 사이에 그어진 경계선이 사라진다. 이제 인간관계는 에고를 만족시키는 우월감을 제공하지 않고 교감과 이해라는 무한한 충족감을 선사한다.

알아차림

'의식적인 주의'를 다른 말로 바꾸면 알아차림mindfulness이다. '의식적인 주의'라는 말을 쓰는 이유는 그 말이 실제 상태를 더 정확하게 표현하기 때문이다. 또한 '알아차림'이라는 용어는 오해의 소지가 있을 수 있다. 일상 언어에서 '정신mind'은 보통 지적 능력을 의미하는데, 그것은 알아차리는 행위와는 아무 상관이 없다. 이런 점에서 알아차림은 '마음비움mind-emptiness'이라고 부르는 것이 더 정확할 수도 있다.

주의 훈련으로서 알아차림의 장점은 좌식 명상과 달리 언제 어디서나 실천할 수 있다는 것이다. 그러므로 사람들은 알아차림이 좌식 명상보다 더 자연스럽다고 생각한다. 또한 그러므로 알아차림을 맨 먼저 실천하는 것이 가장 좋다. 전통 명상과 알아차림, 즉 의식적인 주의는 매우 비슷하지만 둘 사이에는 중요한 차이가 있다. 명상을 할 때 우리는 마음을 비우고 고요하게 하려고 애쓰며 순수 의식 상태에 이르려고 한다. 또한 명상은 보통 은둔 모드에서 행해진다. 명상을 하기 위해 당신은 일상에서 물러나 조용한 방으로 들어간 뒤 말없이 앉아 눈을 감는다. 그러나 알아차림을 할 때는 굳이 어떤 것을 하려고 하지 않고 주변에서 일어나는 일을 그저 관찰한다. 마음을 비우려고 애쓰지 않는다. 그냥 마음을 관찰한다. 세상에서 물러나 은둔하지 않는다. 세상 속에서 당신이 지금 경험하고 있는 것에 온전히 주의를 기울일 뿐이다. 자신이 하고 있는 것을 분석하지 않고 온전히 주의를 기울인다면 어떤 활동을 하든 상관없다. 먹고 마시고 걷고 샤워하고 친구와 대화도 할 수 있다. 다만 그 활동에 모든 주의를 기울여라. 자신이 그것을 하고 있음을 알아차려라.

느리게, 그리고 단순하게 살아라.
조화로운 상태에 다가감에 따라 당신은 어느새
자연히 그렇게 살고 있을 것이다.

수다스런 생각과의 탈동일시와 긍정적인 사고가 습관이 되듯이, 어느 시점에 이르면 드디어 의식적인 관찰이 습관화된다. 의식적으로 주의를 기울이는 행위가 더없이 자연스러워서 더 이상은 그것을 훈련할 필요가 없어진다. 현재에 초점을 맞추려고 일부러 노력할 필요가 없다. 이제 당신은 자연스럽게 현재에 존재하기 때문이다.

7단계 : 규칙적으로 명상하기

명상 또한 병든 마음의 치유에 꼭 필요한 기법으로 그 효과가 탁월하다. 9장에서 보았듯이 명상은 일시적으로 휴머니아에서 벗어나는 가장 효과적인 방법이다. 외부의 수많은 자극에서 뒤로 물러나 만트라 또는 호흡이나 촛불에 초점을 맞추는 행위는 수다스런 생각을 잠재우고 에고 경계선을 완화한다. 그 결과 우리는 존재의 조화로움을 경험한다. 명상을 올바로 행하고 나면 그 효과가 몇 시간이나 지속된다. 또 명상은 장기적으로도 그 효과가 강력하다. 몇 개월이나 몇 년에 걸친 규칙적인 명상은 영원한 조화로움에 이르게 도와줄 수 있다.

명상을 시도하는 사람들이 자주 범하는 실수가 있다. 준비도 되기 전에 명상부터 시작하는 것이다. 심리적 부조화로 가득한 마음을 안고 명상 수업에 들어선다. 트라우마를 치유하지도 않고 수다스런 생각을 잠재우지도, 그 밑에 깔린 부정적인 사고방식을 바꾸지도 않고 무작정 명상을 시도한다. 이 상태에서 하는 명상은 오히려 역효과를 낳을 수 있다. 심지어 위험하기까지 하다. 억압된 트라우마 기억의 끔찍한 고통에 사로잡히거나 혼란스러운 부정적인 생각에 휩쓸릴 수도 있다. 이런 결과를 예상할 수 있기에 명상을 시도하기가 두려워진다. 그러므로 전통적인 좌식 명상에 들기 전에 앞의 여섯 단계를 성실히 거치는 게 무엇보다 중요하다. 심리적 부조화를 이미 상당히 치유했어야 한다. 그러나 이 시점에 이르면, 특히 의식적인 주의 훈련까지 마치고 나면 좌식 명상에 아주 쉽게 적응할 수 있다.

명상에는 수없이 많은 이점이 있음이 입증되었다. 우선 혈압 저하, 면역계 강화, 통증 완화 등의 육체적 이점이 있고, 불안과 우울증 감소, 집중력 향상 등의 심리적 이점이 있다.[2] 스트레스를 해소하고 업무 수행 능력을 높이는 방법으로 명상이 추천되기도 한다. 그러나 나의 관점에서 명상의 주요 목적이자 최고의 이점은 우리의 병든 마음을 치유할 수 있다는 것이다. 명상은 휴머니아를 치유하고 영원히 소멸시키는 가장 효과적인 방법이다.

연구에 따르면, 심리치료와 똑같이 규칙적인 명상도 뇌에 물리적 변화를 일으킨다. 2003년에 위스콘신 대학의 연구진은 수십 년 동안 명상을 해 온 수도승들의 뇌를 촬영했다. 그 결과, 수도승들의 좌측 전전두엽 — 긍정적인 감정과 연관된 뇌 영역 — 이 이례적으로 활발하다는 것을 발견했다. 오랫동안 명상을 수행한 사람들에 관한 다른 연구에서는 주의 집중 및 정서 통합을 담당하는 영역의 대뇌 피질이 매우 두껍다는 것이 드러났다.[3]

2011년도 연구는 이런 물리적 변화가 얼마나 빨리 일어날 수 있는지를 보여준다. 연구진은 8주 과정의 명상 수업에 참여하는 피험자 16명의 뇌를 MRI로 촬영했다. 수업에는 주 1회의 집단 명상과 명상 CD를 이용해 혼자 행하는 일일 명상이 포함되어 있었다. 피험자들이 명상에 들인 시간은 하루 평균 27분이었다. 그리고 8주 뒤, 그들의 뇌를 다시 촬영했다. 두 번째 뇌 영상은 학습과 기억, 연민, 자기 성찰과 관계가 있는 뇌 영역에서 '회백질'이 증가했음을 보여주었다. 티베트 수도승들의 경우, 편도체의 회백질이 적었고 편도체 활성화 수준이 낮았다. 이것은 불안과 스트레스 수준이 낮다는 사실을 암시한다.[4]

이 연구 결과들은 신경가소성을 입증하는 훌륭한 증거다. 명상이 그렇게 빠른 시일에 이러한 신경적 변화를 일으킬 수 있다면 심리적 변화도 일으킬 수 있을 것이다. 우리로서는 이 점이 정말로 중요하다. 뇌의 물리적 구조와 형태를 바꾸듯이 명상은 마음의 구조를 바꿀 수 있다. 특히 우리가 겪는 인지 부조화를 영원히 없애고 에고 경계선을 완화함으로써 그 변화를 가능케 할 것이다.

그러니 규칙적으로 명상을 하고, 그럼으로써 변화의 가속도를 높이는 것이 무엇보다 중요하다. 하루에 20분 이상 두 번씩 올바로 명상을 한다면 그때마다 병든 마음의 구조가 조금씩 약해진다. 한바탕 돌풍이 몰아칠 때마다 허술한 집의 토대가 조금씩 약해지는 것과 똑같다. 명상이 끝나고 몇 시간 뒤에는 병든 마음이 약해진 구조를 스스로 재건할 것이다. 하지만 예전처럼 그렇게 튼튼하게 고치지는 못한다. 이 과정이 날마다 누적된다. 두세 달 동안 규칙적으로 명상을 하더라도 당신은 수다스런 생각으로 여전히 괴로울 것이다. 하지만 그 수다는 예전과 달리 그렇게 시끄럽고 소란하지 않다. 마음이 어느 정도 고요해진다. 적어도 예전처럼 그렇게 혼란하고 부산하지는 않다. 그리고 당신은 마음의 표층에 있는 불만을 지나 그 밑에 있는 행복의 원천에 조금 더 다가간다. 게다가 당신과 주변 세상의 이원성, 그리고 당신과 당신이 하는 활동의 이원성을 이제는 그렇게 강하게 느끼지 않는다. 자신이 세상을 방관하는 대신 세상에 참여하고 있다는 느낌이 들기 시작한다.

규칙적인 명상은 앞의 여섯 단계에서 얻은 성과를 더욱 향상시킨다. 예를 들어, 3단계와 관련하여 명상은 당신이 수다스런 생각과 더 많이 탈동일시해서 생각의 흐름에 휩쓸리지 않고 멀찍이 물러나게 도와준다. 앞에서 말했듯이 위파사나 명상의 목표는 끝없이 이어지는 생각과 감정의 흐름에서 뒤로 물러나 그것을 다만 지켜보는 것이다.

4단계와 관련하여 명상은 사고의 부정적인 특성을 줄여준다. 고립감과 불완전감이 사라지면서 당신의 마음을 가득 채우고 있던 불안이 줄어든다. 그 결과, 당신의 생각들은 부정성을 별로 띠지 않는다. 작고 어두운 방에 있을 때보다는 크고 환한 방에 있을 때 사람들이 덜 동요하고 덜 불안해하는 것과 마찬가지다. 당신에게 남아 있는 부정적인 '대본'이 점차 줄어들다가 마침내 완전히 사라진다.

명상은 1단계에서 거둔 성과도 당연히 높여준다. 명상의 도움으로 당신은 마음 공간이 어색하지 않다. 두세 달 동안 규칙적으로 명상을 하면 마음 공간에 완전히 익숙해지고 더욱 편안하게 머물 수 있다. 그리하여 각종 활동과 오락에 열중하려는 충동이 훨씬 더 줄어든다.

또한 명상은 당신이 완전히 새로운 방식으로 자신을 알아가게 도와준다. 보통 당신은 언제나 밖에 주의를 기울이기 때문에 자신에게 항상 낯선 사람이다. 자신에 대해 아는 것이라고는 마음의 표층에 자리한 불만과 부조화뿐이다. 그러나 명상은 당신이 그 표층 밑으로 내려가 자신의 존재를 더욱 철저히 탐구할 수 있게 해준다. 명상의 도움으로 자신의 마음이 어떻게 작용하는지, 생각과 감정이 어떻게 생겨나는지, 외부의 사건이 자신의 기분에 어떤 영향을 끼치는지 등을 탐구할 수 있다. 또한 명상은 당신이 자기 자신과 더 잘 교감할 수 있게 해준다. 언제 뒤로 물러나 이완해야 하는지, 언제 적극적으로 행동해야 하는지 그 시점을 정확히 알아차리게 해준다. 낯섦은 불신과 공포를 유발한다. 낯선 자신은 오랫동안 옆집에 살았지만 한마디도 나눈 적이 없는 이웃과 똑같다. 하지만 두 사람이 서로 말을 트고 조금씩 친해지면 불신은 금세 사라진다. 내부에 존재하는 당신 자신도 마찬가지다. 내부의 자신을 탐구하고 친밀한 관계를 맺으면 불신은 사라지고 조화로움이 생겨난다.

규칙적인 명상은 새로운 안정감도 제공한다. 에고에 기반을 둔 정체성은 아주 쉽게 변한다. '나는 누구인가'에 대한 대답이 당신의 기분, 생각, 맡은 역할, 함께 있는 사람에 따라 시시각각 바뀐다. 비참한 기분으로 집에 혼자 있을 때의 당신과 집밖에서 친구들과 어울려 즐겁게 놀고 있을 때의 당신은 완전히 다른 사람일지도 모른다. 과거를 돌아볼 때 당신의 정체성과 미래를 예상할 때 당신의 정체성이 아예 다를 수도 있다. 이렇듯 수시로 변하는 정체성에 당신은 불안정감을 느끼고 절망한다. 마치 정체성 회전목마에 올라탄 느낌, 고작 두어 시간도 결코 한 곳에 머물지 못하고 끝없이 돌고 도는 느낌이다. 신비주의 사상가 구르지에프G. I. Gurdjieff의 말에 따르면, 인간은 의식을 차지하려고 끝없이 싸우는 서로 다른 수많은 '나'로 이루어져 있다. 거의 매초마다 새로운 '나'가 정체성 '자리'를 차지하기 때문에 우리에게는 진정한 자아가 없다고 그는 말했다. 이 말은 조금 과장일 수도 있지만 본질적으로는 확실히 옳은 말이다.

그러나 명상은 정체성을 더욱 안정시켜준다. 서로 다른 수많은 '나'를 모두 몰아내고 훨씬 더 튼튼하고 안정적인 하나의 '나'가 들어선다. 이 '나'는 어떤 상황과 어떤 경험에도 결코 변하지 않고 늘 한결같다. 이것이 바로 진정한 '나'라는 느낌이 든다. 짙은 먹구름 뒤의 푸른 하늘처럼, 지금껏 보이지 않았던 본질적 자아가 드러난다.

명상은, 적어도 심리적 차원에서는, 특별히 신비할 게 전혀 없다. 이 사실을 기억해야 한다. 명상은 단지 수다스런 생각을 잠재우고 에고 경계선을 완화하는 한 가지 방법일 뿐이다. 9장에서 보았듯이 비슷한 효과를 지닌 다른 활동이 많다. 요가, 태극권, 수영, 달리기, 자연과의 접촉 등이 그렇다. 이 활동들 모두 어느 정도는 명상과 관계가 있다. 그리고 나는 그 활동 가운데 하나 이상을 실천하는 동시에 꾸준히 명상을 해서 그 효과를 배가시킬 것을 권한다. 규칙적으로 자연과 접하는 것이 특히 중요하다. 자연과의 접촉은 존재의 조화로움을 잠시 경험하게 해준다. 그 활동도 명상처럼 마음을 진정시키는 효과가 있기 때문이다. 게다가 자연은 에고 경계선을 약화시킨다. 또한 우리가 고립된 개체가 아니라 우주만물이 서로서로 엮인 정교하고 커다란 그물망의 일부라는 것도 재차 실감하게 해준다. 그러므로 날마다 시골길을 조용히 산책한다면, 공원이나 가까운 숲을 산책한다면 전통 명상과 비슷한 효과를 얻을 수 있다.

8단계 : 고요와 고독과 침묵의 시간 갖기

조화로움은 가장 자연스러운 마음 상태이다. 그러므로 우리에게는 그 상태로 돌아가려는 자연스러운 경향이 있다. 바람이 그치고 파도가 잦아들면 바다가 도로 잔잔해지는 것과 마찬가지다. 에고 광기로 우리의 마음이 극도로 혼란스러워서 이 자연스러운 경향이 드러나지 못한다. 이것을 육체에 비유할 수 있다. 육체는 건강한 상태로 돌아가려는 자연스러운 경향이 있다. 하지만 우리가 과로하거나 스트레스를 받으면 그 치유 과정이 작동하지 않는다. 휴식을 취하고 긴장을 풀어줌으로써 육체가 스스로 치유할 기회를 제공해야 한다. 우리의 마음이 정보를 흡수하고 과제에 열중하느라 부산하고 수다스런 생각으로 소란할 때는 조화로움으로 돌아가려는 경향이 완전히 둔한시된다. 육체가 건강을 되찾을 수 있게 해줘야 하듯이 우리는 마음이 조화로운 상태로 돌아갈 수 있게 해줘야 한다.

휴머니아를 치유하는 긴 여정 가운데 이 지점에 이르면 이 자연스러운 경향이 우리를 거들기 시작한다. 마음이 더욱 고요해지고 우리가 마음 공간에 머무는 법을 배워감에 따라 그 경향이 미묘한 힘을 발휘하여 우리의 발걸음을 가볍게 해준다.

그러나 우리도 조화로움으로 돌아가려는 이 경향을 의식적으로 북돋워야 한다. 그 경향이 드러날 수 있는 기회를 최대한 자주 제공함으로써 그 일이 가능하다. 일차적으로 우리의 삶에 고요와 침묵(또는 무위)의 여지를 마련해야 한다. 휴식이 육체의 자가 치유력을 작동시키듯이 고요와 침묵은 조화로움을 지향하는 경향이 저절로 드러나게 해준다.

고요와 침묵과 고독을 어떻게 해서든 피해야 하는 적으로 여기는 사람이 대다수다. 이는 어느 정도 습관의 문제이기도 하다. 우리는 끝없는 소음과 함께 살고 있다. TV와 라디오의 재잘거림, 달리는 차와 비행기의 굉음, 윙윙 돌아가는 온갖 기계 소리가 우리의 삶의 배경에 깔려 있다. 이 배경 소음이 완전히 귀에 익어서 그 소리가 들리지 않으면 우리는 불안해한다. 집안을 메운 TV와 라디오의 재잘거림에 너무 익숙해서 조용한 집에 들어서면 뭔가 잘못된 것 같다. 집이 왠지 스산하고 허전하다.

그러나 우리가 고요와 고독을 꺼리는 주된 이유는 그로 인해 심리적 부조화와 마주치기 때문이다. 혼자 있을 때 우리는 고립된 에고를 감지한다. 자기 자신과 '저 밖'의 세상 사이에 도저히 건널 수 없는 간극이 있는 것처럼 보인다. 그리고 침묵은 우리가 열중할 오락이 주변에 하나도 없다는 것을 의미한다. 따라서 침묵할 때 우리는 수다스런 생각의 야단법석과 부정성을 감지한다.

그러나 심리적 부조화가 치유되기 시작하면 고요와 고독을 대하는 태도가 완전히 달라진다. 그것을 두려워하지 않고 즐기기 시작한다. 고요와 고독이 적이 아니라 가장 좋은 두 친구처럼 느껴진다. 예전에는 고통스러우리만치 쓸쓸하고 불안하던 고독의 순간들이 이제는 완벽하고 편안해 보이기 시작한다.

침묵과 고독의 순간에 우리는 마음의 표층에 있는 부조화와 마주칠 수밖에 없다. 그러나 그 부조화가 조금 줄어들면 침묵과 고독이 우리를 그 밑의 조화로운 세계로 데려간다. 그리하여 그 드넓은 공간에 가득한 따뜻하고 찬란한 행복을 만날 수 있다. 휴머니아 상태에서 고독은 우리가 이 세상과 세상 사람들로부터 단절되어 있다고 느끼게 만든다. 하지만 조화로운 상태에 이르면 고독은 강한 연결감을 제공한다. 고독의 순간에 우리는 마음 깊은 곳에 있는 진정한 자아와, 그리고 온 세상과 연결되어 있음을 느낀다.

고요와 고독의 심오한 치유력을 직접 체험한 사람이 있다. 폴 나라다 앨리스터Paul Narada Alister라는 호주인이다. 그는 1978년에 테러리스트라는 누명을 쓰고 유죄 판결을 받아서 7년 간 복역한 뒤 사면되었다. 저서 『폭탄, 축복, 그리고 성자Bombs, Bliss and Baba』에서 그는 동료 죄수들의 지옥 같은 삶을 묘사한다. 하루에 서너 시간씩 독방에 갇히고 나면 그 고립으로 인해 그들은 냉담해지고 서로 불신했으며 우울증과 자살 충동에 시달렸다. 또한 필사적으로 오락을 찾았고, 그 절박한 욕구는 결국 마약 남용, 난잡한 성관계, 범죄행위로 이어졌다. 지금까지 여러 번 지적했듯이, 그러한 행동은 모두 극도의 심리적 부조화와 마주친 결과 나타나는 증상이다 (1장에서 인용한 파스칼의 말도 기억하라. 감옥살이가 그토록 두려운 형벌인 이유는 오락거리가 없기 때문이다).

처음에는 앨리스터 역시 침묵과 고독을 견디기가 힘들었다. 하지만 얼마 뒤에는 그것이 축복이라는 사실을 깨닫기 시작했다. 수감되기 전에 그는 이미 영적인 삶을 추구해서 규칙적으로 명상과 요가를 했었다. 이 경험이 침묵과 고독의 긍정적인 면을 알아차리게 도와주었다. 그는 장기간에 걸쳐 성찰과 사색과 명상에 시간을 보냈으며 충족감과 살아 있음을 새롭게 경험하기 시작했다. 그리고 그가 '진정한 자유와 긍정'이라고 부르는 심오한 느낌을 키워나갔다. 감옥에서 그는 자신에게 맡겨진 일을 훨씬 더 잘하고 다른 죄수들과 더욱 사이좋게 지낼 수 있었다.

이런 이유로 감옥에서의 7년이 영원한 선물을 주었다면서 폴 앨리스터는 다음과 같이 말한다.

> 감옥이 강요한 내면의 침묵은 내가 지금 이날까지 이어오는 경험을 제공했다. 나는 더 이상은 고독이나 고립을 피하지 않는다. 내면의 침묵을 경험하는 시간으로 여기서 오히려 그것을 기대한다.

내면의 침묵은 나에게 무한한 축복을 선사한다. 침묵 속에서 나는
명상을 하거나 고독을 그저 즐긴다. 나의 영적인 자아와 만나는
방법으로 이용할 때 침묵은 더없이 귀중하다.[5]

소설가 사라 메이틀런드Sara Maitland도 비슷한 경험을 들려준다. 스코틀
랜드 고지의 스카이섬에 있는 외딴 오두막에서 6주 동안 침묵과 고독 속
에서 지낼 때의 경험담이다. 사라 메이틀런드가 맨 먼저 알아차린 것은
강렬해진 지각으로, 그것을 이렇게 묘사한다. "둘째 주가 지날 무렵, 나는
모든 것을 유난히 선명하고 또렷하게 지각하고 있었다."[6] 그 후에는 주변
세상과 하나가 되는 강렬한 느낌을 경험했다. "마치 나의 피부가 사라진
듯한 연결감…… 나는 모든 것과 완벽하게 연결되어 있음을 느꼈다." 그
리고 이 경험은 점차 커지는 행복감에 의해 더욱 확실해졌다. "강렬한 행
복, 그 느낌에 이어 그렇게 행복한 순간이 순수한 선물이라는 것을 강하
게 확신했다."[7]

이 사례에서 중요한 것은 폴 앨리스터와 사라 메이틀런드 모두 에고 광
기를 이미 어느 정도 치유했다는 사실이다. 수감되기 전에 명상을 하고
영성을 추구했다는 점에서 폴 앨리스터는 동료 죄수들과 차이가 있었다.
이것은 폴의 심리적 부조화가 그들보다 더 적었고, 그 덕에 폴은 침묵과
고독을 받아들일 수 있었음을 의미한다. 사라 메이틀런드 역시 독실한
가톨릭 신자로서 기도와 묵상에 익숙했다. 보통 수준이 심리적 부조화를
지닌 사람의 경우, 6주간의 침묵과 고독은 신경쇠약이나 정신이상을 초래
했을 것이다. 그러나 사라 메이틀런드와 폴 앨리스터의 경우, 그 긴 고독
과 침묵이 불안과 불만으로 이어지지 않고 오히려 강력한 긍정적인 효과

를 발휘하여 그들의 마음이 조화로운 상태로 돌아가게 도와주었다.

그러니 당신도 삶에서 침묵하는 시간을 마련하려고 의식적으로 노력해야 한다. 요가나 명상처럼, 침묵을 일종의 영성 수련으로 생각하라. 매주 이틀이나 사흘 저녁, 또는 일주일에 하루를 침묵 속에서 보내라. 이것을 '은둔' 시간으로 삼아라. TV와 라디오, 컴퓨터, 휴대 전화를 끄고 방에 가득한 온화하고 광활한 침묵을 즐겨라. 하루 종일 아무것도 하지 않을 필요는 없다. 한두 가지 집안일을 하거나 책을 조금 읽어도 좋다. 사실 침묵을 배경으로 그런 활동을 하면 그 활동에 의식적으로 주의를 기울이기가 더 쉽다.

그리고 침묵은 반드시 고독을 의미하는 것은 아니다. 배우자나 좋은 친구와 단둘이 조용하게 저녁을 보내고 싶을 수도 있다. 두 사람 모두 침묵을 편안하게 받아들일 수 있다면 굳이 대화할 필요가 없을 것이다. 편안한 침묵 속에서 타인과 함께 시간을 보낸다면 당신은 그 사람과 더욱 완전하고 친밀하게 소통할 수 있다는 것을 깨닫는다. 서로 말을 별로 하지 않아도 그러하다. 당신의 주의가 여러 갈래로 나뉘어서 옆 사람과 TV와 라디오로 분산되지 않고 온통 그 한 사람에게로만 향한다. 당신은 자신의 힘과 현존은 물론이고 상대방의 힘과 현존도 경험한다. 그 사람과 사이가 조금 좋지 않더라도 그 부조화 역시 당신의 심리적 부조화처럼 틀림없이 줄어들 것이다.

그러나 고독한 시간을 갖는 것도 중요하다. 자신과 자아와의 만남이 타인과의 교제 못지않게 중요하다는 점을 명심하라. 친구와의 우정을 키워야 하듯이 당신은 진정한 자아와의 관계도 열심히 키워야 한다. 그리고 사람들 틈에 있을 때보다는 홀로 있을 때 그 일이 더 쉬워진다.

친구를 사귀고 사교 생활을 하는 것은 전적으로 자연스러운 성향이다. 타인과의 교제는 삶에서 누릴 수 있는 가장 강렬하고 충만한 경험을 제공할 수 있다. 고독한 시간을 가지라는 것은 사회와 완전히 단절하고 사막의 은자처럼 살라는 말이 결코 아니다. 그러나 휴머니아 상태에서는 심리적 부조화가 사회적 접촉을 추구하는 우리의 자연스러운 욕구를 터무니없이 과장한다. 다른 활동과 마찬가지로 우리는 사교 활동을 자신의 심리적 부조화에서 달아나는 방법으로 자주 이용한다. 거기에서 주의를 돌리려고 다른 사람들과 시끄럽게 수다를 떨어서 자신의 '수다스런 생각'을 덮어 가린다. 우리는 진짜 수다를 선호한다. 진짜 수다는 어느 정도 통제할 수 있고 내부에 존재하는 것이 아니어서 고립감을 심화시키지 않기 때문이다. 타인과의 수다는 TV나 라디오처럼 우리의 주의를 완전히 사로잡아서 우리가 심리적 부조화와 직면하지 않게 도와준다.

한편, 고립되고 불완전한 에고는 우리에게 타인들과의 교제를 강요한다. 근본적인 외로움을 줄이고 자신의 안과 밖 사이의 간극을 메우기 위해 우리는 사회적 접촉을 한다. 사회적 접촉이 그런 측면에서 우리를 실제로 도와줄 때가 있다. 다른 사람과 의미 있고 친밀한 관계를 맺어서 자신의 자아와 그의 자아 사이의 경계선이 사라질 때 그러하다. 하지만 다른 사람과 끝없이 대화하면서도 의미 있고 진실한 관계는 맺지 못할 때가 훨씬 더 많다. 사교 활동은 우리의 고립감을 실제로 줄여주지는 못하고 거기서 주의를 돌리게 해줄 뿐이다.

그러나 조화로운 상태에 다가가기 시작하면 당신의 마음은 사회적 접촉에 의지하지 않는다. 퇴근 뒤에 아무 할 일이 없어도 서둘러 친구들에게 전화할 필요가 없다. 그 빈 시간을 자신과 함께 조용하고 차분하게 보

내려고 한다. 예전보다 친구가 적어질지는 모르지만 자기와의 이 우정이
더욱 친밀하고 진실할 것이다. 당신은 고독을 즐기지만 친구와 함께 있을
때는 우정과 소통을 즐긴다. 그리고 고독을 보는 시각이 달라지듯이 사회
적 접촉을 보는 시각도 달라진다. 그것을 재미나 오락의 원천으로 여기지
않고 공감과 연결의 원천으로, 경계선을 없애고 선의를 공유하는 방법으
로 여긴다.

　이런 이유로 침묵과 고독은 수도사의 삶에 필수이다. 수도사들에게 침
묵은 하나의 영적 수련이다. 대부분이 수도원이 예배당, 식당, 숙소 등을
침묵의 공간으로 삼으며 특정 시간대 ― 밤 시간 등 ― 를 정해서 말하
는 것을 엄격하게 제한한다. 침묵은 자기 인식을 증진시키고 마음을 깨끗
이 비워서 항상 신을 향해 열어놓는 방법으로 간주된다. 수도사들이 줄
곧 침묵할 수 있게 수화 사용을 규칙으로 정하는 수도원도 있다. 수도사
는 보통 공동체 생활을 하지만 그렇더라도 여전히 특정 기간을 정해서 그
기간에는 홀로 기도하고 독서하고 묵상한다. 어떤 수도원은 건강에 해로
워 보이는 극단적인 침묵과 고독을 전통으로 이어오기도 한다. 예를 들
어, 카르투지오회 수도사들은 하루에 세 번 예배당에 가는 것 말고는 온
종일 자기 방에서 혼자 지낸다. 또한 대화가 허락되는 시간은 일주일에
고작 두 번이다. 일요일 점심 식사 후, 그리고 월요일 공동 산책 시간이다.
그렇지만 이러한 영적 수련의 핵심에는 침묵과 고독이 내적 평화에 이르
는 길이라는 확신이 존재한다.

느리고 단순한 삶

이렇듯 존재의 조화로움은 침묵과 고독이 시간에 가장 확실하게 저절로 나타난다. 하지만 일상 활동 중에도 조화로운 상태가 저절로 드러날 수 있다. 정신없이 바쁘고 복잡한 삶은 우리의 마음을 짓누르고 수많은 정보를 쏟아내고 수다스런 생각을 부추긴다. 따라서 조화로움이 힘을 발휘하지 못한다. 그리고 조화로움과 정반대되는 것은 바로 서두르는 행위이다. 황급히 서두를 때 우리의 마음은 어서 끝내야 할 수많은 일로 과부하가 걸리고 최대한 빨리 미래에 도착하기 위해 현재를 완전히 무시한다. 하지만 우리가 조금 덜 바쁘고 덜 복잡하게 살아가면, 느리게 단순하게 살려고 의식적으로 노력하면 마음이 어느 정도 고요해져서 조화로움이 저절로 드러나기 시작한다.

그러니 느리게, 그리고 단순하게 살아라. 조화로운 상태에 다가감에 따라 당신은 어느새 자연히 그렇게 살고 있을 것이다. 느리고 단순한 삶은 우리가 의식적으로 만들어갈 수 있는 것이기도 하다. 그러한 삶은 일상을 수많은 일과 활동으로 채우지 않는 것을 의미한다. 실천적인 면에서는, 가능하면 노동 시간을 줄이고 필요 없는 물건을 소유하지 않는 것을 의미할 수도 있다. 소유물은 짐이며 우리의 주의와 에너지를 빼앗는다는 사실을 우리는 자주 잊는다. 가진 것이 많으면 많을수록 그것을 관리하는 데 시간이 더 많이 들고 에너지를 더 많이 소모한다. 우리가 물건을 소유하는 것이 아니라 물건이 우리를 소유한다. 느리고 단순한 삶은 다른 사람들에 대한 의무를 줄이는 것도 의미한다. 예를 들어 매번 답장을 하는 메일의 수, 소속되어 있는 단체의 수를 줄일 수 있다.

느리고 단순하게 살고 가능한 한 서두르지 않으려고 의식적으로 노력해야 한다. 요리를 하거나 음식을 먹을 때, 길을 걷거나 집안을 청소할 때, 업무를 처리하거나 다른 사람과 대화할 때 등, 자신이 서두르고 있음을 알아차릴 때마다 그저 잠깐 멈춘 뒤 자신을 현재로 데려오라. 그 활동을 천천히 하려고 의식적으로 노력하라. 음식을 서둘러 먹지 말라. 미래로 앞질러 가려는 충동을 지그시 누르고 천천히, 아주 천천히 먹어라. 무의식적으로 씹고 삼키지 말고 음식의 맛을 즐겨라. 서둘러 운전하지 말라. 목적지에 대해 생각하지 말라. 지금 하고 있는 운전을 어서 빨리 끝내야 할 짜증나고 귀찮은 일로 여기지 말라. 속도를 늦추고 운전하는 행위와 주변 건물과 거리에 주의를 기울여라. 조금 늦는 것은 중요하지 않다. 수다스런 생각으로 마음이 소란해져 잔뜩 스트레스를 받은 채 도착하는 것보다는 마음을 고요히 가라앉히는 것이 더 중요하다.

속도를 늦추는 것은 6단계의 의식적인 주의와 밀접한 관계가 있다. 이 두 가지는 상부상조한다. 속도를 늦추면 우리는 자신의 현재의 경험에 의식적으로 주의를 기울일 수 있다. 그리고 현재의 경험에 의식적으로 주의를 기울이면 자연히 속도가 느려진다. 서두르고 있을 때는 의식적으로 주의를 기울이기가 불가능하다.

이제 요약해보자. 휴머니아를 치유하고 존재의 영원한 조화로움에 이르는 방법으로 나는 다음 여덟 단계를 권한다.

1. 자신의 안으로 들어가 마음 공간에 편안하게 머물고 오락과 활동에 의지하지 않는 습관을 들여라.

2. 트라우마 때문에 자신의 심리적 부조화와 직면하기가 두렵다면

심리치료 등의 도움으로 트라우마부터 치유하라.

3. 수다스런 생각에서 뒤로 물러나 그것과 탈동일시하고 그 생각의 흐름에 휩쓸리는 대신 관찰하는 법을 배워라.

4. 부정적인 사고방식을 바꾸어라. 부정적인 생각들 밑에 깔린 부정적인 믿음을 확인하고 그것에 반박하고 긍정적인 믿음으로 대체하라. 앞에서 소개한 인지 훈련을 통해 그 일이 가능하다.

5. 봉사 활동을 하라.

6. 일상에서 '의식적인 주의', 즉 알아차림을 연습하라.

7. 하루에 적어도 한 번 이상 20분에서 30분씩 명상을 하라. 그리고 자연과 접촉, 달리기, 수영 등 '명상과 유사한' 활동을 병행하라.

8. 침묵과 고독의 '은둔' 시간을 갖는 동시에 느리고 단순하게 살려고 의식적으로 노력하라.

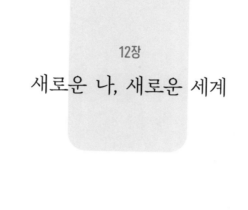

12장
새로운 나, 새로운 세계

휴머니아 상태에서 우리는 삶의 표면을 스치듯 살아갈 뿐이다. 많은 사람들이 한 활동에서 다음 활동으로, 또 그다음 활동으로 끊임없이 옮겨가며 그 사이사이 가끔씩 마음을 들여다보고 불안해한다. 수십 년을 그렇게 살아간다. 일종의 최면 상태에서 진정한 자아와, 그리고 진짜 세상과 동떨어져 살고 있다. 때로는 중년기에 이르러 불현듯 정신을 차리고 최면에서 잠시 깨어나기도 한다. 그 시기에 실존적 위기를 맞아 우리는 문득 자신의 삶을 돌아보며 허탈해한다. '여기가 어디지? 내가 어떻게 여기까지 온 거지? 지난 20년 동안 나는 대체 무엇을 한 걸까?'

조화로운 마음을 되찾으면 우리는 이 최면에서 영원히 깨어난다. 오직 이때에야 우리는 삶을 실제로 살기 시작한다. 오직 이때에 이르러서야 삶을 진정 소중하게 여기기 시작한다. 휴머니아를 겪고 있을 때 우리는 삶을 실제로 살지 않고 삶에서 달아난다.

조화로운 상태에서의 삶은 무수히 많은 면에서 우리를 변화시켜서 그것을 모두 나열하기가 불가능할 정도다. 에고 광기 치유의 가장 즉각적인 효과 가운데 하나는 자유로움이다. 이제 우리는 마음 깊은 곳에 고여 있는 불안에서 자유로워진다. 우리를 짓누르는 그 무거운 기운이 짙은 먹구름이 걷히듯 말끔히 사라지고 우리는 '걱정할 게 하나도 없다'는 것을 깨닫는다. 그 밑에 항상 고여 있는 불안에 너무 익숙해서 우리는 불안이 거기 있다는 것조차 알지 못한다. 하지만 불안이 사라지면 마음이 참으로 편안해지고, 그 상태가 더할 수 없이 자연스러워진다.

자유로움을 느끼는 또 다른 이유는 심리적 부조화가 일으키는 끝없는 압박에서 벗어나기 때문이다. 그 압박에 못 이겨 우리는 항상 자신의 밖으로 떠밀려나가 주의를 쏟을 새로운 대상을 찾을 수밖에 없었다. 휴머니아 상태에서 우리는 마약 중독자와 비슷하다. 결코 사라지지 않는 욕구에 괴로워하며 현실을 잊을 수 있는 활동과 오락을 찾아 끝없이 헤맨다. 그러나 조화로운 상태에서는 이 압박이 사라진다. 우리는 더욱 가벼워지고 더욱 평화로워지고 더욱 자유로워진다. 무엇이든 해야 한다는 압박에서 벗어난다. 활동과 오락이 더 이상은 필요하지 않다. 상처가 나으면 더는 진통제가 필요 없는 것과 마찬가지다.

우리는 아주 홀가분하게 현재와 마주할 수 있다. 현재는 불안하거나 불편하지 않다. 놀라우리만치 다정하고 온화하다. 치유된 마약 중독자처럼, 끝없이 뭔가를 추구하려는 압박에서 벗어나 우리는 가벼움을 느낀다. 마치 무거운 짐을 내려놓은 듯하다.

우리 문화에서 '아무것도 하지 않음', 즉 '무위'라는 말은 전적으로 부정적인 의미를 띤다. 결코 멈춰 서는 법이 없는 세상에서 '무위'는 게으르고 비생산적인 것으로 단정된다. 그러나 사실 '아무것도 하지 않음'은 매우 희귀한 능력이다. 사람들은 주중에 업무를 마친 뒤 또는 주말에 "아무것도 안 했어."라고 말할 때가 있다. 하지만 자세히 들여다보면 그 말이 실제로 의미하는 것은 단지 우리 사회가 생산적이라고 여기는 활동에 참여하지 않았다는 말이다. 일을 하거나 집을 고치거나 여행을 가지 않고 온종일 밀린 잠을 자거나 TV를 보거나 책을 읽거나 친구와 전화로 수다를 떨었다는 것을 의미한다. 마음은 여전히 활동과 오락에 열중했으므로 사실 그들이 아무것도 하지 않는 것은 아니다. 진정한 무위는 그것과는 비교할 수 없이 어려우며, 게으름이나 수동성을 내포하지 않는다. 그와 정반대다.

진정한 무위는 지금 이 순간을 사는 것, 완전히 깨어서 자신의 진정한 자아를 자각하고 현재의 모든 경험과 감각을 알아차리는 것을 의미한다. 또한 진정한 무위는 어떤 활동을 하거나 어떤 일을 끝내야 한다고 조바심을 내지 않고 정말로 느긋하게 존재할 수 있는 것도 의미한다. 이것은 조화로운 상태에 이르러서야 가능해진다. 오직 그때서야 당신은 실제로 '휴먼 비잉human being'이 된다.

휴머니아 상태에서 우리는 늘 불안하다. 불안해할 구체적인 이유가 전혀 없는데도 불안을 느낀다. 반면에 조화로운 상태에서는 행복해할 구체적인 이유가 전혀 없는데도 행복하다. 우리는 행복을 외적 요인 — 기쁜 소식, 행운, 즐거운 활동, 칭찬 등 — 과 결부시키는 습관이 들어서 그런 이유 없는 행복을 감지하고는 이렇게 묻기도 한다. '이상하네, 왜 이렇게 행복하지? 요즘 좋은 일이 뭐가 있었지?' 그러나 딱히 좋은 일은 없었다. 이 행복의 원천은 밖에 있지 않다. 단지 불행의 부재도 아니다. 우리 마음의 본질이 바로 행복이다. 더 구체적으로 말하면, 우리 존재를 이루는 에너지의 성질이 바로 행복이다.

이 행복의 원천을 접하고 나면 더 이상은 밖에서 행복을 구할 필요가 없다. 돈이나 성공을 추구할 필요도, 술이나 마약, 자동차 폭주, 나이트클럽, 쇼핑 등 쾌락을 주는 즐거움을 찾아다닐 필요도 없어진다. 따라서 자유로움도 느낀다. 그런 강렬한 자극에 대한 욕구에서 벗어나기 때문이다. 우리는 행복이란 힘껏 손을 뻗어 세상으로부터 얻어야 하는 어떤 것으로 생각하게끔 조건화되었다. 그러나 사실 행복은 내면의 상태다. 우리는 어딘가에 보물이 묻혀 있다는 말을 듣고 온 세상을 샅샅이 뒤지는 사람과 비슷하다. 그들은 보물을 결코 찾지 못한다. 보물은 언제나 우리들 발밑에, 바로 앞마당에 묻혀 있기 때문이다. 행복이 너무 가까이 있어서 우리는 그것을 보지 못한다. 그러나 조화로운 상태에 이르면 우리는 행복이 활동이나 소유물에서 오지 않는다는 것을 깨닫는다. 행복은 우리의 존재 자체에서 온다.

휴머니아 상태에서 우리의 존재는 가장자리가 컴컴하고 지나치게 울창하고 위험한 숲과 비슷하다. 숲으로 들어가려고 할 때마다 너무 불안해서 우리는 늘 그 밖에 서 있다. 하지만 숲의 가장자리는 거짓이다. 너무 울창하기 때문에, 그리고 너무 불안해서 깊이 들어가지 않기 때문에 우리는 그 가장자리를 넘어서지 못한다. 하지만 이따금 마음이 고요하고 안정되면 어둠이 엷어지고 위험이 사라지고 울창한 나무들 사이로 길이 보여서 우리는 안으로, 숲의 한가운데로 들어갈 수 있다. 그곳은 환하고 널찍하다. 나무들 사이에 햇빛이 눈부시게 비치는 툭 트인 공간이 있다. 우리는 그 숲이 참으로 아름답고 다정하다는 것을 깨닫는다.

영원히 조화로운 상태에서는 어둠과 위험이 말끔히 사라진다. 숲의 가장자리가 사라진다. 숲으로 한 걸음 들여놓자마자 우리는 숲의 따뜻하고 평화로운 한가운데에 서 있다.

이제는 자신에게서 달아날 필요가 없으므로 현재에서도 달아나지 않는다. 현재는 우리의 집이다. 우리는 단지 필요할 때에만 잠시 다른 곳에 간다. 계획을 세워야 할 때 미래로, 지난 실수에서 배워야 할 때 과거로 잠시 떠난다. 해야 하는 모든 것을 천천히 한다. 서두르지 않는다. 자신의 행위를 순간순간 알아차린다. 조바심에 이끌려 그 활동이 끝을 예상하지 않는다. 다음 활동을 기대하지도 않는다. 선형적인 시간의 흐름에서 빠져나와 현재에 머문다. 몇 시간이나 며칠 동안 쉬지 않고 움직이다가 드디어 멈춰 선 듯한 느낌이다.

휴머니아 상태에서 삶은 언제나 투쟁이다. 심리적 부조화, 근본적인 외로움과 불완전감, 내부의 소란을 외면하려는 투쟁이다. 항상 바빠 움직이게 강요하고 주의를 분산시킬 새로운 방법을 찾게 몰아붙이려는 끝없는 싸움이다. 내적 불만을 보상하고 연약한 에고를 고양시키려는 안간힘이다. 그러나 조화로운 상태에서는 삶이 편안하다. 더 이상은 싸우지 않는다. 활동이나 오락에 열중하려는 욕구가 없다. 미래를 기대하는 욕구, 서두르려는 욕구가 없다. 술이나 마약에 취하려는 욕구, 부와 권력을 쌓으려는 욕구가 없다.

이러한 것들에 대한 욕구가 모두 사라지는 이유는 더 이상 필요하지 않기 때문이다. 욕구는 결핍을 의미한다. 조화로운 상태에서는 결핍이 없다. 현재는 항상 충분하다. 우리는 현재를 있는 그대로 받아들인다. 현재에서 달아날 필요도, 현재를 보상할 필요도 없다. 현재는 그 자체로 항상 완벽하다. 현재는 결코 공허하지 않다. 오히려 아름다움과 자애로움으로 언제나 충만하다.

고립을 넘어서

이제는 알고 있듯이, 우리의 삶에 수많은 고통과 병리적 행동을 일으키는 요인은 에고 고립이다. 이 고립에서 벗어나면 우리의 행동이 긍정적으로 바뀐다. 조화로운 상태에서 자아는 고립되고 불완전한 개체가 아니다. 이제 우리는 '저 밖'의 세상과 동떨어진 채 자신의 마음에 갇혀 있지 않다. 경계선이 사라졌다. 우리는 우주에서 떨어져 나온 조각이 아니라 우주의 일부가 되었다. 방관자가 아니라 참여자가 되었다. 모두가 공유하는 경험을 함께 경험하고 함께 흘러간다.

그러므로 이제 우리는 재산이나 물건 같은 부착물로 연약한 에고를 북돋울 필요가 없다. 어떤 것을 신봉할 필요도 희망할 필요도 소유할 필요도 없다. 자신이 잘생기고 성공하고 똑똑하고 강하다는 이미지를 애써 유지할 필요가 없다. 당신은 지식이 풍부하고 사회적으로 성공했을지도 모른다. 부자일 수도 있다. 하지만 이제는 그런 권위나 물질에 의지해서 행복을 얻으려 하지 않는다. 재산이 사라지고 성공이 무너져도 별로 개의치 않을 것이다. 우리는 자신에게 어떤 것도 덧붙일 필요가 없다. 있는 그대로 충분하고 완전하다고 느끼기 때문이다.

동일한 이유로, 이제는 집단 정체성도 필요하지 않다. 범죄 조직에 가담하고 스포츠 팀을 열렬하게 응원하고 유행을 따를 필요가 없다. 종교나 민족 집단, 사회집단을 토대로 정체성을 쌓아올리고 자신의 집단이 다른 집단과는 완전히 별개이며 우월하다고 주장할 필요가 없다. 물론 당신은 아직도 관습을 따르고 문화적 전통이나 종교적 전통을 실천할지도 모른다. 하지만 그 이유는 단지 그것이 가장 친근하기 때문일 뿐이다. 이와 함께 당신은 종교와 문화가 채소와 다름없다는 사실을 깨닫는다. 그것들은 원래 우열이 없으며 단지 세계의 다양한 지역에서 다양한 방식으로 성장할 뿐이다. 또한 당신의 민족이 '선택받았다'는 선민의식이 없으며, 당신의 종교만이 진리를 안다고 주장하지 않는다. 당신이 물려받은 전통을 다른 사람들에게 퍼뜨려야 한다는 충동도 없다. 인간 개개인의 차이는 모두 우연이며 피상적일 뿐이라는 것을 이제는 안다. 그리고 문화와 종교를 초월하여 다른 모든 사람들과 깊이 연결되어 있다고 느낀다.

경계선의 소멸과 깊은 연결감은 죽음에 대한 두려움이 줄어든다는 것도 의미한다. 이제는 타인과, 자연과, 온 우주와 연결되었다고 느끼기 때문에 당신 개인의 종말을 참담한 비극으로 여기지 않는다. 더 이상은 과거의 성취와 미래의 야망과 소유물과 인간관계에 그다지 집착하지 않는다. 따라서 그것을 모두 내려놓을 수 있다. 당신이 세상의 중심이 아니며 당신이 없어도 세상은 완벽하게 돌아갈 것이라는 사실을 이제는 안다. 이 시점에 이르면 당연히 우리는 죽음이 자기 존재의 끝이 아니며 존재의 가장 심원한 핵심은 육체의 소멸 뒤에도 살아남아서 우주의 일부가 될 거라고 확신한다.

이러한 깊은 연결감은 인간관계도 변화시킨다. 타인에게 마음을 열고 공감 어린 관계를 맺게 해준다. 그리하여 그들과 자신을 강하게 동일시하고 그들을 도우려는 열망을 느낀다. 다른 사람들과 하나로 엮여 있으므로, 우리는 그들의 좌절과 슬픔, 기쁨과 안도감을 함께 느낄 수 있다. 더 이상 자신의 욕망을 그렇게 중요시하지 않는다. 이제는 타인의 고통을 덜어주고 그들의 성장을 도와주는 것이 중요하다. 이제 타인은 부와 지위를 놓고 다투는 경쟁자가 아니다. 자부심을 높이려고 일부러 비난하고 조롱

하는 적수가 아니다. 우리에게 그들은 더 이상 이방인이 아니다. 따라서 우리는 그들에게 두려움을 느끼지 않고 그들의 인정을 구하지 않는다. 타인과의 깊은 연결감은 불화와 불신을 없애준다. 서로 떨어지지 않고 하나로 이어져 있는데 어떻게 그들에게 적의를 느낄 수 있겠는가?

이것은 타인과 완전하고 진정한 소통이 가능하다는 것을 의미한다. 누군가와 함께 있을 때 두 사람은 이제 엄청난 간극을 사이에 두고 피상적으로 대화하며 상대방의 생각과 감정을 추측하고 자신의 진정한 자아를 드러내지 못하는 두 개의 고립된 에고가 아니다. 두 사람 사이에 흐르는 깊은 공감과 에너지로 당신들은 서로를 진정으로 알고 이해할 수 있다. 마음의 심층에 있는 자신의 진정한 자아와 만나듯이, 당신은 표층의 에고 밑으로 내려가 상대방의 진정한 자아와 만난다. 그리하여 깊은 이해와 신뢰로 이루어진 유대가 생긴다.

현실 세계에 대한 새로운 지각

내적 세계가 변했으므로 외적 세계도 변한다. 조화로운 상태에 이르면 세상이 완전히 다른 곳으로 바뀐다. 우리의 시야가 더 넓어지고 시력이 더 완벽해진다. 그리하여 지금 이 순간에 존재하는 세상을 새롭게 지각할 수 있다. 이 새로운 세상은 의미로 충만하다. 예전에 세상을 지각하던 자신의 시각이 객관적이고 진실하다고 확신한 것이 실수였음을 깨닫는다.

휴머니아 상태에서 우리는 수다스런 생각이 드리운 짙은 안개 너머로 주변을 바라보며 그다지 주의를 기울이지 않는다. 그로 인해 주변 세상이 지루하고 일차원적으로 보인다. 주위의 나무, 꽃, 동물, 강, 하늘, 건물이 지극히 평범해서 굳이 관심을 가질 가치가 없어 보인다. 우리는 그 모든 것을 스스로 존재하지도 않고 서로 연결되지도 않은 사물로 지각한다. 그러나 조화로운 상태에서는 그것이 지닌 아름다움과 의미를 알아차린다. 세상이 생동감이 넘치고 저마다 색다르다는 것을 깨닫는다. 나무, 강, 돌멩이, 구름, 심지어 콘크리트 건물조차 하나하나가 더욱 또렷하고 아름다워 보인다. 그리고 살아 있다. 그것들 사이로 어떤 에너지가 흐르고 제각기 빛을 발하는 듯하다. 그 눈부신 광채가 그것들을 살아 있게 한다. 예전에 휴머니아 상태에서 세상을 보던 자신의 시각이 제한적이고 거짓이라는 사실을 깨닫는다. 지금 보는 세상 풍경이 새로 찍은 고화질 영상이라면 예전에 보던 풍경은 낡은 필름의 흐릿한 영상과 비슷하다.

'삶의 의미'는 공식으로 나타내거나 단어로 표현할 수 있는 것이 아니다. 삶의 의미는 그냥 '저기 있는' 어떤 것이다. 우리가 감지하거나 아니면 감지하지 못하는 실제적이고 구체적인 어떤 기운이다. 당신은 삶의 의미가, 어떤 다정한 에너지가 자신을 에워싸고 있음을 감지할 수 있다. 삶의 의미를 감지하면 당신은 지금 이 순간, 바로 여기에 존재하는 것이 전적으로 올바르고 당연하다는 것을 알아차린다. 집에 있는 것처럼, 당신은 세상 속에서 참으로 편안하다.

조화로운 상태에 들어서면 우리는 자신을 진정으로 알아가는 것과 똑같은 방식으로 세상을 진정으로 알아간다. 휴머니아 상태에 있을 때 세상은 낯선 곳이다. 자기 자신이 낯선 것과 똑같다. 주변 세상은 우리가 주의를 기울이지 않는 부수적인 배경이다. 오래전부터 거실 벽에 걸어놓고도 감상한 적은 없는 그림과 같다. 휴머니아를 겪고 있을 때 우리는 세상 속에서 살지 않으므로 세상을 진정으로 아는 것이 불가능하다.

그러나 조화로운 상태에서 우리는 지구의 진정한 주민이 된다. 그리고 세상의 세세한 모든 것과 지금 이 순간에 존재하는 모든 것과 세상의 심오한 아름다움과 경이로움을 실제로 본다.

조화로움과 활동

휴머니아가 치유되면 당신은 틀림없이 예전보다 덜 활동적으로 변한다. 바쁘게 움직이려는 강박적인 충동이 사라지기 때문이다. 이제는 흥미와 기쁨, 이타심, 실질적인 필요에 따라 활동을 한다. 마음 공간에서 달아나려는 심리적 욕구 때문에 활동에 열중하는 일은 더 이상 없다. 동시에 당신은 자신이 하고 있는 활동을 훨씬 더 효율적으로 그리고 유능하게 해낸다. 휴머니아 상태에서는 활동에 열중하려고 할 때 수다스런 생각이 마음을 휘저으며 당신의 주의를 분산시키고 집중을 방해한다. 예를 들어, 당신이 컴퓨터 프로그램을 개발하고 있거나 신청서를 작성하거나 소설을 쓰고 있을 때, 마음은 다른 곳을 헤매며 어젯밤 술집에서 본 아름다운 여자나 잘생긴 남자를 떠올리거나 며칠 뒤로 예정된 디너 파티에 내놓을 음식에 대해 생각한다. 거의 매번 이런 식이다.

그러나 조화로운 상태에서는 수다스런 생각이 한층 조용해지고 당신의 주의력은 훨씬 강해지고 한결같다. 수다스런 생각이 주의를 방해하지 않는다. 따라서 다른 방향으로 걸어가는 어린아이처럼 주의를 자꾸 끌어와야 할 필요가 없다. 달리 애쓰지 않아도 저절로 집중이 되고 더 적은 에너지를 쓰고도 더 많이 성취한다. 당신은 해야 할 일을 하고, 그다음 일로 자연스럽게 넘어간다.

조화로움은 또한 더욱 명확하게 사고할 수 있게 해준다. 수다스런 생각이 조용해진다는 말은 사고를 완전히 중단한다는 뜻이 아니다. 우리는 제멋대로이고 통제 불가능한 사고에서 벗어나지만 필요할 때는 의식적으로 사고할 수 있다. 즉 여전히 결정을 내리고 계획을 세우고 문제 해결을 위해 논리적으로 사고할 수 있다. 2장에서 지적했듯이 수다스런 생각 탓에 우리는 합리적이고 의식적으로 사고하기가 어렵다. 그 쓸모없는 별의별 생각이 우리의 주의를 사로잡아서 당면한 문제에 집중하지 못하게 만들기 때문이다. 마치 혼잡한 거리에서 일직선으로 걸으려고 애쓰는 것과 비슷하다. 우선 당신은 정신없이 휘몰아치는 수많은 생각들 틈에서 출발점을 찾아야 한다. 걸음을 옮기기 시작하더라도 새로운 생각이 연달아 떠올라서 당신을 여러 방향으로 잡아끈다. 이것은 당신의 결정을 편견에 치우치게 하는 연상으로 이어질 수 있다. 예를 들어, 당신이 어떤 사람을 채용할지 말지 결정해야 한다고 하자. 그 지원자 이름이 존스다. 순간 당신은 사이가 좋지 않았던 옛 동료 존스를 떠올린다. 그리고 당신의 잠재의식은 존스라는 지원자에게 반감을 갖게 만든다. 이런 식의 연상이 한없이 이어진다.

그러나 조화로움을 되찾은 우리의 마음은 이제 수다스런 생각에서 벗어났다. 적어도 예전보다 많이 벗어났다. 그러므로 우리의 '의식적인 사고'는 더욱 효율적이고 명확해진다. 이제는 거리가 한산해서 일직선으로 걷기에 아주 수월하다.

새로운 에너지

조화로운 상태의 또 다른 긍정적인 효과는 우리에게 에너지를 아주 많이 준다는 것이다.

휴머니아는 강력한 힘으로 우리의 에너지를 소진시킨다. 항상 외부에 초점을 맞추기 위해 삶을 수많은 활동으로 채우는 것은 엄청난 양의 에너지를 소모한다. 지금 나는 신체적 에너지를 말하는 게 아니다. 특정 대상에 집중하고 대화하고 정보를 처리할 때 소비하는 정신적 에너지에 대해 말하고 있다. 우리는 하루 종일 거의 쉬지 않고 그러한 정신적 기능을 수행한다. 업무를 처리할 때, 사교 생활을 할 때, 메일을 보내고 전화 통화를 하고 인터넷 검색을 할 때 등 한두 경우가 아니다. 이때 계속해서 집중을 하거나 정보를 처리하기 때문에 우리의 정신적 에너지가 줄기차게 빠져나간다.

끝없는 소음과 움직임을 배경으로 사는 삶도 에너지를 유출시킨다. 현대사회에서, 특히 도시에서는 어마어마한 양의 외부 자극이 빗발치듯 우리를 공격한다. 시시각각 움직이는 다채로운 사물들이 시야에 가득하고, 온갖 소리의 불협화음이 귀를 마구 두드린다. 우리의 정신은 가장 익숙한 자극을 다량 삭제한다. 그렇더라도 처리해야 할 정보가 여전히 엄청나게 많아서 우리는 그 일에 에너지를 무진장 소모한다. 한 예로, 명절에 시내 중심가에서 쇼핑을 하고 들어온 날 어떤 느낌이었는지 한번 떠올려 보라. 집에 들어서자마자 소파에 픽 쓰러져서 족히 30분은 늘어져 있을 것이다. 이렇게 녹초가 된 이유는 물건을 사느라 줄곧 걸어서가 아니다. 그보다는 당신을 에워싼 도시의 소음과 정신없이 움직이는 차와 군중, 이

요란한 외부 자극을 처리하느라 정신적 에너지가 소진되었기 때문이다.

내부에서 일어나는 활동도 한 가지 문제다. 수다스런 생각 또한 에너지를 소진시킨다. 사고하는 데는 에너지가 들지 않는다고 우리는 생각한다. 하지만 사고도 하나의 활동이다. 라디오가 전기로 작동하듯이, 사고는 정신적 에너지를 연료로 사용한다. 마음이 부산하고 수많은 생각이 꼬리에 꼬리를 물고 이어지면 이 생각의 흐름도 상당한 에너지를 소비한다.

사실, 현대사회에서 우리의 삶은 활동과 외부 자극으로 빈틈이 없고 우리의 마음은 수다스런 생각으로 빈틈이 없다. 그로 인해 우리는 만성 '에너지 부족' 상태로 살고 있다. 이것은 건강에 문제를 일으킬 수 있다. 건강을 지키려면 에너지를 재충전해야 하고, 건강을 지키려면 휴식이 필요하다. 하지만 적절히 휴식을 취하는 사람이 별로 없다. 휴머니아 상태에서는 적절한 휴식이 거의 불가능하다. 진정한 휴식은 활동과 오락에서 벗어나는 것을 의미하는데, 이것은 안으로 주의를 돌리고 심리적 부조화와 마주하는 것을 의미하기 때문이다. 휴머니아 상태에서 우리가 취하는 휴식은 단지 바쁘게 움직이는 것을 중단하고 TV처럼 최소한의 에너지를 요구하는 오락을 즐기는 것이 유일하다. 그러나 TV 시청에도 여전히 어느 정도의 집중과 정보 처리가 필요하므로 완전한 휴식이라고는 할 수 없다.

때때로 육체는 병을 일으켜서 우리를 활동과 자극으로부터 한동안 강제로 떼어놓는다. 그러면 우리는 어쩔 수 없이 아무것도 하지 않고 쉬면서 에너지를 재충전한다. 하지만 끊임없는 활동이 주는 흥분에 의지해서 '에너지 고갈' 상태에서도 계속 일을 하는 사람들이 있다. 이것이 한동안은 대단해 보이겠지만 결국에는 건강을 심각하게 해친다.

그러나 조화로운 상태에서는 이런 문제가 사라진다. 당신의 삶은 별로 바쁘지 않고 침묵과 고독이 늘어나기 때문에 집중과 정보 처리에 소비하는 에너지가 아주 적다. 마음이 지극히 고요하기 때문에 사고에 소비하는 에너지도 매우 적다. 그리고 이에 못지않게 중요한 것은 조화로운 상태에서는 제대로 휴식을 취할 수 있다는 점이다. 활동과 외부 자극을 멀리하고 정신적 에너지를 재충전하는 일이 당신에게는 전혀 문제가 아니다. 사실은 그 일이 즐겁다. 그러므로 에너지가 모자라는 일이 결코 없다. 당신의 내부에는 오히려 에너지가 흘러넘친다. 활력이 샘솟아서 피곤한 줄을 모르고 열정과 삶의 환희로 항상 충만하다. 여기에 보너스까지 있다. 당신은 더욱 건강해진다.

새로운 세계

존재의 조화로움은 우리 개개인에게 이렇듯 다양한 긍정적인 영향을 준다. 그런데 이 조화로운 상태가 우리 인간 종 전체에게 어떤 영향을 주는지가 더 중요하다. 지구상의 수많은 인간이 조화로운 상태에 이를 수 있다면 인류에게 어떤 일이 일어날까?

휴머니아의 최종 목표는 전 세계의 혼돈과 파괴이다. 지구상에 처음 나타난 이후 휴머니아는 재앙을 향해 꾸준히 나아가고 있다. 재앙은 이미 진행 중이다. 환경 변화, 물 부족, 수백만 동식물 종의 멸종, 그리고 이 모든 비극에 대한 인류의 무관심과 이 참혹한 현실을 부인하는 태도가 갈수록 더 많은 자연재해를 일으키고 있다. 어찌 보면 이런 결과는 당연하다. 집단 정신질환에 걸린 종이 연약하고 유한한 지구에서 영원히 사는

당신의 삶은 별로 바쁘지 않고
침묵과 고독이 늘어나기 때문에
집중과 정보 처리에
소비하는 에너지가 아주 적다.

것은 불가능하다. 욕망은 끝이 없고 항상 싸우고 잔인하기 이를 데 없는 인류는, 우주 만물과의 깊은 연결감을 느끼지 못하는 수십 억 인간은 결국 자멸할 것이다. 자기 자신과 사이좋게 살지 못하는 종은 자멸하기 마련이다.

그러므로 인간 종이 살아남기 위해서는 휴머니아에서 벗어나야 한다. 이것만이 유일한 희망이다. 휴머니아에서 벗어난다는 말은 그 장애가 일으키는 병리적 행동에서도 벗어난다는 뜻이다. 우리가 에고 고립과 인지 부조화를 겪고 있는 한, 그 병리적 행동은 결코 멈추지 않을 것이다. 기껏해야 어느 정도 통제하거나 완화할 수 있을 뿐이다. 전쟁과 불평등, 억압, 환경 파괴는 결코 중단되지 않을 것이다. 교조주의적 종교도 여전히 존재하고, 독선적인 민족 집단이나 종교 집단도 여전히 존재하고, 독선적인 민족 집단이나 종교 집단도 여전히 존재하며 서로 대립할 것이다. 결론적으로 세상의 모든 부조화는 우리의 심리적 부조화에서 비롯된다.

그러므로 마음을 치유하면 우리는 그런 병리적 행동을 더 이상은 저지르지 않는다. 자아가 완전하다고 느끼기 때문에 부와 지위를 덧붙여 자신을 완전하게 하려고 애쓸 필요가 없다. 깊은 만족을 느끼기 때문에 강하고 중요한 사람이 되거나 쇼핑과 소비 등 쾌락을 주는 활동을 추구하여 불만을 없애려는 욕구가 없다. 존재하는 능력을 익혔으므로 소유하는 것은 더 이상 중요하지 않다.

또한 이제는 종교나 민족, 이데올로기와 자신을 동일시하거나 다른 모든 집단을 '타인'으로 간주함으로써 연약한 에고를 강화할 필요가 없다. 그 다른 집단을 열등하다고 단정해서 무시하거나 잔인하게 대하지도 않는다. 그 대신 피상적인 차이를 초월하여 그들에게 자연스럽게 공감하고 연결감과 연민을 느낀다. 그들을 착취하거나 억압하려는 욕구가 없다. 다른 모든 사람과 하나로 연결되고 그들을 지지하고 도와주고 그들의 고통을 덜어주려는 욕구를 느낀다. 그리고 이러한 공감은 자연으로까지 확장된다. 자연의 모든 것과 연결되어 있음을 강하게 확신하며 책임감도 느낀다. 지각이 강렬해져서 자연의 살아 있음도 감지할 수 있다. 더 이상은 자연을 생명이 없는 자원 공급처로 취급하지 않는다. 따라서 자연을 훨씬 더 존중하고 소중하게 다룬다.

인류의 대다수가 휴머니아를 치유할 수 있다면 세상이 완전히 달라진다. 전쟁과 갈등이, 아예 사라지지는 않아도, 크게 줄어든다. 여성과 다른 민족, 다른 계층에 대한 억압이 감소한다. 종교의 차이와 민족의 차이가 하찮아 보이고 결국 사라진다. 또한 자멸적인 환경 파괴를 점차 자제하다가 드디어 중단한다. 이 말이 터무니없이 이상적으로 들릴 것이다. 지금 우리의 현실과는 달라도 너무 다르기 때문이다. 인류는 이미 자멸할 지경에 이르렀고 휴머니아가 인간 종을 완전히 지배하고 있으므로 우리는 그렇게 이상적인 수준에 결코 도달하지 못할지도 모른다. 하지만 과거에 유토피아가 매번 실패한 이유는 인간의 본성을 감안하지 않았기 때문이다. 공산주의의 몰락은 휴머니아가 일으킨, 부와 지위를 축적하려는 욕구를 고려하지 않았기 때문이다. 명목상으로만 존재할 때조차 공산주의는 사리사욕과 권력욕으로 왜곡되었다. 공산주의 국가들에서도 불균형과 계층이 만연했다. 수많은 정치 공동체와 종교 공동체도 비슷한 이유로 실패했으며, 권력과 지위, 성, 재산에 대한 갈등으로 분열되었다.

그러나 내적 변화에 기반을 둔다면 유토피아는 비현실적인 꿈이 아니다. 인간 사회는 예외 없이 인간의 본성을 반영한다. 그리고 인간의 본성은 고정된 것이 아니라는 점을 기억해야 한다. 우리는 조상들이 수십만 년 전에 아프리카 초원에서 발달시켜 물려준 해로운 행동 특성을 무조건 실천할 수밖에 없다고 진화심리학자들은 주장한다. 하지만 이 말은 사실이 아니다. 인간의 뇌와 마음은 대단히 유연하다. 그러므로 우리는 의식적인 노력으로 본성을 변화시킬 수 있다.

개인적으로 휴머니아를 치유하기 시작한 사람은 다른 이들이 휴머니아를 더 쉽게 치유하게 도와줄 수 있다. 지난 수십 년 동안 서유럽 같은 일부 지역에서는 사회적 정체성과 '타자성'이 상당히 감소했다. 이것은 많은 유럽 국가가 70년 가까이 전쟁을 벌이지 않은 이유이기도 하다. 그 기간에 공감대가 크게 증가한 것 같다. 그럼으로써 타인의 권리를 예전보다 더 많이 인정하고, 동성애자와 장애인과 소수 민족 등 한때 무참하게 학대받고 무시되던 집단을 더욱 존중하게 되었다. 이런 변화는 다른 종에게까지 확장되어 동물에 대한 관심과 연민이 증가하고 채식주의와 동물 권리 운동 같은 활동으로 이어졌다. 또한 자연과 다시 하나가 되려는 운동도 있었다. 녹색 운동이 대표적이다. 이와 함께 원주민의 문화와 지혜도 더욱 존중하게 되었다. 그리고 이에 버금가는 중요한 변화는 자기 성장과 영성에 대한 관심이 크게 증가했다는 것이다.

이 모든 변화와 진전은 휴머니아가 일으킨 고립과 이기심을 없애려는 움직임이 있음을 암시한다. 온 인류의 심리적 변화를 촉진하는 힘, 즉 에고의 광기를 치유하려는 동력이 쌓이고 있음을 암시한다. 이렇게 꾸준히 나아가다 보면 언젠가 우리는 임계선에 도달할 것이다. 그 지점에 이르면 우리에게 내재된 휴머니아의 싹이 시들어서 성인이 되어도 우리의 마음은 그 정신장애에 걸리지 않을 것이다.

그러니 휴머니아를 치유하는 여덟 단계를 차근차근 밟아나가는 사람은 새로운 세상의 창조에 일조하고 있는 것이다. 수천 년 동안 인간의 마음에 드리워진 검은 그림자를 걷어내는 데 힘을 보태고 있다. 휴머니아에서 벗어나기 시작한 사람은 온 인류를 존재의 조화로움으로 이끄는 길잡이 역할을 하고 있다.

마음의 갈등을 치유한 후에야 우리는 세상의 갈등도 치유할 수 있다. 마음을 평화로운 곳으로 바꾼 후에야 세상도 평화로운 곳으로 바꿀 수 있다. 라코타 원주민 블랙 엘크Black Elk는 이렇게 말한다.

> 첫 번째 평화, 이것이 가장 중요하다. 사람들이 자신이 맺고 있는 관계를 깨달을 때, 우주와, 그 안의 모든 존재와 하나라는 것을 깨달을 때, 그리고 우주의 중심에 위대한 영혼이 살고 있으며 우주의 중심은 모든 곳에 있고 우리 각자의 안에도 있다는 것을 깨달을 때 사람들의 영에 첫 번째 평화가 깃든다.[1]

휴머니아에서 벗어나는 순간, 삶에는 고통도 불만도 없다. 이제 삶은 기쁨과 경이로 충만한 장엄한 모험이다. 오랫동안 불완전하게 살아온 뒤 이제야 우리는 완전해진다. 오랫동안 잠들어 있다가 이제야 깨어난다. 현재와 이 세상과 진정한 자아에서 줄곧 달아나다가 이제야 자신의 마음 공간에 편안하게 머문다.

불안과 혼란에 휩싸인 채 적대적인 세상을 이리저리 떠돈 지 수천 년 만에 드디어 우리는 집으로 돌아왔다.

주

서문 외계인 인류학자가 우리를 관찰한다면

1. Jung, 2002, p.42
2. In Wright, 1992, p.304
3. Chief Luther Standing Bear, 2011
4. 'Global Issues,' 2011
5. The Diagnostic and Statistical Manual of Mental Disorders IV-TR, 2000, p. xxxi

1부. 인간의 불안과 충동

1장. 우리는 왜 날마다 바쁠까

1. Solomon et al., 2004, p.129
2. Argyle, 1989; Raphael, 1984
3. Pascal, 1966, p.68
4. 〈앞의 책〉.

2장. 한순간도 조용할 틈이 없는 마음

1. Geertz, 1973; Gardiner et al., 1998
2. Ravuvu, 1983, p.7
3. Markus & Kitayama, 1991
4. Scott, 1997; Lawlor, 1991
5. Coleridge, 2011
6. Killingsworth, M. A., & Gilbert, 2010
7. Meister Eckhart, 1996, p.52
8. 그러나 인지 행동 치료의 장기적인 효과에 대해서는 약간의 의문이 있다.(e.g. Westen et al., 2004)
9. Krippner, 1999, p.64

3장. 정신을 빼앗고 현실을 가리는 것들

1. Lawrence, 1994, p.610
2. Rudgley, 1993
3. Kosten et al., 2000
4. Stewart, 1996

4장. 지금 이 순간을 즐기지 못하는 사람들

1. Pascal, 1966, p.43

5장. 더 많이, 더 높게, 더 크게

1. In Wright, 1992, p.361
2. Josephy, 1975
3. Kasser, 2002; Kasser et al., 2004
4. Seligman, 2011; Compton & Hoffman, 2012
5. Csikszentmihalyi, 1994
6. Cossey, 2011

6장. '우리'와 다르면 틀렸다고 믿는다

1. Ehrenreich, 1996
2. Turner, 1994
3. 'Global Issues,' 2011
4. El-Zanaty et al., 1996
5. Goldberg, 1973
6. 국제사면위원회 문서 - 'Pakistan: Honour killings of women and girls,' 2011
7. Wareing, 1999
8. Baron-Cohen, 2003, p.52
9. 〈앞의 책〉.
10. Chief Seattle, 2011
11. In Swain, 1992, p.134
12. Chief Luther Standing Bear, 2011
13. Chief Edward Moody, 2011

7장. 심리적 고통에 쉽게 무너지는 사람들

1. Daly & Wilson, 1983
2. Castaneda & Klein, 2011
3. Institute of Alcohol Studies, 2011
4. Lacan, 1977
5. 'Adolf Hitler's maid says Nazi was charming to work for,' 2011
6. Jaishankar & Haldar, 2011
7. Chief Red Jacket, 2011

8장. 불안과 충동은 어디에서 오는 걸까

1. Sahlins, 1972
2. Lawlor, R., 1991
3. Miracle & Dios, 1981
4. Hall, 1984
5. Kropotkin, 2006, p.91
6. Turnbull, 1993, p.29
7. Everett, 2008, p.85
8. Csikszentmihalyi, 1992, p.228
9. Woodburn, 1982, p.432
10. Woodburn, 2005, p.21
11. Boehm, 1999
12. Ingold et al., 1988
13. 더 자세한 정보를 얻으려면 Ryan and Jetha(2010)를 보라.
14. van der Dennen, 1995
15. Wildman, 1996
16. Lawlor, 1991
17. Jung, 2002, p.42
18. Josephy, 1975; Cocker, 1998

2부. 조화로움과 온전한 정신

9장. 우리는 가끔 조화로움을 경험한다

1. In Brown, 2004, p.viii
2. Byrd, 1987, p.144
3. Pretty et al., 2007
4. Csikszentmihalyi, 1992, p.53
5. 〈앞의 책〉, pp.58-9
6. Dillard, 1974, p.197

10장. 마음 공간에 머물기 : 치유의 1단계~ 4단계

1. Draganski et al., 2006
2. Schwarz et al., 2005
3. Radhu et al., 2011
4. Lichter et al., 1980

5. Wood et al., 2009

6. Lally et al., 2010

11장. 조화로운 마음 키우기 : 치유의 5단계~ 8단계

1. Jones, 2004, p.362

2. Andresen, 2000

3. Davidson et al., 2003

4. Hölzel et al., 2011

5. Alister, 1997, p.171

6. Maitland, 2010, p.48

7. 〈앞의 책〉, p.63

12장. 새로운 나, 새로운 세계

1. Black Elk, 2011

참고문헌

'Adolf Hitler's maid says Nazi was charming to work for'(2011). *The Telegraph*, 4/12/2008. Retrieved 6/8/11 from http://www.telegraph.co.uk/news/worldnews/europe/germany/3547047/Adolf-Hitlers-maidsays-Nazi-was-charming-to-work-for.html

Alister, P. N. (1997). *Bombs, Bliss and Baba*. Maleny, Qld: Better World Books.

Amnesty International. (2011). 'Document - Pakistan: Honour killings of women and girls.' Retrieved 13/9/11 from http://www.amnesty.org/en/library/asset/ASA33/018/1999/en/952457dd-e0f1-11dd-be39-2d4003be4450/asa330181999en.html

Andresen, J. (2000). 'Meditation Meets ehavioural Medicine.' *The Journal of Consciousness Studies*, 7, 11-2, pp.17-73.

Argyle, M. (1989). *The Social Psychology of Work*. (2nd Edition). London: Penguin.

Baron-Cohen, S. (2003). *The Essential Difference: Men, Women and the Extreme Male Brain*. London: Allen Lane.

Black Elk. (2011). 'The First Peace.' Retrieved 3/7/2011 from http://www.firstpeople.us/FP-Html-Wisdom/BlackElk.html

Boehm, C. (1999). *Hierarchy in the Forest*. Cambridge, MA: Harvard University Press.

Brown, N. (2004). 'Introduction.' *In Air fare: Stories, Poems & Essays on Flight* (Brown, N. & Taylor, J. Eds.), Louisville, KY:Sarabande Books, vii-ix.

Byrd, R. (1938/1987). *Alone*. London: Queen Anne Press.

Castaneda, R. & Klein, A. (2011). 'Flash Point Killings: Murder Most Casual.' *The Washington Post*, 11/3/2006. Retrieved 3/4/11 from http://www.washingtonpost.com/wp-dyn/content/article/2006/03/16/AR2006031602213.html

Chief Edward Moody. (2011). Retrieved 3/7/2011 from http://www.firstpeople.us/FP-Html-Wisdom/Qwatsinas.html

Chief Luther Standing Bear. (2011). Retrieved 3/7/2011 from http://www.firstpeople.us/FP-Html-Wisdom/ChiefLutherStandingBear.html

Chief Red Jacket. (2011). Retrieved 3/7/2011 from http://www.firstpeople.us/FP-Html-Wisdom/RedJacket.html

Chief Seattle. (2011). 'The Land Is Sacred to Us: Chief Seattle's Lament.' Retrieved 10/6/11 from http://home.sprynet.com/~pabco/csl.htm

Cocker, M. (1998). *Rivers of Blood, Rivers of Gold: Europe's Conflict with Tribal Peoples*. London: Cape.

Coleridge, S. (2011). 'Dejection.' Retrieved 11/8/11 from http://www.poetry-online.org/coleridge_dejection.htm

Compton, W. & Hoffman, E. (2012). *Positive Psychology: The Science of Happiness and Flourishing*. Florence, KY: Wadsworth Publishing.

Cossey, E. (2011). 'Half of teenagers want to be famous.'(2011). Retrieved 10/8/11 from ttp://www.parentdish.co.uk/2010/02/19/over-half-of-teenagers-want-to-befamous/

Csikszentmihalyi, M. (1992). *Flow: The Psychology of Happiness.* London: Rider.

Csikszentmihalyi, M. (1994). *The Evolving Self: A Psychology for the Third Millennium.* London: Rider.

Daly, M. & Wilson, M. (1983). *Homicide.* New York: Aldine de Gruyer.

Davidson, R.J., Kabat-Zinn J., Schumacher J., Rosenkranz, M., Muller, D., Santorelli, S.F., Urbanowski, F., Harrington, A., Bonus, K. & Sheridan, J.F. (2003). 'Iterations in brain and immune function produced by mindfulness meditation.' *Psychosomatic Medicine,* 65(4): 564-70.

Diagnostic and Statistical Manual of Mental Disorders IV-TR, The. (2000). Arlington, VA: American Psychiatric Publishing.

Dillard, A. (1974). *Pilgrim at Tinker Creek.* New York: Harper.

Draganski, B., Gaser, C., Kempermann, G., Kuhn, G.H., Winkler, J., Büchel, C. & May, A. (2006). 'Temporal and spatial dynamics of brain structure changes during extensive learning.' *The Journal of Neuroscience,* 26 (23): 6314-6317.

Ehrenreich, B. (1996). *Blood Rights: Origins and History of the Passions of War.* New York: Metropolitan Books.

El-Zanaty, F., et al. (1996). *Egypt Demographic and Health Survey 1995.* Calverton, Maryland: Macro International.

Everett, D.L. (2008). *Don't Sleep, There are Snakes.* London: Profile Books.

Fordyce, M.W. (2012). *Human Happiness; Its Nature and Its Attainment.* Retrieved 1/2/12 from http://www.gethappy.net/freebook.htm

Gardiner, H., Mutter, J. D. & Kosmitzki, C. (1998). *Lives Across Cultures: Cross-Cultural Human Development.* Boston: Allyn and Bacon.

Geertz, C. (1973). *The Interpretation of Culture.* New York;Basic Books.

'Global Issues.'(2011). http://www.globalissues.org/article/26/poverty-facts-and-stats

Goldberg, S. (1973). *The Inevitability of Patriarchy.* New York: Wm Morrow.

Hall, E. T. (1984). *The Dance of Life.* New York: Anchor Press.

Hölzel, B. K., Carmody, J., Vangel, M., Congleton, C., Yerramsetti, S. M., Gard, T. & Lazar, S. W. (2011). http://www.sciencedirect.com/science/article/pii/S092549271000288X - cr0005. 'Mindfulness practice leads to increases in regional brain gray matter density.' *Psychiatry Research: Neuroimaging,* Vol. 191, Issue 1, 30 January 2011, pp.36-43.

Ingold, T., Riches, D. & Woodburn, J. (Eds.). (1988). *Hunters and Gatherers,* Vol. 2.

'Institute of Alcohol Studies -Factsheets.'(2011). Retrieved 6/7/11 from http://www.ias.org.uk/resources/factsheets/factsheets.html

Jaishankar, K. & Haldar, D. (2011). 'Religious identity of the perpetrators and victims of

communal violence in postindependence India.' Retrieved 6/8/11 from http://www.erces.
com/journal/articles/archives/v02/v_02_04.htm

James, W. (1899/1985). *The Varieties of Religious Experience*. London: Penguin.

Jones, R.H. (2004) *Mysticism and Morality: A New Look at Old Questions*. Lanham, MD: Lexington
Books.

Josephy, A.M. (1975). *The Indian Heritage of America*. London: Pelican.

Jung, C. (2002). *The Earth has a Soul: the Nature Writings of C. G. Jung*. Berkeley, CA: North
Atlantic Books.

Kasser, T. et al., (2004). 'Materialistic Values: Their Causes and Consequences.' In Kasser,
T. & Kanner, A. D. (Eds.) (2004). *Psychology and Consumer Culture*. Washington: American
Psychological Association.

Kasser, T. (2002). *The High Price of Materialism*. Cambridge, MA: MIT Press.

Killingsworth, M. A. & Gilbert, D. T. (2010). 'A wandering mind is an unhappy mind.' *Science*,
330: 932.

Kosten, T. A., Miserendino, M. J. D. & Kehoe, P. (2000). 'Enhanced acquisition of cocaine
self-administration in adult rats with neonatal isolation stress experience.' *Brain Research*,
875:44-50.

Krippner, S. (1999). 'Altered and Transitional States.'In M. A. Runco & S. R. Pritzker (Eds.).
Encyclopedia of Creativity Vol.1, pp.59-70. San Diego: Academic Press.

Kropotkin, P. (1902/2006). *Mutual Aid —A Factor of Evolution*. Mineola, N.Y.: Dover.

Lacan, J. (1977). 'Aggressivity in Psychoanalysis.' *In Écrits: A selection,* trans., Alan Sheridan.
New York: W. W. Norton.

Lally, P., van Jaarsveld, Cornelia H. M., Potts, Henry W. W. & Wardle, J. (2010). 'How are
habits formed: Modelling habit formation in the real world.' *European Journal of Social Psychology*,
Vol. 40, Issue 6, pp.998-1009.

Lawlor, R. (1991). *Voices of the First Day: Awakening in the Aboriginal Dreamtime*. Rochester,
Vermont: Inner Traditions.

Lawrence, D. H. (1994). *The Complete Poems*. London: Penguin.

Lichter, S., Haye, K. & Kammann, R. (1980). 'Happiness through cognitive retraining.' *New
Zealand Psychologist*, 9, 57-64.

Also available at http://www.psychology.org.nz/cms_show_download.php?id=1044

Maitland, S. (2010). *The Book of Silence*. London: Granta.

Markus, H. & Kitayama, S. (1991). 'Culture and the self:Implications for cognition, emotion
and motivations.' *Psychological Bulletin*, 98, 224-53.

Meister Eckhart. (1996). *Meister Eckhart: From Whom God Hid Nothing*. (1996) (Ed. D. O'Neal).
Boston: Shambhala.

Miracle, A. W. & de Dios, Y. M. (1981). 'Time and Space in Aymara.' In *The Aymara Language in
Its Social and Cultural Context*, ed. M. J. Hartman, 33-57.

Pascal, B. (1966). *Pensees*. London: Penguin.

Pinker, S. (2011). *The Better Angels of our Nature*. London: Penguin.

Pretty, J., Peacock, J., Hine, R., Sellens, M., South, N. & Griffin, M. (2007). 'Green Exercise in the UK Countryside: Effects on Health and Psychological Well-Being, and Implications for Policy and Planning.' *Journal of Environmental Planning and Management*, 50 (2): 211-231.

Radhu, N., Daskalakis, Z.J., Guglietti, C.L., Farzan, F., Barr, M.S., Arpin-Cribbie, C.A., Fitzgerald, P.B. & Ritvo, P. (2011, in press). 'Cognitive behavioral therapy-related increases in cortical inhibition in problematic perfectionists.' *Brain Stimulation*. Published online at http://www.sciencedirect.com/science/article/pii/S1935861X11000143

Raphael, B. (1984). *The Anatomy of Bereavement*. London: Hutchinson.

Ravuvu, A. (1983). *On Fijians –Vava I Taukei: The Fijian Way of Life*. Java: Institute of Pacific Studies, University of the South Pacific.

Rudgley, R. (1993). *The Alchemy of Culture*. London: British Museum Press.

Ryan, C. & Jetha, C. (2010). *Sex at Dawn: The Prehistoric Origins of Modern Sexuality*. New York: Harper Collins.

Sahlins, M. (1972). *Stone Age Economics*. New York: Aldine de Gruyter.

Schwartz, J. M., Gulliford, E. Z., Stier, J. & Thienemann, M.(2005). 'Mindful awareness and self-directed neuroplasticity: Integrating psychospiritual and biological approaches to mental health with a focus on obsessive-compulsive disorder.' In Mijares, S. G., and Khalsa, G. S. (Eds.), *The Psychospiritual Clinician's Handbook: Alternative Methods for Understanding and Treating Mental Disorders*. Binghamton, NY: Haworth Reference Press, Chapter 13.

Scott, C. (1997). 'Property, practice and Aboriginal rights among Quebec Cree hunters.' In Ingold, T., Riches, D. & Woodburn, J. (Eds.), *Hunters and Gatherers, Property, Power and Ideology*. Oxford: Berg.

Seligman, M. (2011). *Flourish: A New Understanding of Happiness and Well-Being - and How To Achieve Them*. London: Nicholas Brealey Publishing.

Solomon, S., Greenberg, J.L. & Pyszcynski, T.A. (2004). 'Lethal consumption: Death-denying materialism.'In Kasser, T. & Kanner, A. D. (Eds.), *Psychology and Consumer Culture*. Washington: American Psychological Association, 127-146.

Stewart, S.H. (1996). 'Alcohol abuse in individuals exposed to trauma: A critical review.' *Psychological Bulletin*, 120(1):83-112.

Swain, T. (1992). 'Reinventing the Eternal: Aboriginal Spirituality and Modernity.' In Habel, N. (Ed.), *Religion and Multiculturalism in Australia*, 122-36. Adelaide: Australian Society for the Study of Religions.

Taylor, S. (2005). *The Fall*. O Books, Ropley, Hants, UK.

Turnbull, C. (1993). *The Forest People*. London: Pimlico.

Turner, A.K. (1994). 'Genetic and Hormonal Influences on Male Aggression.' In Archer, J.

(Ed.), *Male Violence*. London: Routledge, pp.233-252.

van der Dennen, M. G. (1995). *The Origin of War.* Groningen: Origin Press. *Vol. 2: Property, Power and Ideology.* Oxford: Berg.

Wareing, S. (1999). 'Language and gender.' In Thomas, L. & Wareing, S. (Eds.), *Language, Society and Power.* London: Routledge.

Westen, D., Novotny, C. M. & Thompson-Brenner, H. (2004) 'The empirical status of empirically supported psychotherapies: Assumptions, findings, and reporting in controlled clinical trials.' *Psychological Bulletin*, 130 (4), 631-663.

Wildman, P. (1996). 'Dreamtime Myth: History as Future.' New Renaissance, 7(1).

Wood, J., Elaine Perunovic, W. & Lee, J. (2009). 'Positive Self-Statements: Power for Some, Peril for Others.' *Psychological Science*, 20 (7), 860-866.

Woodburn, J. (1982). 'Egalitarian Societies.' *Man*, 17, 431-51.

Woodburn, J. (2005). 'Egalitarian societies revisited.' In Widlok, T. & Wolde, G. T., (Eds.), *Property and Equality Vol. 1, Ritualisation, Sharing, Egalitarianism.* Berghahn Books: Oxford.

Wright, R. (1992). *Stolen Continents.* Boston: Houghton Mifflin.

그림 출처

25쪽 : 「6월 오후June Afternoon」(1921), 테오 반 리셀베르그Theo Van Rysselberghe
　　http://impressionistsgallery.co.uk/artists/Artists/pqrs/Rysselberghe/pictures/June%20Afternoon,%20
　　1921.jpeg

48-49쪽 : 「웨스트민스터 사원, 템스강에 비친 그림자Reflections on the Thames, Westminster」(1880), 존 앳킨슨 그림쇼
　　John Atkinson Grimshaw
　　https://upload.wikimedia.org/wikipedia/commons/d/d9/Reflections_on_the_Thames%2C_
　　Westminster_-_Grimshaw%2C_John_Atkinson.jpg

73쪽 : 「자작나무숲Birkenwald」(1903), 구스타프 클림트Gustav Klimt
　　https://upload.wikimedia.org/wikipedia/commons/2/23/Gustav_Klimt_006.jpg

84쪽 : 「베란다Veranda」(1880), 이반 크람스코이Ivan Kramskoy
　　https://www.wikiart.org/en/ivan-kramskoy/veranda

93쪽 : 「봄Le Printemps」(1903), 앙리 장 기욤 마르탱Henri-Jean Guillaume Martin
　　https://upload.wikimedia.org/wikipedia/commons/1/18/Capitole_Toulouse_-_Salle_Henri-Martin_-_
　　Le_printemps_par_Henri_Martin.jpg

108-109쪽 : 「비오는 날, 보스턴Rainy Day, Boston」(1885), 차일드 하삼Childe Hassam
　　https://commons.wikimedia.org/wiki/File:Childe_Hassam_-_Rainy_Day,_Boston_-_Google_Art_
　　Project.jpg#/media/File:Childe_Hassam_-_Rainy_Day,_Boston_-_Google_Art_Project.jpg

123쪽 : 「트루빌의 요트 경주Regatta at Trouville」(1884), 귀스타브 카이보트Gustave Caillebotte
　　https://www.toledomuseum.org/art/artminute/may-20-art-minute-gustave-caillebotte-regatta-trouville

135쪽 : 「아터제 운터라흐의 교회Church in Unterach on Attersee」(1916), 구스타프 클림트
　　https://www.wikiart.org/en/gustav-klimt/chruch-in-unterach-on-the-attersee

170쪽 : 「정자The Arbour」(1900), 앙리 장 기욤 마르탱
　　https://commons.wikimedia.org/wiki/File:Henri_Martin_-_The_Arbour.jpg

179쪽 : 「숲속의 아이들Children in the Forest」(1887), 이반 크람스코이
　　https://regnum.ru/pictures/2833458/6.html

184쪽 : 「저녁별The Evening Star」(1891), 차일드 하삼
　　https://uploads0.wikiart.org/images/childe-hassam/the-evening-star.jpg

207쪽 : 「센강변Bords de Seine」(1889), 귀스타브 카이보트
　　https://commons.wikimedia.org/wiki/File:Gustave_Caillebotte,_1889_-_Bords_de_Seine.jpg

227쪽 : 「낮잠La Siesta」(1877), 귀스타브 카이보트
　　https://uploads6.wikiart.org/images/gustave-caillebotte/the-nap.jpg

235쪽 : 「프렌치 티 가든French Tea Garden」(1910), 차일드 하삼
　　https://upload.wikimedia.org/wikipedia/commons/c/cc/WLA_hmaa_Childe_Hassam_French_Tea_
　　Garden.jpg

239쪽 : 「올드 멀퍼드 하우스, 이스트 햄튼Old Mulford House, East Hampton」(1918), 차일드 하삼
　　https://pbs.twimg.com/media/E348iacWUA4P-5p.jpg

256쪽 : 「현관의 카우치, 코스 콥Couch on the Porch, Cos Cob」(1914), 차일드 하삼
　　https://www.wikiart.org/en/childe-hassam/couch-on-the-porch-cos-cob

289쪽 : 「배를 갖고 노는 소녀Girl with Sailboat」(1899), 에드먼드 찰스 타벨Edmund Charles Tarbell
　　https://uploads7.wikiart.org/images/edmund-charles-tarbell/girl-with-sailboat-1899.jpg

마음의 숲을 걷다

지은이_ 스티브 테일러

옮긴이_ 윤서인

펴낸이_ 강인수

펴낸곳_ 도서출판 **피피에**

초판 1쇄 발행_ 2021년 10월 6일

등록_ 2001년 6월 25일 (제2012-000021호)

주소_ 서울시 마포구 서교동 487 (506호)

전화_ 02-733-8668

팩스_ 02-732-8260

이메일_ papier-pub@hanmail.net

ISBN_ 978-89-85901-95-6 03180